隐蔽战线春秋书系·传记卷

谢和赓传

姚蓝　邓群◎著

中共党史出版社

图书在版编目(CIP)数据

谢和赓传/姚蓝,邓群著.—北京:中共党史出版社,2018.4
(2023.1 重印)
(隐蔽战线春秋书系.传记卷)
ISBN 978-7-5098-4585-1

Ⅰ.①谢… Ⅱ.①姚… ②邓… Ⅲ.①谢和赓(1912—2006)—传记
Ⅳ.①K827=7

中国版本图书馆 CIP 数据核字(2018)第 046330 号

出版发行:中共党史出版社
责任编辑:吴江
责任校对:龚秀华
责任印制:谷智宇
社　　址:北京市海淀区芙蓉里南街6号院1号楼
邮　　编:100080
网　　址:www.dscbs.com
经　　销:新华书店
印　　刷:北京盛通印刷股份有限公司
开　　本:170mm×240mm　1/16
字　　数:250 千字
印　　张:16.75
印　　数:14111—17110 册
版　　次:2018 年 4 月第 1 版
印　　次:2023 年 1 月第 5 次印刷

ISBN 978-7-5098-4585-1
定　　价:36.00 元

谢和赓（1912—2005）

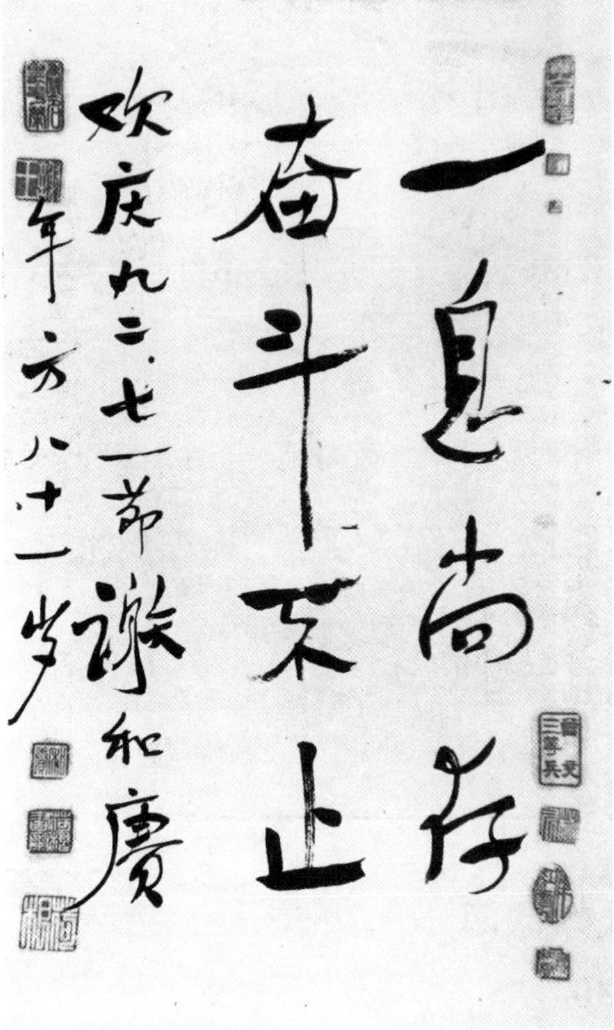

谢和赓手书题词

|| 丛书前言 ||

章百家

中国共产党领导的新民主主义革命，既有公开战场的博弈，又有隐蔽战线的较量。公开战场和隐蔽战线相互配合，相互支持，相得益彰，奏响了中国革命的一曲曲凯歌。正如毛泽东指出的：要战胜敌人必须打两种战争，一种是公开战争，一种是隐蔽战争。隐蔽战争有战略进攻，派人打入敌人的内心；也有战略防御，保卫自己。要打败敌人须内外夹攻，所以两者都有同样的意义。

党的隐蔽战线随着党的发展而发展，随着党的壮大而壮大。在白色恐怖笼罩的危急关头，周恩来领导创建了党的第一个专门情报保卫机构——中央特科，培养和造就了一批隐蔽战线的杰出领导人和业务骨干，为保卫党中央机关和领导人的安全作出了特殊贡献。中央苏区时期，在中央和各主要苏区创立的政治保卫工作，对配合苏区工农红军粉碎敌人的“围剿”，发展和巩固苏维埃政权，纯洁红军队伍作出了特殊贡献。长征途中，红军情报侦察部门及时获取敌人往来的电报，使中央指挥机关能够及时了解敌人的军事行动部署，避实就虚，屡出奇兵，摆脱围追堵截，胜利实现了伟大战略转移。红军到达陕北后，在争取西安事变和平解决，促成抗日民族统一战线形成的过程中，隐蔽战线发挥了关键作用。抗日战争时期，中央先后成立了中央社会部和中央情报部，隐蔽战线斗争进入了专业化的成熟期。我情工人员深入日伪党政机构，获取了日伪大量军政战略情报和国民党消极抗日积极反共的情报，对配合抗日战争的胜利起了重要作用。解放战争时期，我党我军的情报保卫工作得到了更加深入广泛的发展。我情工人员深入到国民党机密决策指挥机关内，及时准确地供给了党中央和军委及各地区战略性和动向性的重要军政情报，为中央制定解放战争的战略方针提供了重要依据，使我军在解放战争中对敌人的主要情况了如指掌，始终掌握了战争的主动权。毛泽东评价这个时期“我们的情报工作是最成功的”。

艰苦卓绝的隐蔽战线斗争造就了一大批无名英雄。他们有的大智大勇，运筹帷幄，决胜千里；有的深入虎穴，与敌周旋，获取情报；有的舍生取义，面对严刑，视死如归；有的潜伏敌营，长期经营，率部起义；有的忠诚可靠，周密安排，确保党中央安全；有的巧妙应对，冲破封锁，保证交通线畅通。一代代无名英雄赤胆忠心，赴汤蹈火，用忠诚与信仰铸就了中华民族的无名丰碑；一个个共产党人不忘初心，牢记使命，用热血和生命锤炼出薪火相传的红色基因。他们在斗争中表现出了坚定的革命理想信念、大无畏的革命英雄主义精神、敢于斗争敢于胜利的英雄气概、高超灵活的对敌斗争艺术、艰苦奋斗和严谨细致的工作作风、甘于无名甘于奉献的高尚情操，这些凝聚成了隐蔽战线精神特质：胜而不骄，败而不馁，受气不叫，有苦不说，舍己救人，冒险犯难，埋头苦干。

毛泽东曾经说过：今后革命胜利了应该给我们情报战线的无名英雄们发一个大大的奖章。很多无名英雄没能盼来这枚奖章就早早地离开了我们。他们的名字无人知晓，但他们的功绩永世长存！徐向前曾指出：“我们的党史、军史有一个重大缺陷，就是对情报工作反映不够。”近年来，可以看到一些公开出版的反映隐蔽战线的史料、传记，但总的来说还不是很丰富，与隐蔽战线建立的功勋还不相称。这套《隐蔽战线春秋书系》分“传记卷”、“回忆录卷”和“史述卷”，比较全面地反映了隐蔽战线的历史和无名英雄的精神。既是对老一辈隐蔽战线英雄的深切怀念和告慰，也可以作为新时代国安干警的教育读本，让一代新人了解历史，传承基因，所以是很有价值的。

（作者为中国中共党史人物研究会副会长）

||序|| 孙 毅

历史是一面镜子，在我国革命和建设的漫长历史进程中，曾经孕育了许多杰出的人物，他们的远见卓识，宏伟的政治抱负，忧国忧民的爱国情怀，久为世人所仰慕；他们勇于实践，敢于创新，百折不挠，锲而不舍的拼搏精神，足为世人楷模。一句话，他们的历史建树是鼓舞人们创新历史、走向未来的精神动力。

白崇禧身边的中共秘密党员谢和赓就是这许多杰出人物中的一员。谢和赓出身于书香世家，自幼饱读诗书，懂得了为人之道。他受其二哥——共产党员谢铁民的影响，从青少年时代就开始投身于革命工作。1933 年，21 岁的谢和赓进入察（哈尔）绥（远）抗日同盟军，同年，加入中国共产党，并成为著名爱国将领吉鸿昌将军的秘书。后受中国共产党的秘密派遣，打入桂系工作，成为蒋介石大本营副参谋总长白崇禧的机要秘书，并兼任国民党国防会议上校秘书。自打入桂系起，谢和赓巧妙地瞒过老练狡猾、号称“小诸葛”的白崇禧，一直在我党领导人周恩来等同志的直接领导下，根据党的指示对桂系进行上层统战工作，先后为我党提供了桂系以至国民党国防会议许多高层次的机密情报，做了大量的工作，保护了大批革命同志。在国民党政权日趋腐败没落的污浊环境中，他自觉地不同流合污，“出淤泥而不染，濯清涟而不妖”，体现出中国共产党员忠于共产主义理想，忠于党，忠于人民的崇高的情操美德。与此同时，他还在周恩来等同志的帮助下，将中国共产党持久抗战、全面抗战、全民族抗战的主张和意图，不露形迹地糅进国民党的文件或通过国民党的领袖集团传达给各阶层军政人员，影响蒋介石大本营的决策。他那充满智慧和高超的斗争艺术，使他不仅在白崇禧身边工作了十多年而不暴露身份，而且还被桂系认作可培植的、将来能为桂系效劳、可作部级次官的人才，并推荐到国民党中央政府，以外交官的资格送往美国深造。这其中的秘密，本书作了比较详尽的披露。

在美国深造期间，谢和赓与其最亲密的恋人王莹密切配合，做了很多国际反法西斯的统战工作；新中国成立后回到祖国工作的日子里，谢和赓也无时不以党和国家的利益为重，无论受到何种挫折或磨难，都无怨无悔，忠心耿耿地为党为人民默默无闻地工作。

面对谢和赓一生传奇性的动人的事迹，以及他对祖国的热爱和与王莹纯洁、美好的“永远的初恋”，如何用精练生动的语言将其再现于纸上，是一件很不容易的事。本书作者经过长时间的研究、推敲、思考，终于以饱满的政治热情，高超的意境，新颖的构思，真挚感人的内容，细致洗练的文字，重塑了英雄人物及其所处的云谲波诡的旧世界和气势磅礴的新时代，栩栩如生地再现了谢和赓那高尚伟大的形象，展现了我党地下工作者在敌人的心脏机智灵活艰苦奋战的业绩和风采。

该书插述了白崇禧怎样发迹的史实，如实地披露了白氏青少年时代的许多逸事；勾勒了白氏怎样寻觅机遇、抓住机遇，登上了新旧军阀混战的政治大舞台，又怎样几度沉浮、东山再起的历史过程；并揭露了不少鲜为人知的白崇禧秘史，为历史界、党史界评价白崇禧提供了很有价值的史料和参考意见。

该书文字简略，脉络清晰，跌宕起伏，引人入胜。它对于读者了解我国革命斗争的历史，正确认识革命斗争的艰巨性和复杂性，继承革命先辈百折不挠的斗志和不为名利、甘做无名英雄的宽广胸怀以及赤胆忠心为革命、为党、为人民的优良品质，进行爱国主义教育，培养热爱祖国，振兴中华的民族自尊心和自信心，促进社会主义精神文明建设等方面，都是大有裨益的。

目录

引　言

在中国现代革命史上，曾经出现过一个鲜为人知的、富有传奇色彩的人物。他一生中曾九次担任秘书：一任吉鸿昌将军秘书；二任蒋介石大本营副参谋总长白崇禧机要秘书；三任国民党国防会议秘书；四任国民党军事委员会秘书；五任第五战区司令长官李宗仁秘书；六任全国回教救国会理事长白崇禧秘书；七任蒋介石大本营桂林行营秘书；八任军事委员会军训部西北战时巡回教育班主任秘书；九任全国著名电影、戏剧、文学三栖明星王莹的“秘书”。表面看起来他是国民党威武的上校军官，实际上却是共产党无限忠诚的得力党员。他在国民党的要害部门工作了二十多年，为共产党提供了国民党高层里的许许多多重要情报，做了无数的工作，保护了大批革命同志，不仅始终没有暴露自己的身份，而且还与一位如花似玉、多才多艺、心地善良的姑娘有过无悔无怨的奇情深恋，最后结成百年之好。

许多人不禁要问，这个人是谁？

他，就是曾经长期在白崇禧身边工作的中共秘密党员谢和赓。他那惊天地、泣鬼神的故事，和一忽儿云谲波诡，一忽儿柳暗花明的斗争经历，以及他与王莹那纯洁无瑕神圣的悠悠恋情，为读者展现了一幅真人、真事、真形象、真感情的色彩斑斓的画卷……

一、书香之家

1912年12月25日，谢和赓出生于“水作青罗带，山如碧玉簪”的临桂县（今桂林市）。四岁时，他父亲、叔叔与街坊邻里将他家隔壁的废庙，改建为桂林的第一所女子小学校，谢和赓被送往该校读书。当时，这间学校第一任校长是谢和赓的婶婶文景昭。文景昭办学几十年，“文革”期间才去世，终年94岁。谢和赓读一年级开蒙课所学的“人、手、足、刀、尺”等字是他婶婶教的。谢和赓的母亲刘学良出身书香世家，读过四书五经、诗词蒙书。这样，婶婶、母亲分别教他国文、算术、图画、唱歌、手工和上述的儿童读物。谢和赓进入父亲谢顺慈任教的省立第二师范附属小学读书时，班上学生都是七八岁大的，他仅有五岁。入学第一年他好玩误了功课，期末发榜，得了倒数第一名，他看榜以后，以为真的考了第一名！这个“第一名”的笑话，一直在家庭、邻居和亲友中传扬多年。到七八岁时，他才懂得害羞。此后，每当学习困难时，他常用这笑话来鞭策自己，促使自己发奋上进。

吃一堑，长一智。知耻使他发愤读书，领悟了母亲教读的格言：“失败是成功之母。”

谢和赓祖辈为明清历代的官僚书香人家。祖辈原籍江西新建县太平村。明清之间经历了十三四代人。因逢社会动乱，祖先的田园坟地被朱姓官吏霸占，其先辈愤而杀掉朱姓官吏，举家逃难到桂林。谢和赓的几位叔祖大多都是举人，二、三叔祖曾充任湖南县令，四叔祖是有名的翁同龢的学生，曾任福州知府，继被提升为陕西省的藩台。祖父考上秀才，即设私塾教书，练就一手好书法，祖父和父亲谢顺慈的书法，是桂林文人墨客中的佼佼者，很有名气。

谢顺慈也考得秀才，戊戌变法时进广西大学堂，毕业后担任省立第二师范教员兼学监（训育主任），并以其书法专长鬻字为生。谢顺慈生育子女六人，依次为谢振民、谢铁民、谢振群（女）、谢和会、谢和赓、谢和谆，谢和赓上有三哥一姐，下有一弟。兄弟姐妹中，大哥毕业于广西政法专门学校，二哥毕业于广西工业学校和广州农民运动讲习所，五哥（谢家兄弟是按大排行称呼的）毕业于北平民国大学后在日本继续上大学，二姐在桂林第三高中毕业，弟弟在广州岭南大学肄业。二哥谢铁民在四一二反革命政变中牺牲，大哥谢振民在“文革”中受迫害而死。谢和赓的大伯伯是国民政府主席谭延闿的同年举人，名叫谢宸慈，是浙江省杭州著名的词家，谭聘他为秘书，专办四六旧文的工作。谢家是杭州的书香名家，西湖的苏小妹墓，就是谢宸慈建的，碑文也是他写的，可惜“文革”时被毁掉了！

谢和赓生活于书香之家，有较一般人家好的生活条件和学习环境，对他的思想修养和性情的陶冶，产生了良好的影响和效果。

谢家坐落在桂林皇城东面东华门外东巷（亦称兰井巷），约二十亩大的大宅园（今称皇府花园），是一幢有三个天井和三进房屋的大宅，计有39个大房间和两个花园。园中有水池、花坛、盆景、盆花。谢家院宅与崇德女子小学校舍相通连，所以谢家小孩不出家门，也有相当广阔的活动天地，任其嬉戏和读书弈棋。花园中种有梧桐、桂花、玉兰、柚子树、香椿、夜来香、一丈红、黄菊、茉莉、胭脂树、鸡冠花等，是孩子们跳绳、踢毽子、荡秋千、打球和捉迷藏的好去处。疏密有致的树林周围点缀着四时花卉，引来蜂蝶翩跹起舞、鸟儿婉转和鸣。院宅楼檐下，燕子年年衔泥筑窝，生儿育女，占尽人间春色。还有一种俗名叫“铃铛鸟”的鸟儿则飞到小树丛中筑巢下蛋，每窝里有两只鸟蛋。孩子们年年好奇地搬板凳站高一些，以便伸手捡出那花色的鸟蛋来看个究竟，看得满足了又放回窝里。谢和赓每每在放学后，总要窥探鸟窝里是否已孵出雏鸟。等到那雏鸟出壳后，他便远远地察看鸟妈妈喂雏鸟的情景。这样年复一年的耳濡目染，潜移默化地陶冶了小和赓的热爱生物之情。他与其他的兄弟姐妹们一样循规蹈矩，十分爱护天井和花园的奇花异草。厅堂的花瓶花枝，惯例由大人采摘，小孩只能在花圃花盆中拔草和采集花籽。

闲暇时，小和赓常听母亲讲述“二十四孝图”和历代名人少年勤奋学习的故事及富有人生哲理的典故。如“王冕学画”、“凿壁偷光”、“孔融让梨”、“司马光砸缸”、“卧冰求鲤”、“人心不足蛇吞象”的故事和“勤有功，戏无益”、“业精于勤，荒于嬉；行成于思，毁于随”、“不听老人言，祸患在眼前”、“疾风知劲草，路遥知马力”等格言、谚语，这些都“润物细无声”地陶冶着他的思想和情操。稍微懂事一点后，其父又给他讲述孔圣人的传记，称孔子不仅是天下最有学问的人，而且胸怀如海，孔子得知老子比自己的学问多，就去拜谒，虚心求教。谢顺慈教诲小和赓要以孔圣人为榜样，多读书，虚怀若谷，长大后做个不骄傲的学者。从那时起，小和赓便知道世界上有读不完的书，做不完的学问。父亲的教诲，像是化学中的催化剂，激发了小和赓对读书的渴望。在人生成长的道路上，尤其是少年时代，倘若没有父母、师长倾注了无微不至的关注和教育，就谈不上日后成人有什么高尚的思想精神世界和美好的情怀。

父母的教育，也养成了小和赓爱书的兴趣。过春节得到的压岁钱和生日得到的红包，都用来买书。没有多久，《东方文库》、《现代外国名人辞典》、《吴稚晖全集》、《苏曼殊全集》、《胡适文存》、《陈独秀文存》、《李石岑文集》、《人生观论战集》、《汪精卫文存》、《戴季陶文集》、《朱谦之文集》、《朱执信文集》，以及胡适的《读书的方法》、任鸿隽的自然科学分类的专著等，都出现在小和赓的书架上。他对哲学、思想方法论方面的书籍偏爱更多，所购买的大半是这方面的书。他对于文学和其他学科也并非毫无兴趣，这方面的书多是从一位朱姓的同学那里借来的。在文学书籍中，谢和赓更喜爱诗词。其中的一个原因是羡慕父亲和兄长他们能诗善赋，希望自己能成为他们一样的诗词爱好者。谢和赓的长兄谢振民也是一位诗人，他常邀一些雅兴诗友来家里，举行诗词会。他们把诗的题目写在纸上，贴到谢家院内风雨亭的大木板上，各自在房间里潜心构思，燃一炷香作计时之用。小和赓爱偷偷地观察诗友们的动静。待他们的诗作完成，琅琅吟诵之时，便问七问八，学到了许多关于诗词的基本知识。

二、“谢八妹”

谢和赓14岁进入初中，正是俄国十月革命和五四运动影响越来越广泛深远之时。社会上各种思潮和救国主张十分活跃，争相向人们宣告自己存在的理由；形形色色的民主革命思想——激进的、改良的……都有自己所依附的阶级、阶层和群众。谢和赓冲破封建家庭教育的窠臼和框套，为西方民主主义思想家如孟德斯鸠、卢梭，戏剧作家如莎士比亚、易卜生等的著作所吸引、倾倒；他对中国文化名人，如蔡元培、吴稚晖、李石曾、汪精卫、朱执信、鲁迅、周作人、朱谦之、梁漱溟、胡适之、陈独秀、李石岑、苏曼殊、郁达夫、张资平等的著作爱不释手。由此，谢和赓的思想也就呈现纷繁状态。谢和赓由于多读书，自然而然地提高了国文课的成绩。

青少年的一种思想的形成，都不是天生的，无不与他所处的时代和自己的生活实践密切相连。谢和赓这个时期的思想相当复杂，脑子就像一个思想万花筒，每转动一次，便会产生新的图案和新的色彩。广泛涉猎群书的结果，使他的头脑也时时有新想法。举凡孔孟的儒家思想，朱谦之的无厚哲学，吴稚晖的无政府主义和重视自然科学，梁漱溟的佛学思想，胡适之师承自杜威的实用主义哲学，18世纪法国唯物主义资产阶级法学家、思想家孟德斯鸠和卢梭等的民主主义，以及其身为共产党员的二哥谢铁民所宣传并为之而奋斗的马克思列宁主义的科学社会主义等等五花八门的思想都有。

在个人的思想修养上，他喜欢以名人的名句来激励自己。如吴稚晖的“悠悠宇宙，将无穷极，愿吾朋友，勿草草此生”；朱谦之的“真善美的前途，要我们创造！”和“吾闻烈士殉名，哲人殉道。吾殉名乎？殉道哉”。在治学上赏识胡适之“读经而已，不足以知经”的博学方法。

一次，谢和赓自桂林取道漓江，经梧州至南宁参加全省运动会。他在漓江的船上，写了较长的新体诗，题为《漓江之什》十首，投到上海叶圣陶主办的《中学生》杂志，编辑细读后，以作品不似中学生之作为由，退了回来。这事使他父亲十分生气，他说："外江（外省人之意）的文人看不起外省的少年，算了，你投《桂林日报》试试吧。"桂林日报社的编辑认为，情景写得不错，便将十首诗分两次发表在副刊上。当时桂林只有一家"文华"石印铺，老板依靠谢顺慈书法家蜚声全广西省，印刷业务生意兴隆，便将《漓江之什》十首诗，石印装订成书一百本，作为过年的礼物，送给谢顺慈父子俩。谢和赓得到这份厚礼，十分高兴和自豪，更加激发了他学习的上进心。不久谢和赓参加了省立三中全校六百多名中学生的国文会考。这次会考录取十名，给予奖励，借以激发全体同学的上进心。谢和赓竟然得了第八名。恰巧他在全家兄弟的大排行中亦为第八。亲友赞扬老八考得第八名，而他的五哥在这场考试中名落孙山，遭到父亲的斥责。谢和赓原是一个爱学习而怕羞的少年，校长召开授奖大会时，他竟不敢出席，而由他五哥代为上台领奖。从此他益发努力读书用功，很少与同学上街游逛。

初中毕业后，谢和赓感到在学校读书，有些课外活动耽误的时间太多，很是可惜。他在征得父亲的同意后，决定在家自学高中课程。他把哥哥们用过的课本认真地阅读，再买一套高中教员用的各科"教学法"作参考，把数理化各科的习题一一做出来。他还请在李子园教会教小学的牧师刘吉甫教他英文一年。从1928年至1929年，谢和赓整整闭门读书两年，天天按自定的时间表学习功课。亲戚、邻居、同学见他闭门学习很少外出，好似女子不出闺门一样，都戏称他为"谢八妹"。

三、榜样与信仰

1926年秋，谢和赓跟着二哥谢铁民、姐姐谢振群去参加桂林一群进步学生李铭勋（李文钊）、李征凤、黄成业、粟丰、罗瑞成、苏鸿基、赵世恪等组织的新中国学社的活动。桂林的中学生约有两百人参加，谢家的三兄妹先后被吸收为社员，成为进步活动中工作积极出色的活跃分子。

谢和赓的二哥谢铁民在广西工业学校毕业后，到广州求学。1925年9月，谢铁民进入国民党广州农民运动讲习所第五届乙班学习，得到过毛泽东、萧楚女等教员的启发教育。同年底毕业，即以国民党中央农民部农民运动特派员名义，回广西开展农民运动。谢铁民先在苍梧参加了两个月的农运工作，即由中共梧州党组织派回桂林。一方面以农运特派员名义开展农运工作，另一方面担任国民党桂林县党部农民部长兼工人部长。桂林县党部其他领导人员有宣传部长李任仁，青年部长李征凤，以及裴邦焘、赵世恪等。谢铁民、李征凤、赵世恪还担任了桂林《民国日报》、《革命周刊》和《教育日报》的编辑，李征凤、赵世恪、谢铁民等负责撰写社论。谢、李、赵三人是天主教卜籁天牧师教过的优等生，英文成绩很好，赵世恪还兼学俄文。谢、赵分别翻译过莎士比亚的《威尼斯商人》和《列宁小传》，后发表在桂林《民国日报》、《教育日报》上。李文钊、谢铁民酷好革命新诗，写好后或投报刊或向至亲好友朗诵，表达他们立志改造中国的民主革命思想情怀。1926年，中共桂林县支部成立后，新中国学社便成了党的外围组织。用谢铁民家楼上的一个大房间当作新中国学社骨干聚会的地方，里面放有平、沪、穗各大城市出版的进步报刊，也放有《申报》及国家主义派办的《醒狮周报》和国共两党名流的书刊作品等。这些书报，由社员龙家骙、谢和赓管理。谢和赓经常跟在表叔赵世恪和二哥

谢铁民

身边听他们讨论问题或演讲，在他俩的影响下阅读了《新青年》、《向导》等进步书刊，也翻阅过他二哥读过的一本《阶级斗争浅说》（现陈列在广西区博物馆）。年少的谢和赓因此懂得了一点马克思主义的阶级斗争知识，就是这一点知识的火花，照亮了他后来思想上广阔的天地，使他沿着无产阶级的革命道路一步一步前进，直到去世。

谢和赓的二哥谢铁民，在1919年的五四运动中已是桂林学生爱国会的积极分子。后来，爱国会改为桂林学生联合会，会长为韦青云。李铭勋（即李文钊、李血泪）、李征凤（法专学生）、黄成业（省师学生）、粟丰、罗瑞成、谢铁民（粟、罗、谢均是省中学生）、苏鸿基（桂山学生）、谢慧英（进德学生）、莫佩琼等分别为学联在各校的干事。1920年秋，桂林新中国学社成立，原学联会成员都是社员。桂林学生联合会、新中国学社先后开展了传播新文化新思想和反帝反封建思想的学生运动；随着苏俄十月革命的影响和北京马克思主义刊物《新青年》、《向导》传播到桂林，学生爱国民主运动方兴未艾，加速了桂林各界群众的思想觉醒。这为1926年7月成立中共桂林县支部干事会提供了思想条件。

谢和赓跟李征凤、赵世恪、罗瑞成、谢铁民等，也成了新中国学社社员中的积极分子。为什么读书？读了书到底要做什么？谢和赓最初懵懵懂懂，不曾仔细想过。学以致用的道理，是他成为国学社的成员之后才开始懂得的。

桂林新中国学社，是中国共产党的外围组织。谢和赓的二哥谢铁民是学社的领导人之一。谢家二楼的一间空房，是他们存放图书、文件和举行秘密会议的地方。当谢和赓成为社员之后，便读到了《马克思小传》、《列宁的故事》、《阶级斗争浅说》等介绍马列主义思想及其领袖人物的小册子；《新青年》、《向导》等报刊和萧楚女、恽代英等宣传革命的著作。阶级斗争的观念、反帝反封建的革命目的闯进了谢和赓的视野。从此，谢和赓懂得了一个有志向的人，就应该关心国家的前途和民族的命运，只有把自己同劳苦大众的利益联系在一起，才能成就一番事业。革命的书籍和报刊，为谢和赓的人生之船升起了驶往光明之途的帆篷。就是在这个时候，桂林新中国学社的领导者们与社员们讨论时局，交流读书心得，提醒谢和赓不能死读书，读书的目的，是要武装自己，认识人生和社会，要改造自己的人生观和旧的社会。革命的理论全是为了指导革命的实践，否则便毫无意义。于是，谢和赓和新中国学社的同志们一起参加到反帝反封建，争取妇女解放、男女平权的斗争中去。不仅发传单、贴标语，上街宣传革命思想，到中小学去教唱革命歌曲；而且身体力行，如不虐待妇女、佣人、穷人，不吸鸦片烟，不吸纸烟、水烟和烟叶，不赌博，不喝酒，反对迷信活动等等。这时候谢和赓的思想还只是在量的方面发生变化，所做的一切还处于启蒙性质，但共产主义的思想一直在影响着他，并逐步引导他走向成熟，向质的方面转化。

1927年春初，中共桂林县支部有党员17人，共青团员有40多人，并在原皇宫街19号成立共青团桂林地方执行委员会，苏炳瑜任书记，杨秋人（上级派来）任副书记。

在中共桂林县支部的领导下，李征凤、谢铁民、苏鸿基、赵世恪、汤显达、罗瑞成、赵世杰、廖骏、李芬华等同志和进步女青年汤景瑜、谢雷红、黎秀英等共产党员和进步青年积极宣传马克思主义，倡导走俄国十月革命的道路，并在桂林山城掀起工农群众运动和学生运动、妇女运动的高潮。但是，政治风云突变，1927年发生了四一二反革命政变，桂系头目李、黄、白同蒋介石一道策划了这一背叛国共合作进行国民革命的阴谋。桂林省立第二师范和省立三中被捕学生六人，桂系头目指派黄同仇组织了桂林清党委员会，首先诱捕了李征凤、苏鸿基和国民党左派、桂林省立第二师范学校校长裴邦泰。7月11日，又逮捕了进步报刊的编辑、国民党桂林县党部工作人员和小学的教师，如谢铁民、赵世恪、赵世杰、汤显达、廖骏、李芬华等六人；《革命周刊》、桂林《国民日报》、《教育日报》遭到查封和接收；进步工会、学校、群众团体也遭到搜捕和查封；桂林四郊的农民协会受到破坏和摧残。在反动派捕人风声紧的时刻，谢和赓也曾随谢和会避居他处。

谢家人曾劝谢铁民外出暂避锋芒，但他坦然地说："做革命工作，只有斗争，决不畏缩。"李征凤、谢铁民被捕后面对敌人审讯时，黄同仇多次要他们"悔过、自首"和"赎罪"，他们怒目回答无"首"可"自"，无"过"可"悔"，无"罪"可"赎"；无论审问多少次，时间有多长，他们就是坚决不吐露党的秘密。面对严酷的现实，谢铁民铿锵地回答刽子手的审问："革命者早已把生死置之度外，海可枯，石可烂，此志不可移。"谢铁民临刑前写了遗书给他父亲："儿将就义，乞葬于普陀山前；并望兄弟有子女过继一人，以继遗志。今生不能奉养，来生当结草衔环以报养育之恩。"1927年10月14日正午，李征凤、谢铁民、赵世恪、赵世杰、汤显达、李芬华、廖骏、裴邦焘等九名共产党员和革命志士于丽泽门就义。就义这天，李、谢等人衣衫整齐，昂首阔步，沿街心慷慨陈词，痛斥国民党右派的叛变罪行，高呼"打倒军阀！""中国共产党万岁！"等口号，情景悲壮。成千上万群众尾随至刑场，目睹优秀青年儿女就义，声泪俱下。若桂林老人山有情，也会垂泪啊！

敌人行刑后，亲属从谢铁民血衣袋中掏出他留给弟妹们的一首诗：

春风拂拂地吹来，
桃花夭夭地开放了，
革命尚未成功，
自由在哪里？
春风拂拂地吹来，
桃花夭夭地开放了，
革命尚未成功，
平等在哪里？
春风拂拂地吹来，
桃花夭夭地开放了，
革命尚未成功，
幸福在哪里？
春风拂拂地吹来，
桃花夭夭地开放了，

革命尚未成功，
理想社会在哪里？
春风拂拂地吹来，
桃花夭夭地开放了，
革命定会成功，
自由、平等、幸福——
——理想社会就在这里。

谢和赓面对二哥的血衣和血染的诗篇，他稚嫩的心颤抖了，把咬碎的仇恨掺和着咸涩的泪水，强咽到肚子里。

谢和赓在二哥谢铁民、表叔赵世恪等烈士的思想影响下，特别是二哥在四一二反革命政变中，被新桂系刽子手黄同仇屠杀于桂林丽泽门这一血的教训，使他在真善美和假恶丑的比较中再三反思：接受什么思想，走什么道路，才能追求到真善美的境界？他逐步接受了马克思列宁主义思想，矢志追求共产主义的真善美，摒弃唯心的真善美。他从复杂的思想中学会筛选，把中国文化思想关于真善美的见解与共产主义理想结合起来，终于走上了革命的道路。

四、在西北军加入中国共产党

1930年5月，谢和赓离桂赴北平。他由中国大学附属高中直接升入中国大学经济系后，在许多左翼进步教授如黄松龄、马哲民、侯外庐、施存统（施复亮）和陶希圣（后当汪精卫的仆从汉奸）等的教育影响下，由先前为报杀兄之仇而萌发的感性认识，提高到了为革命理想而奋斗的理性认识，他与邓初民、陈豹隐、许德珩、白鹏飞、梁漱溟等教授来往比较密切，受教益匪浅。施复亮、黄松龄两教授对他更是备加爱护，分别将土地问题和《资本论》的讲稿交与他誊抄。1931年3月初，谢和赓加入中国社会科学家联盟，后又加入反帝大同盟。那时，他在北平中南海公园的流水音居住。1932年秋，他忽然接到寄自天津的油印信，内容大意说：值此日军侵华国家濒于危亡之际，我西北军中的爱国分子已向平津及各地青年发出号召，亟盼大家觉醒起来，马上要求蒋介石和他的国民党放弃不抵抗的政策，积极筹备全国的抗日战争……油印信附有钢笔字样："和赓先生……据我的一些友人……提到先生在北平各大学宣传进步思想和宣传抗战的努力，殊为敬佩……西北军许多爱国将领正枕戈待旦，一俟时机成熟，即号召军民，尤其爱国青年……展开全国抗战运动……"信函下款"西北军中的抗日分子"。谢和赓十分喜悦，他认定是平津地下党发出的号召书，预知他报效祖国的日子不远了。后来才知钢笔信是宣侠父（宣古渔）写给谢和赓的。不久宣侠父来到中南海公园，与谢和赓长谈一夜后，谢即决定应召赴察哈尔。

九一八事变之后，全国人民痛恨蒋介石的独裁统治和媚日求荣的可耻行径，掀起了一片反蒋抗日的声浪，蒋于这年的12月15日被逼通电下野。冯玉祥应汪精卫、胡汉民、孙科等人的屡次电邀南下抵达南京。由于此时汪、蒋二人互相勾结利用，蒋氏重新上台，继续实行不抵抗政策。1932年发生了一•二八事变，第十九路军在人民大众支持下，与进攻上海的日军激战正酣，冯玉祥当面向蒋提议“派遣军队，前往应战”，冯虽一再要求，“率敢死队到前方杀敌”，却再受蒋的冷遇；同时，上海的抗战因无南京政府的后援而遭到不应有的失败。冯虽有志抗日，可恨报国无门。心力交瘁的冯玉祥，公开拒任国民政府内政部长，同时，公开发表声讨蒋、汪投降卖国的丑行，于3月24日愤然离开南京奔往泰山凌汉峰普照寺隐居下来。冯玉祥虽名为隐居，却时刻心系民族危亡，筹划再次拉起一支抗日的军队。他向记者袒露心迹：“收复失地，抗战到底，并组织民众，成立全国民意机关监督政府，乃今日救国之不二法门也。”冯玉祥在泰山洗心亭刻上一句话：“你忘了没有，东三省被日本侵占了去，有硬骨头的人拼命夺回来。”

此时，党通过王梓木等人，劝说冯玉祥应采取发动群众等方式来实现抗日。这年9月，吉鸿昌潜赴泰山，力劝冯与中国共产党合作，组织抗日武装。时任察哈尔省政府主席宋哲元，其部下张自忠、冯治安等与冯玉祥私交深厚，于是冯通过这些旧部的关系积蓄力量，拉起抗日队伍。冯玉祥于1932年10月9日从泰山迁往张家口。一到张家口，正式向中共提出要求，派干部和他一起组织抗日同盟军。在日军攻占山海关，大举向热河、北平、天津及察哈尔等地进犯的紧急情况下，冯玉祥联同旧部方振武、吉鸿昌等，在张家口通电成立察绥抗日同盟军，吸引了各地的义勇军纷纷前来投奔。谢和赓便是在此种情势下，在党的号召下，应召到冯玉祥、吉鸿昌领导的抗日同盟军司令部报到的。

1932年12月，“社联”（左翼社会科学工作者联盟的简称）。杜克明与谢和赓单线联系，通知说：“北方党指示要你到察哈尔张家口去开会，代表北平的学生，发给路费大洋十元。到张家口图书馆传达室去询问，请指引至接待抗日青年招待所报到，然后向招待所接待人员说明，是‘西北军中的抗日者’的信和‘社联’单线联系人的通知，指引前来参加西北军工作的。”谢和赓就这样参加了西北军，协助西北军筹组一支察绥抗日同盟军。1933年2月谢和赓入团，几天后转为共产党员，宣侠父、李教官便是谢和赓的入党介绍人，与宣单线联系。宣侠父与李教官又介绍谢和赓往见冯玉祥总司令、吉鸿昌军长和吉鸿昌的高级顾问张慕陶（由于张坚持错误的“联日抗蒋”的所谓

20世纪30年代的宣侠父

"策略"，中共北方党前委于1933年9月开除张慕陶出党）等高级军政官员。在筹组同盟军过程中，谢和赓以吉鸿昌部士兵代表名义列席会议，并与军官们轮流担任会议记录工作。5月，同盟军成立，谢和赓当了三天"三等兵"后，即被委派为第二军（军长吉鸿昌）第五师（师长宣侠父）教导队教员，讲授经济学和社会学，宣侠父讲授唯物辩证法。谢兼任吉鸿昌的上尉秘书。宣侠父对谢和赓说："你要当好吉的秘书，因为张慕陶提出要与所有反蒋力量联合起来，这是对的，但他却暗中同吉鸿昌、方振武、孙良诚等说什么为了保存力量，必要时可以'联日抗蒋'。这个错误的政策不符合党的'停止内战，一致抗日'的原则。鉴于张的理论和经验都很丰富，口才好，脑子灵，而吉鸿昌与孙良诚又奉张为'军师'，要你当吉的秘书，就是防止张对吉的影响，也就是要与张的错误策略作斗争。"

察绥抗日同盟军在中国共产党的帮助和推动下不断发展。5月26日，冯玉祥在张家口就任抗日同盟军总司令，方振武任总指挥，吉鸿昌任前敌总指挥，由数千人发展为十余万人，在奋勇迎击日伪军的进犯中，连战皆捷。不久，吉鸿昌率领同盟军挺进多伦，7月将日伪军逐出察哈尔省。7月下旬，在张家口成立收复东北四省计划委员会。此时蒋介石以同盟军"妨碍中央政令统一"、"察哈尔已赤化"为借口，调集16个师的兵力，封锁包围同盟军，强令冯玉祥解散同盟军，并令何应钦勾结日本关东军，要消灭同盟军。在蒋、日、伪三方夹击下，同盟军处境危殆，冯玉祥被逼辞职。吉鸿昌、方振武支撑危局，联名通电将同盟军改为“抗日讨贼军”，英勇抗击敌人的轮番进攻和包围。在牺牲惨重和弹尽粮绝的境况中，同盟军失败了。吉鸿昌、宣侠父、谢和赓被迫转移；谢和赓随吉部到小汤山，党决定留谢在温泉管理处龚海泉主任家隐蔽，伺机转回平津。自此谢和赓才离开吉鸿昌将军。

1933年出任察哈尔民众抗日同盟军总司令的冯玉祥

察绥抗日同盟军在蒋、日、伪的陆空军配合夹击下失败后，1934年1月，吉鸿昌几经艰险，在群众掩护下，转移至天津，同年11月9日在天津被特务探知住所，并被刺伤后逮捕，11月24日在北平天桥英勇就义。事后，谢和赓了解了吉鸿昌将军就义前后的经过，那真是惊天地、泣鬼神。若是以文天祥的“正气歌”与之比较的话，前者是维护南宋封建王朝的“正气”，后者是中国共产党人贯通天地的浩然正气。

那是1934年冬日，吉鸿昌从察北潜回天津法租界，与妻儿住在一起。虽然住在租界内，但是也与租界外一样，到处充满杀气，国民党特务很快便在吉的寓所周围布下盯梢吉鸿昌行动的特务网。吉鸿昌并不怕环境的险恶，对蒋介石制造的白色恐怖泰然处之。吉家就是柯庆施等地下共产党员集会的地点之一。吉将军为了战友和工作活动的安全，将集会地点从家里转移到惠中饭店，与人“打牌”过日子，通过牌桌继续工作和活动。地点和方式都变换了，但是蒋介石派来的特务并没有因此麻痹，还是一天24小时不停地盯着，不敢玩忽职守。吉鸿昌出入寓所多了，认识一个站岗的巡捕，他就经常对巡捕做工作，谈些抗日的道理。巡捕被吉鸿昌的直爽和坚决的抗日态度所感动，有时也就偷偷地给吉将军报个信，叫吉全家留神点儿。那时，蒋介石对吉鸿昌下了通缉令，吉鸿昌不得不更加留了个心眼，不再去惠中饭店，转到国民饭店开个房间，转换一下阵地。早在1934年3月，吉鸿昌从天津秘密到上海，由宣侠父作为介绍人加入了中国共产党。两星期后，宣和吉回到天津，继续进行反法西斯大同盟组织工作，4月24日，吉鸿昌出面在天津成立了中国人民反法西斯大同盟，并建立了有冯玉祥、李济深、方振武、任应岐等各地反蒋抗日代表在内的“大同盟中央委员会”，吉鸿昌任主任委员，并任“大同盟”内的中共党团领导成员（《南汉宸》自传提及此事）。吉鸿昌加入中国共产党后，抗日救国思想更加鲜明，革命斗志更加坚决，工作更加积极。

吉鸿昌在法租界的家（现天津市和平山花园路4号），成了中共在天津进行抗日民族统一战线工作的主要联络站。他懂得如何重整旗鼓，组织抗日义勇军武装抗日。根据党的要求，他与南汉宸、宣侠父等紧张地奔波于平、津和华北各地，进行组织联络工作。同时，积极筹集资金，暗中购买军火，准备重建抗日武装，进行了大量的、卓有成效的工作。

经反蒋抗日军人任应岐联系，11月9日晚吉鸿昌将与广西李宗仁的代表在国民饭店见面。为防止万一，吉鸿昌又临时换到45号房间与代表会谈。此时，国民党特务已跟踪而至，包围了国民饭店。正当吉鸿昌与李宗仁的代表会谈时，特务突然闯进来，将李宗仁派来的代表打死，吉鸿昌和任应岐也身负枪伤。特务行刺后仓皇逃跑。本来吉鸿昌可以乘饭店混乱之机离开，但是在这个时候，他首先考虑的是党组织的安全。他心里明白，特务们暗杀的是自己，现在自己已经暴露，走到哪儿，特务们就会跟到哪儿，不小心就会把一

吉鸿昌被捕所在地天津国民饭店

些联络点暴露，同时也会牵连其他同志，那损失就大了。

这时，与国民党特务勾结的法租界工部局的巡警也倾巢而出，将国民饭店团团围住，并以杀人嫌疑犯的罪名将吉鸿昌和任应岐逮捕。吉鸿昌托着受伤的胳膊，平静而沉着上囚车。

关押吉鸿昌的北平炮局子陆军监狱（今北京东城区北新桥炮局胡同21号）

被捕后的吉鸿昌被引渡到蔡家花园陆军监狱。那时候，驻防天津的正是东北军于学忠部。看守监狱和关在监狱里的，有不少东北人，他们离乡背井，沦落在外，心里非常痛苦。鸿昌一进监狱，就朝监狱在押的人们说："弟兄们，你们身为军人，不去抗日，为什么却关在这里啊？"接着就把监狱作为抗日的宣传阵地，讲为什么抗日的道理，讲独夫民贼蒋介石卖国的罪行，讲蒋介石几次要通缉他，谋害他的事实。鸿昌的话，句句说到在押军人的心坎里了。大家待他亲兄弟一样，有人送他一把胡琴，他就和难友们唱了好几出戏。他历数蒋介石的卖国罪行，阐述得最彻底最深刻。由此，吉鸿昌成为蒋介石眼中"十恶不赦"的死敌，谁也营救不了他。

共产党地下组织正在积极设法营救吉鸿昌。他的一些旧部下也活动起来了，准备在押解他到南京的火车上劫车。但是，劫车的行动不够细密，押解吉鸿昌上火车的消息没有搞准，以为已经押上某一列火车上了，就连夜在该列火车路上拆了一段铁轨。这次劫车行动没有成功，等于向蒋介石发出了警告。蒋介石随即改变主意，当晚转押北平去了。

当吉鸿昌被押到北平陆军监狱的时候，刚一下车，就有个叫祝士勒的，把一份电报送给他看，上面印着四个大字："立即处决。"这是蒋介石使用的神经战术，用死来恐吓吉鸿昌。他们哪里会知道鸿昌是名副其实的“吉大胆”。他看了那份电报，不动声色地说了句：“行啊！你们什么时候动手啊？”

敌人并没有立即处决，还在耍花招。那时候，何应钦主持着北平军分会，替蒋介石把守着北方地盘。何组织了一个“军法会审”，想通过审讯吉鸿昌，找出北方党的地下活动情况。何应钦问：“吉鸿昌，你为什么搞抗日活动？供出你们的秘密来！”

吉鸿昌说：“抗日是四万万五千万中国人民的事情，有什么秘密？只有蒋介石跟你们祸国殃民，和日本暗中勾结，干些不可告人的勾当，才有秘密。”何应钦被骂得张口结舌，只好半道打住。军法会审失败，敌人恼恨地对吉鸿昌施以酷刑。当时执行刑讯的一些士兵后来也说，从来没瞧过这么硬劲的汉子，除了骂，他没有叫过一句苦，没有喊过一声痛。

吉鸿昌在敌人的炼狱里，拖着一身的刑伤没有倒下，还使出最后的力量对难友们说：“我就要和大家分手了，我要在死以前，再把抗日的道理和你们讲讲。”洪霞的姐夫当时和鸿昌押在一起，他看见鸿昌的两只大眼睛闪射出一种特别的不可名状的光芒，热情地宣讲抗日的道理，解释共产党的方针政策；鸿昌还讲他为什么参加共产党，把嗓子都说哑了，他还要讲。讲到最后，好多人都被这行将被敌人处死的共产党员吉鸿昌感动得哭了。鸿昌劝大家别哭别悲伤！留下力量打日本鬼子去。末了，他把怀里的金表拿出来，叫典狱长卖了，为难友们加点菜改善一下生活。他说：“你们一定保重身体，出了狱就可以去抗日！”

在吉鸿昌殉难的前夜，他还在宣传抗日。洪霞的姐夫劝他：“休息一下吧，你还有什么话给我说？”

“我要永远休息了，你让我多宣传几句吧！”吉鸿昌就是这样一心为了革命，他什么也没和洪霞的姐夫说，对于妻儿家事，只字也没有提到。

1934年11月24日，吉鸿昌殉难的日子到了。就义前几小时，他先写革命遗书。这封信把蒋介石的罪状，都写在上面。但被特务们弄走。据说何应钦看了之后，一屁股倒在沙发上，脸色发青，双手直抖，把这革命遗书扔进火炉里。吉鸿昌另写一封家书，说他是为革命而牺牲的，要家里人化悲痛为力量，为革命而斗争到底。

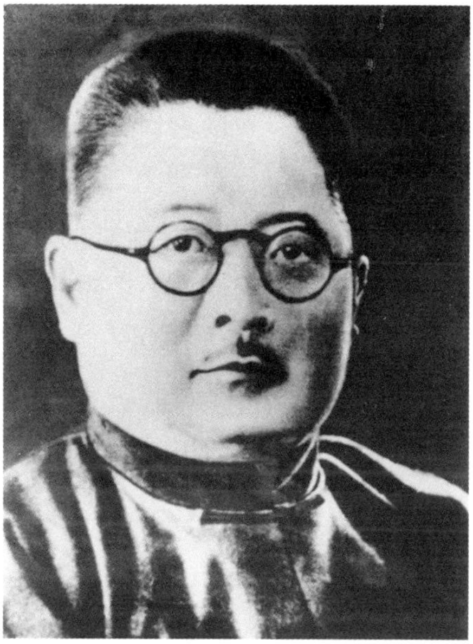

吉鸿昌牺牲前遗照

就义时间到了。吉鸿昌披上斗篷，就像平时出门溜达似地走出囚室。走着走着，他忽地停了下来，因为没有笔，就捡起一根小树枝在刑场土地上写一首诗，叫洪霞的姐夫记下来。那首用心血写的诗是：

恨不抗日死，留作今日羞。

国破尚如此，我何惜此头！

走到了行刑的地方，刽子手们为了报功，还给吉鸿昌和一同被捕行刑的任应岐照了相。任应岐本来放在鸿昌之后执行的。这时，任应岐忍不住掉下眼泪来，对鸿昌哭道："我死了没什么，你死了太可惜了，国家正用得着你。"

鸿昌皱着眉头对任应岐说："你这是干什么？别让他们小看了咱们！"随后扭过身来，骂那几个特务，"你们这不是为难他吗？这样吧，让他先走一步，我送送他。"

任应岐擦了擦眼泪，强挣着走了几步，枪响了，任应岐一头栽倒下去，鲜血汩汩地染红了土地。

这种死的折磨，丝毫震动不了吉鸿昌。他朝特务们招招手，说道："这样死可不行！告诉你们，我为抗日而死，不能跪下挨枪，我死了也不能倒下！"

"你说怎么办？"这些特务有些怕他。

"给我拿把椅子来，我得坐着死。"

椅子拿来了。鸿昌说，还不行，他招手叫那个行刑的特务过来，对他说："我为抗日而死，死得光明正大，不能在背后挨枪。"

"那您说怎么办？"那个特务居然发抖起来，被吉鸿昌的威严正气镇住了。

"你在我眼前开枪！我要亲眼看到敌人的子弹是怎么打死我的。"吉鸿昌临刑前一刹那的傲然英气，竟使行刑的特务浑身抖动得更厉害了！

那个特务愣了一下，只好走近到鸿昌的前面，脸对脸地举起了枪。这时，吉鸿昌瞪起了两只大眼睛，用尽了他平生的力气，高呼："抗日万岁！""中国共产党万岁！"紧接着口号声，一声枪响，鸿昌倒在椅子上。吉鸿昌一生是始终不屈的英雄好汉，他在敌人面前没有跪下，他是挺起胸膛迎接死亡的。他是中国共产党哺育成长起来的顶天立地的英雄，他是中国人民世世代代的好榜样，党不会忘记他这个优秀的儿子。

谢和赓一字一句地牢记吉鸿昌将军英勇牺牲的光辉事迹。他庆幸当过吉将军的秘书，曾经朝夕聆听过将军的教诲，将军的英雄行为举止，足为自己的楷模，将军忠于人民忠于党的高尚情操和伟大人格，永远是激励自己前进的动力。谢和赓曾经想安慰吉鸿昌将军遗属，但是难以打听到住址，感到深深的遗憾。

宣侠父与南汉宸惊闻吉鸿昌行将转移上海前夕被害，二人抱头痛哭不已，党损失了一个大有作为的共产党员，实在令人惋惜、痛彻肺腑啊！宣侠父写了首诗：

面对敌枪弹，屹然似泰山。
以死报国家，名垂宇宙间。

五、白崇禧发迹史

随着日本帝国主义和中国的矛盾上升为主要矛盾，中国共产党由“反蒋抗日”转变为“逼蒋抗日”政策。此时，如何争取国民党桂系一起来逼蒋抗日已成为我党急需考虑的一件大事，因为当时桂系有抗日的要求和表示（如支援察绥抗日同盟军，曾给冯玉祥汇去十万元小洋），既反共又联共，既与蒋联系，又与蒋有尖锐矛盾。在国民党新军阀诸派系中，桂系保持着较大的特殊的独立性，并且是唯一有逐鹿中原、问鼎中央政权能力的地方军阀实力派。为什么？这要从白崇禧的出身历史轨迹来说明这个问题。

白崇禧（又名白健生）的崛起，处在革命与反革命反复较量、中国大地风云变幻的岁月。当时，他在谋求民族出路与个人前途的拼搏中，有困境，有机遇；有宿敌，有知己；有失败，有胜利。他处身于纷争不断的新旧军阀混战中，几经磨炼，几度沉浮，终于站稳脚跟，成了中国现代史上风云一时的人物。

1911年辛亥革命那年，白崇禧18岁，毅然报名参加广西学生军敢死队，敢死队分别来自陆军小学、法政学堂、典狱学堂、农林学堂、优师、初师、桂山中学、警察学堂等三百余人，后来枪械不足，只划定了125名，白崇禧名字侥幸在前三名，才没被淘汰，便跟随第一批北伐军协统赵恒惕出发武昌协同革命军作战。1912年南北议和告成，白崇禧被送入武昌陆军预备学校学习，毕业后升入保定陆军军官学校。他熟读兵书，研究战略战术，崇拜管仲、孔明，很想干一番惊天动天的大事业。可是离开军校后，军旅之途也是风云变幻、瞬息万变。白崇禧原想到新疆去建功立业，拟从西伯利亚铁路转入阿里木去迪化，但俄国十月革命起义推翻沙皇尼古拉政权，阻断西伯利亚铁路，去不成新疆。训练总监部劝说他们回广西见习。虽然万分不愿意返回广西，但命运安排无法违拗，回到广西当一名小小的连长。这是旧桂系军阀陆荣廷部属马晓军模范营的第一连上尉连长，带兵进扶绥渠黎圩剿匪。他违背上司陆荣廷的命令，将招安投奔来的惯匪八十余名用计杀死，只两个多月，便将左江五属匪患肃清。1921年陆荣廷势力被陈炯明粤军逐出广东，陆下野，逃离南宁。马晓军部当时驻防百色重镇。为找出路，便与他戏称的军中“三宝”——黄绍竑、白崇禧、夏威商议另投靠山找出路。马晓军于是到南宁找孙中山任命的新省长马君武，请求委以新的名义，为省政府效力。马君武知道马晓军是留学日本士官学校的，与绿林出身的陆荣廷部属无多大关系，遂委任马晓军为田南警备司令，负责田南12县的军政事务。

马晓军当了司令，部下的连长黄绍竑、白崇禧、夏威也就升为营长。马晓军这时已利令智昏，不思长进了。白崇禧记得古训“生于忧患，死于安乐”。不敢怠慢，一门心思练军，不与烟帮同流合污。以后几经挫折，几度沉浮，几次东山再起，直至李宗仁、黄绍竑联手合作，消灭了旧桂系陆荣廷、沈鸿英势力，又赶跑了入桂的滇军，堂而皇之地成为一统桂省的首脑人物，白崇禧成了国民革命军第七军参谋长。此时机会来了，国民政府在广州准备北伐，之前必须稳定作为北伐基地的两广，专门成立“两广统一特别委员会”，李宗仁、

北伐期间第四集团军将领合影。右起：十二军军长叶琪、十二军指挥李品仙、三十六军军长廖磊、副官陈耿

黄绍竑便派白崇禧随来梧州的国民政府主席汪精卫到广州磋商两广统一问题。白崇禧逗留广州，除了李、黄之意外，也有他个人的企图，就是不甘心只当第七军的参谋长，他盘算着外谋发展，决定拜访鲍罗廷和蒋介石。蒋介石很快从白崇禧访鲍的消息中，发现白崇禧需要他，他也需要白崇禧。原来白崇禧已看出北伐进军，必须要援助唐生智驱赶赵恒惕。于是他为蒋介石到湖南借“东风”——援唐驱赵居然在白崇禧的策划下实现了。

而蒋介石这边，竟然在广州出其不意地干了几起篡夺党政军权力集于一身的惊人举动。1926年3月20日制造了中山舰事件，由此，而借口命令撤销第一军中的党代表，蒋介石当了军事委员会主席；接着提出了整理党务案，严格限制共产党在国民党内上层的活动，逐步攫取了国民党军政大权。

白崇禧从14岁投笔从戎进陆军小学开始，他知道外面的世界很精彩，要摆脱一辈子跟牛屁股的命运，就要善于寻觅机遇、抓住机遇。读书要抓住机遇，到社会捞世界也要抓住机遇；他在辛亥革命时参加广西学生军敢死队到武汉是机遇；进武昌陆军预备学校、保定陆军军官学校是机遇；回广西进入马晓军模范营任第一连长、脱离旧桂系陆荣廷转入国民政府广西田南警备司令部升为营长是机遇；由此起与李宗仁、黄绍竑联合扫荡陆荣廷旧部残余统一广西是机遇。总之，白崇禧以自己的聪明才智，总是能抓住机遇，随波逐流，逢凶化吉，转危为安。

此时的白崇禧与蒋介石彼此间都需要互相利用。白崇禧看到了蒋介石纵横捭阖和呼风唤雨的手腕，认识到蒋介石是他飞黄腾达的好云梯。蒋介石要白崇禧入湘借“东风”成功之事说明蒋介石要利用白崇禧是可能的。白崇禧这个狡猾的聪明人在专门访问蒋介石时有意说：“总司令，我刚刚接到李德邻打来的电报，桂军正在整编，大军将要出发入湘，令我即日返回第七军协助指挥作战，我决定明日返桂，不知总司令尚有何指示？”

蒋介石知道白崇禧访问他绝不仅只是礼节性的例行公事，乃是旁敲侧击、投石问路、待价而沽的一道讯号。蒋介石深知中国官场上交易的两大法宝是高官厚禄和金钱美女，他觉得把白崇禧拉住，不放回广西，也就是拉住了桂系。拉的目的是为了控制或伺机分化桂系。他自信让33岁的白崇禧担任国民革命北伐军的总参谋长，不是比白回去上任第七军的参谋长更显赫更辉煌吗？于是蒋介石不由分说："我已向国民政府正式提名任你为总司令部副总参谋长，代行总参谋长职，命令不日即将发表，你不要回第七军去了，李德邻那里，由我去电处置。"蒋介石任用白崇禧为副总参谋长，是蒋氏认桂系在中国政治、军事上皆有举足轻重地位的标志，并将这一认识保持到他败亡到台湾之前。而桂系也乐得见机行事的便利条件，暂时依附于蒋系势力。这是蒋桂勾结，彼此心照不宣的一着政治妙棋。

白崇禧答应任副总参谋长，但还是表示第二天必须回广西与李宗仁、黄绍竑商量商量。当然白崇禧此番回广西，是与李、黄商量怎样在南京陪伴当今这个中国的独裁者？俗话说"伴君如伴虎"，白崇禧也知道，有李宗仁、黄绍竑在广西支撑着他，就会减少许多风险。要知道怎样才能减少"伴君如伴虎"的风险，必须请教李、黄的意见。

"去与不去，请二公酌裁。"这是白崇禧汇报蒋介石委以重任后，征求李、黄的意见。

李宗仁虽然感到问题很复杂，白崇禧此番是不是要远走高飞？蒋介石葫芦里卖的什么药要拉走白崇禧？白崇禧一走，广西怎么办？怎么布置格局？一连串的问号。但他相信白崇禧无论在中央怎么混，根基还是要放在广西，失去根基，他白崇禧也只是一根漂浮的草罢了。反复权衡利害得失，李宗仁便说："我们三个人，我带兵在前方打仗，季宽留守广西老家，健生在总司令部任职，这个格局很好。现在，部队整编完毕，我明日即出发桂林，准备进军湖南，

李宗仁

白崇禧

黄绍竑

我们三个人，要暂时分离了。我希望大家不要忘了自己是广西人，为国为家，患难与共！”李宗仁说罢，立即把他的卫队营长黄瑞华找来：“集合卫队，我要训话！”黄绍竑、白崇禧见李宗仁谈着话，忽然提出要集合卫队训话，不知是何意图。卫队长来报：“卫队营集合完毕，请军座训话！”李宗仁向黄绍竑、白崇禧招手，请他们一道去训话。李宗仁在三百人的卫队营和单独与卫队营长黄瑞华的讲话中，指明卫队营本来是明天带他们出发前线的，现在要把卫队全部交给白崇禧，跟到北伐军总司令部去。并要求黄瑞华和全体卫队：“你们要绝对保证白参谋长的人身安全，哪怕你们全部战死，也不能让白参谋长出事，如果白参谋长有个三长两短，你们就不要来见我，也不要回广西！”

白崇禧表示推让，李宗仁说出不放心老蒋和他身边的那些人，提醒白崇禧，“共患难易，共安乐难”，“你远离团体，孤身一个在老蒋司令部工作，如与虎狼同居，我怕他暗算你。晚上睡觉，房外要放排哨，如要出门，要带贴身警卫。”从李宗仁的讲话和将自己的卫队营转交与白崇禧这事看，李宗仁对白崇禧出任国民革命北伐军总司令部副总参谋长是完全同意的，这有利于桂系将来打出广西，也有利于调和蒋桂之间的矛盾，但又不放心白崇禧被蒋介石拉出去，分化广西的内部团结，于是就有将卫队营拨归白崇禧领导支配，表示善待白崇禧和维护广西内部团结的诚意。白崇禧是机智过人的狐狸，对于李宗仁的良苦用心是心领神会的。他知道自己到了蒋介石身边，不仅是个人的利益，而且是代表新桂系李、黄、白的利益。这便是后来北伐军进入南京、上海之后，李宗仁、黄绍竑、白崇禧直接参与蒋介石发动四一二反革命政变的原因；而蒋介石拉住了桂系，也是蒋敢于发动反革命政变的原因。

1927年4月1日开始，桂系三巨头李、黄、白参加了蒋介石、古应芬等召开的一系列反共秘密会议。4月2日，李宗仁、黄绍竑出席了吴稚晖、张静江、李石曾、陈果夫等人在上海召开的中央监察委员会紧急会议，为蒋介石发动反革命政变作准备。4月3日李宗仁参加蒋介石召集的与汪（精卫）、吴（稚晖）、蔡（元培）、任潮（李济深）等在总理住宅的会谈。与此同时，白崇禧按蒋介石的手令查封国民革命军总政治部上海办事处，李宗仁奉令将第七军主力自芜湖向南京推进，作初期“清党”的部署。4月9日，蒋介石成立淞沪戒严司令部，白崇禧任司令。蒋介石一切部署完毕，离开上海到南京。4月11日，蒋介石发出“各省一致实行清党”的密令，于是上海形势突变，一场由蒋介石命令，白崇禧指挥，杨虎、陈群监督执行的上海四一二反革命政变发生了。在同一时候，李、黄、白也指令在广西进行“清党”活动。接着李宗仁又参加蒋介石关于促成宁汉合流的阴谋活动，武汉汪精卫集团也于7月15日撕开“左”派的伪装，步蒋介石后尘，发动了反革命政变。

李、黄、白追随蒋介石、汪精卫背叛了孙中山联俄、联共、扶助农工的新三民主义，走上了反动的道路，从此以后，成为国民党新军阀蒋、桂、冯、阎四大军事集团之一。桂系军事集团在北伐中占据着两湖，李宗仁虎踞武汉，指挥夏威的第七军、陶钧的第十八军、胡宗铎的第十九军，还指挥着湖南的何键、鲁涤平的军队，南通两广，北达中原，溯江可进四川，下扼南京、上海，严重地威胁着蒋介石南京政权。白崇禧所率部队驻北平、天津、唐山，其势力伸展至整个河北。留守广西本土的黄绍竑、黄旭初的军队有了很大的扩张和发展，并与广东李济深联合起来，维持两广的半独立状态。桂系这种军事实力分布状态，正如蒋介石常说的话“平、粤、沪、汉这四个地方拿在手里，全中国就都在他们手中了”。因此，1929年1月1日，蒋介石在南京主持国军编遣会议来实行“削藩”，桂、冯、阎对编遣会采取消极抵抗态度，于是蒋在平、津地带策划联唐（生智）倒白（崇禧）的军事阴谋，迫使白崇禧只身出逃平、津，经沪转港回广西，白才幸免为蒋介石害死。接着，1929年3月29日，蒋介石策动意在消灭桂系的蒋桂战争，各路蒋军直逼武汉。4月3日，由于桂系的重要将领李明瑞在阵前倒戈，联蒋反桂，桂系力量顷刻瓦解，所有部属接受蒋的改编，李、黄、白均被逐出广西跑到香港。广西出现俞（作柏）、李（明瑞）政权，借助中共力量来巩固政权，并与改组派汪精卫、薛岳联合反蒋。谁料，蒋又用收买政策瓦解了俞、李的部属，俞、李反蒋不到旬日即宣告失败。

汪精卫怕张发奎在广西的军队受到损失，于是在香港找到黄绍竑，要李宗仁、白崇禧重返广西为护党救国军第八路总司令，黄绍竑任副总司令兼广西省政府主席，白崇禧任前敌总指挥，重建了广西政权。桂系东山再起，又掌握了广西的军政大权。

1929年冬，又发生第二次蒋桂战争，桂系反蒋进军入粤，很快又告失败。1930年6月爆发了冯、阎、桂联合反蒋的中原大战。大战中，冯、阎军在武汉会师胜利在望，但在大战后期，黄绍竑所率两个师未按命令依时到达指定的地点作战，使冯、阎的桂中原大战计划未能实现，蒋介石取得了中原大战的胜利。

黄绍竑对中原大战的失利，负有不可推卸的责任，萌生退志，1931年1月脱离桂系出越南去香港，而后北上南京谒见蒋介石。

1930年9月1日，广西建立秘密组织革命同志会，以稳定内部。此时广西军政领导核心为李宗仁、白崇禧、黄旭初（代替黄绍竑）。白崇禧从此成为副老总，即第二号人物。

这就是从广西临桂县南乡山尾村，既读过旧学、新学书，又在家乡跟过牛屁股的白崇禧经过自我奋斗，寻找机遇，抓住机遇，运用他的聪明才智，克服几度沉浮的困境，随波逐流地（不是跟随时代的主流）发迹成为桂系的主要头目之一、蒋介石总司令部的副总参谋长，直至抗日战争中也是蒋介石统帅下的副总参谋长。

蒋介石在新军阀四大集团中，最看重的是桂系集团，因而在几十年蒋桂矛盾中，蒋介石主要采用了拉住桂系加以控制的政策。在此种情况下，如何利用蒋桂矛盾，孤立和打击蒋介石集团，就成了中共中央的重要决策。1934年周恩来派谢和赓打入桂系白崇禧身边任机要秘书，就是这个决策的重要组成部分之一。

六、重大使命

中共北方党组织详细研究了谢和赓的出身情况，觉得做广西地方的统战工作，他是最合适的候选人。谢和赓出身于官僚书香世家，与白崇禧家有世交。白的岳父马健卿家与谢和赓父亲谢顺慈也是世交。马、谢两人同是清末秀才，过从甚密。谢和赓的二叔祖父、三叔祖父分别是广西著名的书法家、画家、国学家，谢家先辈的书画以及谢顺慈的墨宝和为人，都是李、白、黄（绍竑）、黄（旭初）和桂林文化教育界人士所喜欢和器重的。桂系头目对外对内需要题词或书赠条幅，常常要借重谢顺慈为之代笔。而白崇禧的两位内弟、侄儿、外甥和谢和赓及其兄姊三人，都是中小学的同学，甚至在北平读大学时也常相聚一起。所有这些关系，都是谢和赓返回故乡工作的有利条件。中共北方党组织将推荐谢和赓的理由向中央汇报后，引起了周恩来等领导同志的重视，经他们研究决定派谢和赓回广西工作，完成一个较长远而又重大的历史使命，这就是要打入桂系的核心机关，做桂系上层人士的地下调研和统战工作。周恩来还将谢和赓去广西的特殊使命归结为三个方面，这就是：

一、通过稳妥的人事关系打入桂系，站稳脚跟后，调查研究桂系上层各方面情报，及时向党中央汇报。

二、有所表现地争取李、白信任，并打入到他们身边工作。

三、秘密地不露形迹地进行有利于发动全国人民抗日的宣传鼓动工作和抗日文化运动。

为了保证绝对安全，谢和赓不与中共地方党发生关系，只与周恩来、董必武、李克农、宣侠父等保持单线联系。

派往桂系做统战工作的最佳人选确定之后，党组织和谢和赓立即围绕怎样打入桂系去做工作，走出了两着妙棋：

一是动员原察绥抗日同盟军第五师师长宣侠父暂时不去西北军工作，而是利用关系，先去广西做桂系工作，以方便党中央与谢和赓的联系。因为宣侠父觉得自己与西北军将领的关系较深，同孙殿英、孙良诚的关系也很好，曾劝说谢和赓与他一起到孙殿英军工作，并愿介绍谢出任孙军的政治部主任，这样将能使我党在孙殿英军中起很大作用。北方党考虑谢和赓回广西的工作条件更优于在孙军中的工作条件，同时，主要考虑到桂系是西南、华南地方实力派中有较大影响的军阀，必须要有人到桂系中了解情况和做统战工作，要宣侠父与谢和赓一起打入桂系，互相支持和配合工作。

二是要吉鸿昌（此时吉尚未被国民党逮捕）写信给冯玉祥，由谢和赓带信到泰山见冯总司令，转请冯亲自写信推荐和赓给李宗仁、白崇禧安排工作，因为1932年在为察绥抗日同盟军筹款时，朱庆澜将军在北平成立了一个抗日军后援会，给冯玉祥汇去十万现洋，李宗仁、白崇禧、黄旭初也表示支持冯打起抗日的旗帜，给冯汇去十万小洋。基于冯与李、白有过互相支援的关系，李、白接冯信后将会认真考虑安排谢和赓工作的。

1934年6月中旬，谢和赓带着吉鸿昌将军（此时吉还未牺牲）的信，到泰山五贤祠见到冯玉祥。冯粗犷朴实，很体恤爱护自己的部下，他一见到谢和赓这个志愿到察绥抗日前线参加同盟军当过“三等兵”的大学生，立即勾起了深刻的印象：

冯玉祥清楚地记得一年多前，谢和赓参加总司令部几次重要会议的情景。有几次曾讨论组织民众抗日同盟军和整饬察哈尔省军政事务，以及改良社会风气问题，谢和赓以吉鸿昌部士兵代表身份列席会议。当时，初出茅庐的谢和赓，稚气未除，血气方刚，时时参加将官们的争论，插嘴发言。有一次谈论肃清同盟军军官贪污舞弊事情时，谢和赓不考虑自己的身份，竟“大言不惭”地提出极为严厉的条款：凡证据确凿贪污一百块大洋以上者处死！一语惊四座，有赞许的，也有疑惑的。岂料，吉鸿昌的口气更为严厉：“凡贪污五十块大洋者，即枪决！”冯总司令称赞谢和赓嫉恶如仇的思想勇气，拍手赞成，宣侠父、吉鸿昌等主要将领也非常赞许谢和赓的严厉态度和谢的其他发言，这是冯、吉、宣、张（慕陶）等当时只让谢和赓当三天“三等兵”后，即擢升上

抗战时期的李济深

尉秘书的原因。

这次五贤祠话旧，冯玉祥和谢和赓，亲切地回顾了上述往事后，冯玉祥又问了和赓的家庭身世，当他知道谢与李、白是同乡，立即满意地应允说："我一定照吉总指挥的意思写介绍信……你见到李、白两先生时，你就作为我的部属，代我向他们问好。并且说，我冯玉祥现在'隐'居泰山，但心存全国，请李、白两先生谅解我，并使他们知道，我抗日救国的赤忱和决心，是永远不会改变的……"

谢和赓见与冯总司令谈话投机，便就抗日大事，谈起1932年的一•二八事变，十九路军英勇坚持淞沪抗战一个多月，以及李济深发动反蒋抗日的福建事变于五个月前（1934年1月）失败、国民革命北伐军四个集团军的旧事、现状，以及蒋介石诱骗李济深到南京将其软禁的卑鄙手段。提到李济深，冯又十分称赞李济深爱国精神和他的声望以及宽厚的为人。于是谢和赓顺水推舟，机灵地请冯总司令电请李济深，也为谢和赓写介绍信给李、白。冯总司令爽快地应诺了他的要求。

于是，谢和赓胸有成竹，携带着冯玉祥的推荐信，顺利地回到了阔别多年的家乡，进行地下统战工作。

七、打入桂系

1934年初秋，谢和赓回到桂林探亲一周，即赴南宁谒见白崇禧，呈上冯玉祥的推荐信。白一面阅信，一面说："总司令和我已接到李济深先生的来信。"冯玉祥介绍了谢和赓和宣侠父的情况：说宣是黄埔军校第一期毕业很有才干的学生，在冯的部下服务多年；称赞和赓在北平中国大学如何勤奋努力，成绩优异；在察绥抗日同盟军时表现出他才思敏捷，智勇双全，是位很出色的爱国青年，等等。而李济深给李、白的介绍信，除了有冯玉祥信中同样的一些内容外，还对李、白说了一番用人爱才之道，鼓励李、白在建设大广西的事业中，要"楚才楚用"、"量才使用"。新桂系的崛起，得到过李济深的支持和帮助，李、白自然对李济深的来信重视有加，便在桂系核心层人物中，研究和安排宣侠父与谢和赓的工作。

谢和赓见到李、白后，在很短时间内，将在大学学习的笔记和课余到图书馆收集的资料加以整理，撰写好《半殖民地的中国经济概况》一书，以白崇禧的内弟马仲孚与谢和赓合著的名义出版。这书由白的高级参谋刘斐作序，请和赓父亲谢顺慈题签书名。书稿先请原任省立第三中学校长李任仁校阅，又得到李宗仁的亲信、广西财政厅长黄子敬以及一些亲近李、白的人的支持，得以顺利地出版。谢和赓又接连写了《论美国倾销政策对中国经济的影响》、《谈广西的对外贸易》等几篇文章分呈李、白、黄指正。另外又专门打了个报告给李、白、黄，申明回家的目的，是为建设新广西贡献自己微薄的知识和力量，希望三位领袖关心祖国深重的民族危机和前途，把广西建设成为中国的模范省。经过一段时间的等待，李、白、黄分别召见谢和赓两次。其中一次是李、白、黄三人和叶琪（参谋长）一起召见的，他们询问了察绥抗日同盟军失败的情况，知道从察绥前线回来的年轻军官，原来就是黄旭初秘书（后为咨议）谢顺慈的第四个儿子，而谢顺慈最大的儿子谢振民是广西绥署军法处中校军法正（即法官，后升为上校秘书）。经过一个半月的考查，李、白决定就谢和赓所长，委任他和马仲孚为广西工商局研究员。

打入桂系，站稳脚跟，谢和赓只完成了党交给的第一个任务。怎样争取到李、白身边工作，是接着要完成的第二个任务。谢和赓在广西工商局工作至1935年秋，工商局撤销并入广西建设厅，委任谢和赓为该厅工商科一等科员。在建设厅，他起草了一些计划和章程，写了许多签呈。建设厅厅长韦云淞一一将之转呈黄旭初主席审阅。黄每次批示均写“所拟甚当，照办”。谢和赓所提办法、意见，都适合桂系“三自”政策中的经济自给政策。白崇禧、黄旭初对李宗仁、叶琪、夏威、廖磊（军长）称赞谢和赓对广西经济建设很有研究，对国内外局势非常关心和了解，认定是广西可培养之人才。接着，谢和赓又利用一切机会写信或当面给李、白提建议，又受到他们的嘉许。四个月的辛勤工作有了效果，李、白给谢和赓颁发一枚第五路军总部的“特殊出入证章”。凭这个证章，无须岗哨通报，可以直入军总部最后一座楼——李、白的住处（即今南宁市民生路原市政府所在办公处所）。这枚证章规定只发给少将以上的军官。谢和赓得到这个破例的殊荣，并不随便使用，平日也不向亲友或他人出示炫耀，只是在工作十分需要向李、白反映问题和建议时，才将之挂在胸上。在旧社会官场与人交往中，流露出“得志便猖狂”的狂妄态度是最要不得的。谢和赓想到，自己担负着党托付的特殊历史使命，必须处处小心谨慎，不能掉以轻心！他开始考虑，怎样利用这一枚“特殊出入证章”，进一步打入桂系心脏，为争取在李、白身边工作创造条件。他苦思盘算：必须千方百计地使白崇禧相信我谢某是他忠诚的部下，是有勇有谋的人，是不谋私利而对事业专注倾心的人，是对建设广西有远见卓识而又肯为桂系效力的人……

谢和赓看到，白崇禧思想虽然反动，可他不抽烟、不喝酒，而且是个好学的军人。白任连长时进军到百色，随身带着成箱书籍。他反复看过《三国演义》多次，很有一股子强烈的求知欲望。于是谢在一个恰当的场合，同白崇禧谈起读书要读什么书，并建议他向上海商务印书馆购置一部王云五先生主

郭德洁

编的、与大英百科全书相类似的书——《万有文库》。白听后，甚为欣喜，当即要谢代他起草一份电报，致电广西银行香港分行总经理向上海购买此书。不久，《万有文库》运抵，白崇禧派车接谢到总部他家，征求谢对这套书存放位置的意见，并暗示由谢为他管理。谢知道，对白来说，为陈列这套新书，腾出一间大房颇为容易，但为查找阅读的便当起见，谢建议把《万有文库》仍放在他卧室隔壁的藏书室，只要增加些书柜，问题便解决了。白认为谢的意见很好，从此，谢和赓每周根据白的需要，至少选四五本书放在他们夫妇的卧室床头柜上。白每看完一本，就放在对面房办公室的大书桌上，谢再根据他的需要补充一本。

李宗仁夫人郭德洁，是个木匠的女儿，文化程度不高，但她很聪明，有读书之心，求知欲强烈。那时，白崇禧正请自己的亲属、清末秀才白葆生教她古文。郭德洁见谢当了白崇禧的义务图书管理员，又见谢能娴熟地查阅两百多卷的《资治通鉴》，便要白崇禧允许谢为她查找图书。白崇禧要谢随时为她帮忙。谢深知，欲获得李宗仁、白崇禧的赏识和信任，不搞好与郭德洁的关系是不行的，于是欣然接受了这项任务。

白崇禧对谢为他选购书籍这事十分满意。不到两个月的工夫，白凡有家事也常和谢商量。谢渐渐地取得了李、白的信任。

一次，白崇禧对谢和赓谈到对自己亲属和下属军官的要求，与其他首领有不同之处。白最喜欢他的侄儿白维义，维义很希望将来能继承其叔父的官职，同时又很想发大财。白崇禧也很想培养白维义长进成才，但是他反对亲属去谋取有发财机会的公职。白向谢和赓夸耀说："我绝不允许我的亲属向省政府谋职当税务局长，尤其不赞成青年人走这条不正当的发财道路。”白多次对谢和赓谈及李品仙：“一向好敛财，安徽省的税务局完全安排自己的人去做，而且还利用公款和工具大做生意亏了本，搞得名声不好……”

八、宣侠父入桂

谢和赓在桂系从事地下统战工作不是孤立的，他到南宁安顿下来不久，1935年，宣侠父调香港工作，任中共华南工委书记。他大力推动两广地方势力抗日反蒋，打开南方抗战局面。1936年六一事变后，宣侠父按照党中央指示奔赴南宁，与谢接上头。宣告知谢，他拿吉鸿昌的介绍函见了白崇禧和白的侄儿白维义。谢和赓向宣说："白维义虽是白崇禧的侄儿，但白视维义如同己出。"

谢与宣商量好，要取得白的信任，一定要先争取白维义的信任，多得一个代为向李、白进言的代言人，较之自己进言的效果更好。于是宣侠父将他与黄埔军校反蒋的同学联系情况，与冯玉祥、吉鸿昌以及西北军许多上层人物的关系，一一和白维义谈了。白维义向白崇禧转告了这些情况后，同年9月，宣侠父便被委任为广西绥靖公署的上校咨议，薪水循广西官场旧例，只能先支发六至八成。经白维义与谢和赓商量，三个月后宣的薪水便得到全薪。

李宗仁、白崇禧安排宣侠父当上校咨议，主要利用宣与各省黄埔系的同学联络。宣侠父也乐得利用合法工作之便，常到香港、上海、梧州、北海等地活动，与救国会的人、十九路军军官、李济深等民主进步人士联系，就便向党汇报情况。从有关的史料来看，1936年中，宣侠父在党内职务还是中共华南工委书记。谢和赓并不知道宣的这重身份。

谢和赓与宣侠父自1935年至1936年"六一事变"止，在南宁碰头不下二十次，在临江花园和陆军医院四五次，在白维义家十四五次，在谢和赓家只有一次。碰头时主要交流和分析桂系党政军人员的情况。

谢和赓与宣侠父还商量好，对外界要处理好二人之间的外表关系，各向白维义陈述对谢或对宣的真实工作情况，或真实的优缺点。讲对方优点，避免有吹捧之嫌。宣说谢的毛病“心直口快”、“情绪急躁”，谢专挑说宣有“好花钱”、“脾性犟”的缺点。同时，谢、宣两人在白维义家中经常翻阅唐诗和杜诗镜诠，又常相酬唱作诗，表现特别对杜甫的诗作有共同的爱好和欣赏兴趣，使李、白、黄、叶等都知道谢、宣是“唐诗迷”……

谢和赓与宣侠父此时各有渠道与上级单线联系，双方可以交换意见和情况，但从不过问彼此工作和活动的详情。宣有一段时间与中央失去联系，谢每两个月寄信到天津国民饭店经理转交“张文先生”，信函只谈朋友间问好的话和抒发大学同学友谊之情。每次都得到“张文先生”简单的回音，间或拜托购买一些南宁的土特产寄往天津，表示渠道畅通和报告平安。因为在谢、宣派往广西工作时，南汉宸、柯庆施交代清楚，不得与地方党发生横的关系，做情报工作以不损害地下统战工作为原则，通信要特别小心，保持渠道畅通，才算没有失掉关系，才算是完成任务。

宣侠父自幼聪明过人，人生阅历非常丰富，是文武双全的人才。读小学时作文已经写得文理通顺、颇有脱俗新意。还能写一手漂亮的空心字，每个空心字都是一笔勾成，不停顿不重复，旁观者无不啧啧称奇。11岁时就能向乡邻讲《三国演义》、《水浒传》这类书的英雄故事。宣侠父家乡浙江诸暨县长澜乡有个为富不仁的大地主，四十余岁还没有儿女，就在村外路边修个“行善积德”的凉亭，以此“保佑”早生贵子。这个地主敬仰宣侠父人小才高，就请宣给亭子取个吉祥的名字。宣侠父略加思索，写了“可亭”两字。字面意思简明舒畅，又很文雅；若是按中国文字的拆字术来理解，可字是一丁一口组成的，寓意还是说这家地主不可能生儿育女。地主不知其意，请宣侠父的哥哥写成横匾挂上。后有多事者，拆穿“可亭”的含义，搞得那个地主十分狼狈。

后来，宣侠父在水产学校以毕业成绩第一名获得公费到日本留学。1922年回国投身革命洪流。1923年与俞秀松、宣中华等进行革命活动，同年在杭州加入社会主义青年团，不久转为中共党员。1924年受浙江党组织委派与十多名青年到广州考入黄埔军校，成为第一期学员。在军校，他担负学生会工作，处处以身作则，在同学中威信很高。

有一次，宣侠父根据革命形势的发展，观察了校长蒋介石的所作所为，对同学罗金五说“蒋介石是个新军阀”。罗金五向校长告发邀功。蒋介石把宣侠父找去训了一顿。1924年7月6日，黄埔军校成立国民党特别党部，蒋被选为执行委员和监察委员。蒋以校长，执、监委员名义指定党的小组长人选。宣侠父虽被蒋介石指定为三中队区分部党小组长，但他认为蒋的这种做法不合法，还上书上级党要求根据国民党的组织法由各组选举小组长。蒋知道后，召宣严加训斥，限令三日写出悔过书，听候议处。三日后，蒋召宣问：“悔过书写好否？”宣侠父答：“学生无过，故亦不悔。”蒋介石极为恼怒说：“我不愿有违师抗命的学生。”宣侠父说：“真理不可屈！”蒋介石便撤销宣侠父党小组长职务，限期悔过，否则开除。宣侠父抱定了革命人生观的态度，表明他是“大璞未完总是玉，精钢宁折不为钩”的顶天立地的铮铮铁汉。三日后，他愤然离开军校回到杭州。他对朋友说：“我和蒋介石闹翻了。”从此以后，宣侠父便与蒋介石为代表的国民党右派开始了长达二十年的斗争，直至他在八路军西安办事处撤退前夕的一段时间，军统特务张毅夫罗织了“八条罪状”报给蒋介石，在最后第八条罪状中指斥宣侠父是中共西安地下组织的最高负责人，指挥地下组织反对国民党蒋介石顽固派。蒋介石极端仇恨宣侠父，在反蒋激流中“每一次都有他！”遂写手谕：“将宣侠父秘密制裁！”

本来党组织已经得到敌人将加害宣侠父的消息，也已决定让他暂时回避，1938年7月30日将行李装上汽车要撤往延安。林伯渠临时又要他留下应付混乱危险的局势，宣侠父毫不犹豫地留在西安。岂料31日下午，宣侠父为“八办”（国民革命军第八路军驻西安办事处）与铁路局在革命公园进行的一场球赛作裁判结束后，骑上自行车西行至西京医院门口，被几名国民党特务暴徒绑架上汽车，以绳索缢杀。宣侠父长期为抗日民族统一战线奔走呼号，先后在华北、华东的上海、华南、香港、广西、重庆、西北的西安等地

1938年春，宣侠父在西安观看战地服务团演出

工作，英勇抗争一生，他惨遭蒋介石特务杀害，引起党和人民的极大愤慨。中共中央为弄清真相，指示周恩来三次要求蒋介石追查宣侠父的下落，逼得蒋介石无法抵赖，只好招供："宣侠父是我的学生，他背叛了我，是我下令杀掉的。"

1945年党的七大召开时，中共中央为宣侠父烈士举行了隆重的追悼会。

谢和赓1942年去美国留学几年后，才知道直接引导和介绍他参加中国共产党的先辈宣侠父惨死在特务暴徒屠刀之下的消息。他深感痛惜党失去了这样一名英勇无畏的革命战士。谢和赓决心以二哥谢铁民、吉鸿昌将军、宣侠父等英烈的革命事迹，激励自己奋勇前进。

九、两广事变前后

自北伐以后，至1929年蒋、桂军阀逐鹿中原，发生俞作柏、李明瑞的反戈倒桂，李、黄、白势力一时从武汉、广州、西南、北平、天津，甚至广西老巢退出，李、白等被迫亡命海外，潜藏着的蒋、桂矛盾更加尖锐化。俞、李主政广西不到半年，由于内部尚未形成巩固的统治，又不听中共暂缓举事的劝告，仓促联合改组派进行反蒋战争，旬日之间即告失败，李、白旋又乘机东山再起，恢复其在广西的统治。1934年底、谢和赓与宣侠父到南宁后，利用了蒋桂之间的矛盾，展开合法的统战工作。谢经常就时事形势写报告给李、白，极力主张欢迎所有反蒋抗日的军政人员，尤其是在福建人民政府工作过的人员、十九路军将士和全国救国会的知名人士来广西献计献策。谢与宣商量，

广西学生军

通过试探李济深的意向，对李、白提议恢复十九路军的番号。李、白虽同意这一建议，但只同意暂建一个翁照垣师。同时，经谢和赓建议，李、白又决定成立广西学生军一个师三个团。实际上虚设了一个广西学生军司令部，刘斐任司令官，只设立了第一大队（团级），谢和赓任第一大队政训处主任。学生军成立之初，李宗仁召集了夏威、廖磊等军长，以及刘斐、谢和赓等十余人来开会说："我们组织学生军的目的，是培养下级军政人员。真正出兵抗日谈何容易？广西没有几架飞机，财政收入很少。多少年来艰苦奋斗建设广西，经济上困难重重。除非全国各省响应和一致要求南京抗战。否则，我们怎么有能力通过中央军的防区而北上抗日？"这段话，如实地道出了两广事变提出抗日的用心所在和李、白心有余而力不足的反蒋心态，或如俗语所云，"撑虎皮当大旗"而已。

李、白既然无力反蒋，又要高喊反蒋，只有顺应形势，标榜"反蒋抗日"。谢和赓也就"将计就计"，利用这反蒋抗日名义以及他"政训处主任"的合法身份，完成党指示的第三个任务："不露形迹地进行有利于发动全国人民抗日的宣传鼓动工作和抗日文化运动。"他对学生军大力宣传"以局部抗战推动全面抗战"，"号召全国各省军政当局促使南京改变不抵抗政策，立即召集全国各省军政当局筹划抗战大计……"

桂系做了反蒋抗日的官样文章，随之也有了反蒋抗日的官样行动。1935年2月，李、白派夏威等将领和白维义与十九路军蔡（廷锴）、蒋（光鼐）、翁（照垣）会商三次达成协议，由广西拨一个师由翁任中将师长，作为恢复十九路军建制的基础；李、白拟要宣侠父任六十一师政治部主任，宣侠父觉得当了政治部主任就没有咨议的工作那么自由了，所以没有赴任。李、白另将训练有素的广西民团99个大队也临时扩编为军，加上原有的第七军、第十五军，共约十多万兵力。1936年8月22日，桂系在南宁宣布恢复十九路军建制，第六十一师进驻北海。在中共地下党的宣传鼓动和协助下，该部队积极开展抗日救亡宣传活动。9月3日晚，有间谍嫌疑的日本丸一药房老板中野顺三被愤怒的北海军民杀死，成为轰动一时的"北海事件"。

有间谍嫌疑的中野顺三于清朝末年来到北海，侨居北海二十余年，由一个青年日本浪人，变成一个家道殷实，广发贷款的丸一药房老板，娶了两名北海妇女为妻妾，生有子女八人。药房雇有本地店员数人。这一药房是香港日本丸一药行的分店，所有药品和生活用品由日本轮船运来。中野顺三长期侨居北海，通晓当地语言，平时甚少在店，常以打鸟、钓鱼为名，涉足北海沿海，或测绘地图，或测量港口航道深浅以及海港潮汐起落情况。凡有日舰轮船来港口或途经北海，日本军官、商人、船员必到丸一药房停留，当地人等绝对不准入店。中野顺三还订阅大量的中文书刊，阅读日轮送来的日文书报。九一八事变后，中野顺三对北海群众的抗日救亡运动经常加以中伤和揶揄，人民大众对之敢怒而不敢言。据当时北海海关一职员说："中野顺三一切行动听令于日本政府，每年享受津贴数千元，每星期必向本国政府作一二次报告。他家设有一密室，其妻妾子女等一概不能入内。"

十九路军六十一师师长翁照垣、秘书张梅生（中共党员）、丘东平等人经过调查后，认定中野顺三为日本间谍嫌疑，翁师长将刺杀中野顺三计划向十九路军总司令蔡廷锴汇报，征得蔡总司令默许。于是师部精心设计了刺杀中野顺三的行动方案。

六十一师驻北海的一个营长区海文接受翁师长命令执行刺杀任务。指定副营长负责指挥行动，密召机枪连排长区白兴、班长周大强、刘班长和一名士兵，协同师部两人，组成了七人的便衣队，每人配备一支驳壳枪、一把匕首执行任务。便衣队事先在市税务所以打牌、闲聊等方式，摸准丸一药房内部情况及中野顺三的外貌特征。

翁照垣对便衣队的行动作出明确规定：一、只许处决中野顺三一人，绝对不许错杀或伤害他人；二、丸一药房及中野顺三家庭一切财物，小至一个铜钱均不准触动，有一人违犯，即将七人处死；三、行动不用枪杀，用刀捅死，若遇警察、宪兵阻拦，可开枪击毙中野顺三……完成任务后，发给七人三千元奖金。

9月3日下午7时左右，丸一药房大门紧闭，掌柜庞伯达（北海人）刚离店回家，只有一姓黄的店员及中野顺三的儿子中野居士等人看管药房。便衣队一行七人悄然来到药房前，赶走昏然困倦在药房前的黄包车夫，敲门诈称买药。门一打开，五个便衣队员一拥而入，只留两人把守大门。这五个便衣队装着买药，挑来挑去，中野居士问："你们究竟要买什么药？"一便衣队员勃然大怒：

“你们这些统统是日本货！”即与中野居士争吵起来。屋里家属闻声走出来，未见中野顺三。便衣队拔出手枪不准家属走动，留下两名队员看守他们。周大强偕师部两人即切断屋内电源，一手持枪，一手持电筒，直奔中野顺三住楼卧室。

楼上中野顺三与其小儿正在就餐，电灯突然熄灭，他正欲下楼询问，便衣队已来到他面前，三支电筒照得他睁不开眼。在电筒光下，便衣队员清楚地看到一个五十开外、头发半花白、穿一身中式便服的男子，正与所调查的中野顺三的相貌、特征相符。中野顺三陡然惊慌失措，师部便衣立即上前抓住其后衣领，他连忙用廉州土话喊道：“我没系日本人呀！”话音刚落，便衣队员已持枪顶住中野顺三右侧太阳穴，接着，其他队员挥动匕首刺死了中野顺三。

中野顺三被刺杀消息一传开，北海民众人心大快，拍手称好，认为中野顺三死有余辜。此时，张梅生、赵世尧即召集北海中学学生骨干开会，讨论当前局势，乘时筹备成立北海学生抗日救国会，进而与北海各界人士联系，成立北海民众抗日救国会。

尽管桂系和蒋介石就中野顺三事件进行屈辱外交，对日赔款三万元，撤走六十一师，由广东一五九师接防，国民党外交部就此事向日方表示歉意，了结事件。但刺杀中野顺三间谍嫌疑这一正义行动，既顺应了广大人民群众抗日爱国的强烈要求，又促进了北海、合浦等地的抗日救亡运动的发展，掀起了抗日高潮。

与此同时，恰逢1936年5月，发生胡汉民脑溢血病亡之丧，蒋介石乘机要桂系加强全国“精诚团结”，声言必须取消西南的半独立状态。而蒋介石甘心让日本人占领东北以后，又步步退让，1935年7月6日竟与日签订屈辱条约《何梅协定》，使华北五省特殊化，还进一步勾结日本，秘密搞所谓《共同防共协定》。蒋介石受到广大人民的抗议，政治上逐渐孤立，东北军张学良、西北军杨虎城同中国共产党联合，赞成团结抗日。

此时，李宗仁、白崇禧、陈济棠皆认为已面临反蒋抗日的大好时机。面对咄咄逼人的蒋介石，患得患失的陈济棠为免唇亡齿寒之危，李、白则需要取得广东的财政援助，两广遂酝酿“六一事变”，先于5月27日通电反对日本增兵华北，打出抗日的幌子，以激起全国人民的反蒋情绪，博取社会舆论广泛

1936年6月《良友》画报刊出两广事变专栏。上左为陈济棠就任总司令职时宣誓，监誓人为刘隐庐。右上为白崇禧就任西南新职时宣誓。右中为李宗仁就任副司令职时宣誓，监誓人为林云陔。下图为广东省出兵前在广州东校厂举行的十万人示威运动。

的同情，提出要成立各党派的联合政府，电邀主张反蒋抗日的“中华民族革命同盟”的主要成员如李济深、陈济棠、蒋光鼐、蔡廷锴、宣侠父（宣是同盟的不管部长、梅龚彬为宣传部长、陈希周为群运部长），华南救国会代表何思敬、杜君慧，中共驻港代表胡鄂公，第三党代表章伯钧，著名人士邓初民、彭泽湘、刘芦隐、张文，还有乡村建设自治派、民社党、青年党等五十多人组成的代表团到南宁，杨东莼则以救国会代表身份后到南宁，支持桂系的反蒋抗日大计，恢复十九路军，建立抗日武装。6月1日以西南西部会名议通电全国，敦请国民党中央立即对日抗战。5日，两广组成抗日救国军西南联军。9日出兵湖南。三个月后，由于蒋、桂又“和解”了，反蒋人士纷纷离桂。

宣侠父离开十九路军，转移到梧州，领导当地抗日救亡群众运动。宣在李济深支持下，成立中华民族革命同盟梧州市委，宣任市委主任委员。这年冬日，由同盟梧州市委和广西大学学生会组织了三千人大会，声讨蒋介石的不抵抗主义，要求政府组织民众、武装民众对日作战，收复失地；会后举行示威游行。梧州市共产党地下组织和进步青年学生、社会青年，也曾于这时举行过上千人的歌咏游行。这些进步的活动，都为梧州当地政府所不容。中共地下党员梁寂溪等青年教师，就是由于参加梧州的抗日救亡群众运动和抗日文化运动而被辞退教师职务的。这是两广事变反蒋抗日后的余波，这从反面证明了桂系的反蒋抗日，是一场闹剧。

谢和赓那时想：你李、白搞两广事变，不过是对蒋搞政治攻势的把戏罢了。桂系虚有其反蒋抗日的主观愿望，并没有真正北上抗日的力量。两广事变很快被蒋介石分化瓦解的过程，就是一个最好的说明。

蒋介石对陈济棠部属采取怀柔政策，7月6日，收买广东空军黄光锐等四十多人驾机一百三十多架投蒋，并发通电指责陈济棠和李、白借“抗日”之名，行“反叛中央”之实。同日，陈济棠的副军长李汉魂致电陈济棠“封金挂印”。这两个通电立即加强了蒋介石操纵的7月10日召开的国民党五届二中全会的影响和力量，重申“安内攘外”方针，通过了对陈、李、白一打一拉的决议：发表李宗仁、白崇禧为广西绥靖正副主任给以安抚；对陈济棠施以强硬手段，免去陈的本兼各职，另任命余汉谋为广东绥靖主任兼第四路军总司令。作为陈济棠主力的第一军军长余汉谋于7月14日在大庾通电“逼宫”：“今日粤

1937年，两广事变和平解决，任命李宗仁为第五路军总司令，白崇禧为副总司令。国民党中央派参谋总长程潜至广西监督各将领宣誓就职。此为宣誓后合影（前排右三为李宗仁，右四为程潜，右五为白崇禧）

局安危，系于伯公（陈济棠）一身，应请听命中央，释兵入京，赞翊中枢，则和平统一，立可告成，御侮大计，不致中隳。”同一天，陈的第二军军长张达在蒋的收买下，也声明“服从中央”，并着手迎接余汉谋来广州上任。从7月6日至14日，陈济棠已没有自己的“子弟兵”作基础，失去了以他为中心的内部团结的势力，在旬日之内分崩离析。于是余汉谋在韶关偕钱大钧、黄镇球等飞往广州履任，两广事变的中心地广东就落入蒋介石手中了。陈济棠于7月18日声言下野，出亡香港；李宗仁孤家寡人招架不住，也于同日悄然回到广西。蒋介石对李、白继续施展拉拢政策，并且为了应付西北不利于蒋的局势，蒋决意顾全蒋、桂双方面子，派员到广西进行和谈。李、白方面则请救国会代表杨东莼对桂系高级军政人员讲了中共关于抗日民族统一战线的道理，以之缓和干部中反蒋抗日的情绪。9月4日，随着中央大员程潜等自南宁飞返广州向蒋介石复命，两广事变终于以和平解决告一段落。

这场闹剧的结束，为谢和赓、宣侠父以及以后来南宁的刘仲容从事地下统战工作，提供了有利的活动条件和广阔的历史舞台。

十、被李宗仁点名申斥

两广事变后两个月，谢和赓面临一场平地而起的风波的考验。有一次，李宗仁从南宁驱车到西乡塘，召集广西民团干部学校全体师生训话。他忽然怒气冲冲地点名指斥："谢和赓是'共产党'，是'土共产党'，并不知道中国共产党的真正主张和政策。"又说："韦永成（桂系少壮派的头目之一，1934年秋被李、白派到德国、意大利去考察法西斯统治的理论和制度）在莫斯科见到中共领导人王明。王明重申，全国抗日的事，中共听蒋委员长的指示，统一指挥，统一军令政策……谢和赓自作主张，号召'以局部抗战推动全面抗战'的意见是错误的。"李宗仁接着又指责谢和赓在学生军、在南宁搞什么"史派"和"托派"的斗争，居然目无广西的最高领袖（桂系反共反蒋的"中国国民党革命同志会"规定，要服从广西的"最高领袖"这条纪律。当时广西的公务人员、教师、学生、士兵和人民大众集会时提到李、白、黄三人时，都要肃然起敬地挺直腰杆，表示绝对服从之意）。谢和赓受到了李总司令如此严重的责骂，既感到惊异，不知自己在什么地方捅了娄子？也觉着蹊跷，谁在拨弄是非呢？事后才知道，是李宗仁偏听偏信了他那个"中国国民党革命同志会"秘密政治组织中的骨干分子——少壮派韦赞唐、蒋伯伦、张岳灵等的造谣和告密。这些人在李宗仁和郭德洁面前造谣说：谢和赓反对总司令，拥护白副总司令，对李宗仁有阴谋活动。这个由谣言而起的突发事件若发展下去，将对谢和赓十分不利。幸而，民团干校教育长卢向荣少将马上打电话报告白崇禧。白即派专车到西乡塘接谢到总部询问缘由："总司令怎样批评？"谢和赓如实地报告了李总司令在干校批评点名的情形。白和他夫人马佩璋还有白维义随即劝诫谢和赓要冷静，"千万不能得罪总司令的人——韦赞唐、蒋伯伦等人"。

白知事关桂系内部的团结，随又安慰谢和赓说：“我今晚就向李总司令解释，把你一向写报告，并当面向我们（指李、白）坚持主张拥护总司令，和反对任何拆散我们团结的意见告诉他。”

白崇禧之所以亲自出面为谢和赓解围，是因为他自己多次听到谢和赓反映：白的一些亲信，曾主张借李宗仁常驻广州的机会，把广西的党政军大权把持过来，使李宗仁架空成为有名无实的领袖……白维义、海竞强及其他高级军事领袖都主张把黄旭初省主席的职位，由亲近白的夏威军长接替，又想把李宗仁的亲信参谋长张任民和李的口袋人物财政厅长黄钟岳撤换为白的亲信。白还记得谢和赓向他解释过：广西李、白、黄就像三国时的刘、关、张一样，应是精诚团结不可分的，否则，必遭蒋介石的分化，使广西统一的局面瓦解，进而把广西纳入蒋的势力范围。由于白崇禧是与李宗仁、黄旭初曾经患难与共地崛起于广西，也由于白是十分忠实于李宗仁的，所以白认为李宗仁听信了流言蜚语，冤枉了谢和赓。李宗仁听到白为谢和赓申辩和解释，也就平息了这场风波。谢和赓在李、白身边工作的地位，此后更加稳固。

十一、过了白崇禧的“金钱”试探关

白崇禧在两件事情上，试探了谢和赓对金钱的态度。

第一件事情。1935年7月，白崇禧的岳父马健卿在桂林滑倒骨折重伤。白找谢和赓商议，怎样派医生去抢救治疗。白决定要李、白的私人中医熊同和去医治。但南宁到桂林的汽车必须要用渡船渡过几道河流，因此，行程太慢，几天才能到达，谢和赓建议坐飞机去。那时白崇禧主持下的军校分校只有日制的练习机可用，飞行不能保证绝对安全。熊同和是广西著名的老中医，生活富裕，怕飞机失事，不肯坐飞机。谢和赓自告奋勇，向白表示愿意陪同医生去桂林。有谢和赓陪伴熊同和坐飞机，白十分高兴，即动员熊同和说：“谢和赓是年轻有为的青年，又是我器重的亲信，总司令和我还要栽培他，他就不怕死，敢坐练习机到桂林。你老人家是医生，要救死扶伤，能见死不救吗？”熊同和无话可推，又见有谢和赓相伴壮胆，就同意坐飞机去桂林。白写条子批给熊医生五百元，给谢和赓二百元，谢没有接受这些钱，白再三要谢受领，谢不得已接受五十元旅费。

第二件事情。1937年8月4日，谢和赓调到白崇禧身边任机要秘书，随同白飞到南京。在南京期间，谢和赓有两个月顶替白的第一号亲信参谋刘维周兼管财会工作。刘的账目表面上清清楚楚，实际上做手脚搞了假账。谢和赓接手财会工作期间，每月支出减少三四千元，仍能按通常的项目支出，完成任务。白崇禧对此表示十分惊奇，对他夫人马佩璋和李宗仁夸奖说：“谢和赓智勇兼备，事业心很强，为人正直，对钱财一丝不苟，实是不可多得的大有作为的青年。”谢和赓听到白的称赞，喜忧参半。喜的是得到白崇禧的进一步信任，忧的是，深恐招惹是非，而且将会直接得罪刘维周以及白身边其他的亲信工作人员。因为在国民党的官场中，你正直了，别人就显得不那么正直了；你不与世同流合污，又不屑于逢场作戏，这是会遭人嫉恨的。谢和赓立即婉言辞去这兼职，请白另请副官来搞财会工作。这样一来，就避免了招惹是非和飞来横祸，而且以后他对刘维周和白身边的人员，时时注意，事事谦让，做好李、白部下的统战工作，为地下统战工作营造良好的环境条件，有利于完成党托付的任务。

十二、成为白崇禧秘书

1937年7月7日，卢沟桥事变爆发，中国开始了全面抗战和全民族抗战的局面。蒋介石于8月2日电召白崇禧到南京，因蒋已内定白出任大本营副参谋总长之职。本来根据蒋最擅权诈的历史经验，李宗仁等桂系军政领袖认为，此系蒋调虎离山之计，一致反对白应召。而且四川省主席刘湘与云南省主席龙云，皆电李、白不可轻易入京，以免失去自由，此皆有前车之鉴。

谢和赓认为中国面临的是最紧急最危险的时刻，分析了日本侵华得寸进尺，蚕食灭亡中国政策绝不会改变。今后，国内的阶级矛盾将降为次要矛盾，中日的民族矛盾将上升为主要矛盾，因而，抗日将成为全国人民、国共两党及其他党派民主人士的最高利益和迫切要求。蒋介石不敢也不能够与这一抗日形势背道而驰，谅他不敢也不能够违反全国人民奋起抗日的强烈要求。谢和赓除向白崇禧进言上述意见外，还分别同白夫人马佩璋、白维义以及许多高级军政人员解释，呈函力主白崇禧“应该应召飞京，与蒋共赴国难，乃是顺应全国军民的一致要求，是中华民族救亡图存的历史大事，绝不可迟延。因是大势所趋，谅健公豁达大度赴京，绝不会有意外之虞，谅蒋介石再也不会采取不抵抗政策，谅英美等国也不会坐视在华利益任由日本独占。”

白崇禧完全同意上述分析。白夫人原来竭力反对白赴京，也因谢和赓做了工作，转而支持白入京。白后来回忆此事说：

“谢给我精神上不少鼓励。”

这样，白告诉白维义决定赴京。白维义随即转告谢和赓说：

“我（指白崇禧）赴京必带谢和赓当我的秘书一同去。”

白应召赴京消息传出后，争相推荐随白任秘书的人不少。有白的原任秘书莫违义，他追随白多年，而且与白同是桂林县南乡山尾村人，有着世交；还有白崇禧老师李任仁推荐的；加上其他随白作过记录的，以及五路军总部的秘书三四个人。这些人都非常活跃，向李、白、黄、廖、夏、李（品仙）、潘（宜之）等直接或间接地表示愿随白赴京任秘书。谢和赓之所以能战胜这些对手，并没有什么“人事”关系帮忙，主要依靠按党中央的指示不露形迹地进行统战工作，不断地向李、白进献“真言”：“只有实现全国抗战，桂系才能打出广西，把力量伸展到蒋介石统治下的腐败省区，这样才能提高李、白的声望，成为大家拥护的抗日民族英雄。有了这个基础，才可以与蒋介石问鼎中原……”李、白心里想的，正是这些话，并且已得到新近历史的证实。

谢和赓终于完成党交给的第二个任务：在李、白身边工作。

白崇禧处事相当聪明和圆滑，他为了减少人事关系的麻烦，又要不得罪友好同事和亲朋，就对德公说：

“我暂时只带参谋、副官等随黄季陆、潘宜之和刘斐飞宁，谢和赓则以‘教官’名义作为‘侍从工作人员’同行，他是我指定专为与西北四马（鸿逵、鸿宾、步青、步芳）将军及其部属联络的人。通过他去加强同西北的联系，可以增强我们（指桂系）的力量，这是绥署秘书们所不能做的。”白还对李说，“我派莫违义在桂搜集整理德公和我过去的一切文件，包括电报、演讲等，以便将来撰写我们的回忆录，请德公升莫秘书为少将。”德公表示同意，遂下令办好诸事，但秘而不宣谢和赓的秘书身份。

8月4日下午，谢和赓、黄季陆、潘宜之、刘斐等随白崇禧，坐上蒋介石派到桂林的水陆两用座机直飞南京。

十三、转达日本特务要刺杀白崇禧的信息

1937年8月4日，白崇禧到南京就任副总参谋长23天后，即8月27日，李克农带着助手离开大上海，奉中共中央之命，到南京出任陆军第十八集团军驻南京办事处处长，在中共中央驻南京办事处代表秦邦宪、叶剑英直接领导下开展工作。一天上午，李克农、叶剑英、肖作云三人应国民党军委作战部邀请，去五台山上参观高射炮阵地。这是刚从德国进口的十分先进的高炮，苏、美、英、法等国外交官也应邀上山参观。李克农在归途遇见一个戴草帽的矮个老汉，有意无意地扔一个纸团，盯着纸团一阵，才慢慢地离开。李克农搞特科工作，早就养成了“眼观六路，耳听八方”的敏感性，李克农知道那个纸团肯定有问题。毫不犹豫地捡起纸团，打开一看见两行铅笔字：“日本特务要刺杀白总长务请转告他切切不可大意。”李克农很惊讶！意识到这老汉认识他，才扔下这个惊天情报纸团。回到傅厚岗办事处，与助手商量了这情报，认为宁可信其有，没有什么坏处。但是，不方便以办事处名义通知白崇禧提防日本特务的暗害。李克农想到由隐藏在白崇禧身边的中共秘密党员、代号为“81”号的谢和赓转告白崇禧较为方便、妥帖。[①]白崇禧参加国防会议，必定带谢和赓一起赴会，记录作战会议情况。谢和赓一身二任，既是国防会议秘书，又是白崇禧秘书。因此，谢和赓有机会有条件获取情报向李克农汇报。如淞沪战况、冀豫晋前线战况，还汇报了黄浚、黄纪父子因泄露国民党军封锁

① 此事的记述参见周勇、王磊：《李克农在南京的反谍情报战》，《文史春秋》2004年第12期。也有专家认为1937年李克农尚未与谢和赓建立工作联系，此事不确，存疑待考。

江阴要塞江面以全歼长江中游日本海军小舰队等绝密作战计划而被处决的消息，以及已被捕的日本同案犯间谍南造云子、金马利、永野志雄等13人犯尚未处置的情况。李克农对谢和赓的统战工作和情报工作很满意。他派联络员刘杞夫与谢和赓接头。谢和赓立即向白崇禧报警。白崇禧深知自己在四一二政变中极大地伤害了中共，可没有想到中共方面顾全大局，向他发出善意的警告。白崇禧为中共的宽阔胸怀和民族大义折服。白崇禧于是自己主动安排警卫力量，不定期地变更住所，使日本特务无法摸索自己的行动规律。白崇禧有几处寓所，一处是逸仙桥附近的雍园9号带花园的小洋楼，一处是清凉山1号洋楼。为了对自己行踪保密，白崇禧对宪兵司令谷正伦为他加派一排宪警保护其安全的意见，委婉谢绝了。因为谢和赓告诉过他，谷正伦与南造云子为首的日敌间谍组织有说不清的关系，要别人安排保卫工作，代替不了自己保卫自己的。这是白崇禧聪明、谨慎、小心过人的优点。

9月19日晚上，白崇禧就任蒋介石的副总参谋长刚满一个半月，日敌特务七八个人分两路潜往清凉山1号楼，试图翻墙进入，立刻惊动了护院的狼狗狂吠不停。这些不速之客还未接近洋楼，就遭到卫兵顽强密集火网封锁、袭击，双方皆有伤亡。这些日敌特务发现洋楼防卫有序，难以攻击前进，瞬间停止进攻，赶在司令部支援部队到达之前迅速逃离现场。有备无患，白崇禧逃过一劫。

十四、不露锋芒

谢和赓自1937年8月4日起，在白崇禧办公室任中校机要秘书。9月，又被蒋介石统帅任命兼任大本营国防会议的唯一秘书，任务是在秘书长张群指导下，作国防会议的记录和会议需办的事务工作。

谢和赓在南京任职一个半月后，程思远由意大利回到南京，也任白的秘书，但程不管文件和秘书事务，只负责对国民党黄埔系军人等的联络工作。谢与程互不干涉各自的工作职权，相处甚为融洽。谢和赓为了让白了解自己没有独占秘书业务的想法，请白调原先随白人员黄启汉来共同处理秘书业务，避免得罪过去随白的人员。此事在南京失陷，白到武汉时才付诸实施。

南京未沦陷前，蒋介石对广西的民众组织、民团训练、“三自”（自卫、自治、自给）、“三寓”（寓兵于农、寓将于学、寓征于募）政策很感兴趣，认为广西的太平是这些组织和政策所起的作用。潘宜之这时要求白崇禧调刘士衡到南京协助做好对外联络工作。白即指派谢和赓偕同刘士衡向陈立夫介绍广西那一套“励精图治”办法，如“三自”、“三寓”政策具体付诸实施的情况，并遵照白的意见与陈立夫商量，筹组一个民众动员部，将国民党党部、军队的宣传和政工组织统一起来，组织一个专司“动员、组织、训练民众”的部，以便白再与蒋商洽此案。谢与刘草拟了一个计划呈白，白将之交给陈立夫。陈立夫误以为谢、刘想到国民党中央部门当官，便将计划搁置存档，没有付诸实施。

后来蒋介石与白崇禧商谈，要有一个专管青年的机构，以争取和组织中国青年，扩大国民党统一中国的力量，决定组织三民主义青年团。白崇禧要程思远与蒋指派的贺衷寒、康泽一起进行筹备工作。谢和赓知道贺、康的臭底子，极力避免与他们接触，每当贺、康来访白崇禧时，谢即示意副官、勤务兵说他正忙于工作，无暇招待客人，以免与他们接触交结，也使白日后不会要自己与贺、康这些黄埔系的人打交道。这样避让之后，三民主义青年团的组建任务，便由程思远一人承担起来。

在三民主义青年团筹组过程中，白问谢和赓：你参加不参加三民主义青年团中央组织？谢婉转地推辞并说明他不便兼搞这个工作的理由："我在你身边工作和学习，已经够忙了，而且回教方面的联络工作太重要，我看还是让思远一人与他们合作吧！思远在这方面的经验比我多。"白崇禧也认为谢的机要秘书工作相当繁重，因此，不再要求谢参与三民主义青年团的工作了。

白崇禧以后又谈到组织广西省三民主义青年团的任务，谢便向白建议："由思远推荐李宗仁的亲信韦赘唐、蒋伯伦他们去组织好了……"当白把谢的意见向李宗仁汇报时，李和其夫人郭德洁十分赞成，而且对谢的建议产生好感，认为谢想得周到。李、白他们不会知道，这是谢经过深思熟虑后的建议，是谢先向周恩来、董必武、叶剑英请示后决定的。

谢和赓当白崇禧的机要秘书不久，有一次，李任仁、白崇禧和刘斐忽然谈起十年前的"清党"事件，这对谢和赓的心态表现是一场相当严峻的考验。谢和赓回想那次事件发生前，国民党桂林县党部的工作人员大多是"清党"的对象。谢铁民是李任仁教过的学生，在县党部中，学生当了农民部兼工人部部长，老师当了宣传部长，师生俩都是要逮捕名单上的人。李任仁因教过白崇禧，启发过白崇禧要寻觅机遇，要学习拿破仑的军事天才和军事素养，因而得到白的特别"关照"，秘密暗示他离桂到武汉等地避开风头。

在事变发生前，李任仁老师给"铁民贤棣"去信说："肠胃不适……遵医嘱在乡下家中静养治疗"，请"贤棣""暂代数日""宣传部长职务"。当谢铁民读到老师的委托信时，睡梦也没想到：老师已在武昌，躲过"清党"的灾难了。谢铁民则在"清党"事件中牺牲了。

谢和赓想到这些情境时，不得不当着白崇禧老师的面，不轻不重地说："幸亏老师泻肚，才保住了性命！"李任仁严肃的脸上，立即红云满面，表示遗憾和难为情的样子。白崇禧是个聪明人，既理解谢和赓的埋怨心情，也理解老师的窘迫心态，立即说几句圆场话：

“我那时叫为章（刘斐）打电报给老师，不想桂林那几位青年不知道避一下，遭到季宽（黄绍竑）、黄同仇他们那样干了，我也后悔！”

谢和赓此刻清楚地记得，“六一事变”前，白崇禧谈到桂林的李征凤、谢铁民几个很有才华的青年也被杀，表示“十分惋惜”的“猫哭老鼠”之情。谢和赓的心被揪痛了，但又不得不“泰然处之”，表示无所谓的样子，不得不避开感情的冲动，转移话题，敷衍过去。但谢和赓却思忖着：这不过是军阀、政客惯用的虚伪、奸诈的处世哲学在政治上的运用而已！

谢和赓记得西安事变发生后几天，桂林各大中小学校学生游行示威后，汇集到桂林初中红庙内集会。白崇禧和广西大学文法学院教授邓初民、施复亮参加集会，都在会上讲了慷慨激昂的话，都主张扣蒋或杀蒋。白崇禧发挥他的口才，历数蒋介石的罪恶说：“日本兵进占东北，进攻上海，又进占华北的时刻，也是蒋介石派大军一次又一次进攻江西的时刻；日本的飞机大炮在东北、上海、华北屠杀中国同胞的时刻，也是蒋介石的飞机大炮在江西屠杀自己同胞的时刻。”白崇禧这次简明对比的演说，具有很强烈的煽动性，竟然博得会场听众突然爆发一阵极为狂热的掌声。谢和赓深知这个直接参与四一二反革命政变的刽子手，曾在上海全力支持蒋介石屠杀了无数的共产党员！谢和赓全力控制着自己激动的情绪，想到白崇禧在武汉对桂系将领的训话：“共产分子，就像肺结核病菌一样，打了进去，就打不出来。”谢和赓想到，白崇禧是狡猾的狐狸，自己应是比狐狸更高一手的猎人。他沉着地控制着自己的感情，依然和白崇禧、李任仁、刘斐谈笑风生，未露不快神色……

十五、推荐二刘进入桂系

此年2月，周恩来、叶剑英电示宣侠父“速来西安”，于是宣调西安，协助林伯渠主持八路军驻西安办事处工作，谢和赓转与李克农单线联系。周恩来在武汉指示谢和赓设法加强地下统战工作，找合法的联络人员安排在李宗仁、白崇禧身边，协助李克农、谢和赓搞好桂系上层的统战工作。谢和赓与李克农密商觉得有两个人比较合适，一个是刘仲容，他从1935年冬起，为李、白搞对外联络工作，奔跑于西安、延安各地，了解东北军张学良、西北军杨虎城和中国共产党对国内形势的看法。1936年两广事变酝酿时，李、白为取得张学良、杨虎城的声援，要刘仲容第二次往西安联系。9月，刘仲容自西安回到南宁时，蒋、桂双方妥协让步，平息了两广事变。1936年11月，李、白接张学良密电后，李即令刘仲容作第三次西安之行。12月12日，刘仲容在西安事变当天见到张学良。张谈事变的目的是要求抗日救国，已电请中共派代表来共商国是了，也呼吁李、白的支持。刘仲容马上向李、白发密电报告此事。刘仲容在西安见到中共代表团叶剑英参谋长和周恩来副主席，获悉和平解决西安事变方针，刘即将此一方针电告李、白。不久，李、白联名致电周恩来，同意和平解决西安事变的主张。

1937年1月下旬，由于潼关交通阻断，刘仲容应周恩来建议，先去延安住一个时期。任红军后方司令部代理司令的张云逸此时约见刘并请他吃饭，约言不久与刘在桂林见面。4月间，刘告别延安，绕道山西回广西，5月回到桂林。1937年七七事变后，李宗仁再次派刘仲容赴延安住半年多。此时正待党安排工作。

另一人是山西人刘仲华。

20世纪20年代的刘仲容

如果将此二人调到桂系，分别任桂林行营主任白崇禧办公室的参议和第五战区司令长官李宗仁办公室的参议，作为谢和赓的助手，开展地下统战活动，那么各项工作将会更主动。为了顺利完成调动二刘的工作，谢和赓利用刘士衡的关系，先向反共政客潘宜之提出，让潘再向李、白说明两刘在李、白身边，只做各党派（包括中共）的情报和联络工作。二刘不办公、不参加各种会议、不看李和白的文件，主要搞对外联络事务，广西省政府每月支给各人薪水二百元，不列入李、白办公室的正式编制。这个建议，又通过董必武的老同事、与桂系有密切关系的民主人士张难先、李书城出面提出，请潘宜之向李、白推荐二刘进入桂系领导层工作。

当时，桂系从事对外联系工作的人员很少，只有程思远专做了解蒋介石方面的情报和与黄埔系联系的工作；而了解各民主党派（包括中国共产党）的情报和与他们联系的工作，尚无人去做。

李、白对此情况深以为然，韦永成、李品仙和廖磊也表示赞同。还有桂系在抗战前专搞情报工作的负责人陈劭先，很早便在上海认识刘仲容的父亲刘承烈，他也支持调二刘到李、白身边搞情报和联络工作。有了各方面的人事帮助疏通关系，谢和赓的建议变成现实。

刘仲容自此至1949年，以合法的桂系代表身份在桂系工作，将他与谢和赓了解的桂系情况，不断地向党中央和周恩来报告。刘仲容虽然曾一度参加过共产党，但到白身边时已脱党。尽管如此，党中央还是相信刘对党的忠诚。刘承烈一家人自1933年起就与共产党有革命工作关系，利用他家的秘密电台，为南汉宸、王世英、刘贯一等共产党员，与延安通信联系，1937年还在天津掩护柯庆施平安脱险……这些情况说明，刘仲容是可以信赖的、恪尽职守的“党的交通员”，党外的共产主义战士。

但二刘在桂系工作遇到不同的情况。1938年10月，刘仲华在湖北襄樊担任李宗仁办公室参议，因他不管任何工作、不接触文件、不参加任何会议，故与李的左右官员，没发生什么矛盾。刘仲容在白身边工作，白的左右官员知道刘仲容过去在莫斯科学习时，与王公度、王明有关系，现在代表桂系与各党派联络来往，只见他经常接近谢和赓，就对谢、刘关系产生猜疑。那些溜须拍马惯了的人，借此抛出中伤谢和赓的流言蜚语。但是，白崇禧深信谢和赓对他是忠诚的，曾对韦永成、程思远解释谢、刘的关系说：

“刘对外活动和了解的情报，我曾告诉他，在我事忙或不在办公室时，他可先向和赓谈，由和赓转告我。”这样，讲谢和赓闲话的人，无可奈何地不再“侧目相视”谢和赓了。

从白崇禧亲自向李宗仁为谢和赓释疑，和谢和赓能有刘仲容这个“桂系代表”来当自己向党汇报的联络人员这两件事来看，谢和赓在敌营中活动，“宜未雨而绸缪，毋临渴而掘井”。他和宣侠父、刘仲容接触，都是事先作好了大量的很有预见性的准备工作，使他在白崇禧身边的活动，做得天衣无缝。

同样，刘仲容奔走于中共和桂系之间所进行的活动，也做得不露形迹。刘仲容担任参议，是专与中共联络的情报官，能将共产党的情况，带回向李、白汇报便算完成任务。周恩来很了解刘仲容的情况，也乐得利用这个“桂系代表”为中共方面做些对桂系上层的统战工作。刘仲容在“两广事变”（即“六一事变”）不久，即奉周恩来之命，从延安到南宁，通过他留苏老同学王公度的关系引见李宗仁，传达中共团结抗日的方针和中共愿与桂系真诚团结的意图。当时李宗仁简直不敢相信，说“现在还不能谈这个十分敏感的问题”。直到西安事变之后，李宗仁看到共产党竟然主张释放被捉住的蒋介石，和平解决西安事变，由反蒋抗日转变为逼蒋抗日。自此，李宗仁视刘仲容为上宾。这样，刘仲容对王公度做统战工作大为方便，刘还向李、白进言，认为广西应接受共产党关于抗日、民主政治、社会主义的主张。1937年5月，周恩来偕同张云逸从延安到西安，指示张到华南进行上层

张云逸

统战工作。张云逸经香港，携同罗理实（谐音李实）秘书、陈勉恕前往桂林与李、白谈判合作抗日大事。张云逸在香港接到王公度通知，要他们乘坐港梧轮渡去梧州。王公度为了接待好中共代表团，专门从南宁军校的政治教官中，调出他的留苏同学李一尘到梧州担任警察局长，李并不是做警察局长的人才，李一尘任此职务，纯粹为了对外联系的需要。李一尘负责派车送中共代表团到桂林，刘仲容则在荔浦县迎候接到桂林。

十六、桂系的内部倾轧

张云逸等于1937年7月6日抵达桂林。在此之前，李宗仁十分重视张的访桂。事前，从7月4日起，李宗仁召集白崇禧、黄旭初、李任仁、李品仙、王公度、甘介侯、黄同仇、潘宜之举行会谈，商量谈判对策。黄旭初、黄同仇、潘宜之为政客、军人实力派一方，反对王公度、李任仁这一方进步派的谈判主张。认为广西应当有自己的政治主张，不能抄袭共产党的理论，这说明王公度为一方与潘宜之为一方的争论，是桂系内部政治斗争性质的“思想歧见”，是不可调和的矛盾。

谢和赓当时很清楚知道王、潘斗争的性质，他是绝对不能涉入这一场斗争的。但他知道杀害过上千共产党员和进步群众的潘宜之是心狠手辣的刽子手。潘宜之，湖北广济人，曾在白崇禧的北伐东路军总指挥部中任秘书长兼办公厅主任，得到白的宠信，潘随桂系到武汉，历任武汉市长，第四集团军总部政务处长，第五路军政治部主任，李、白的秘密组织革命同志会宣传委员会主任。白有意要王公度让出第四集团军总政训处处长职务，王迟迟不肯让出，这使潘宜之有了联络万民一、万仲文、刘士衡、胡讷生、徐梗生、朱五建“六君子”一起来反对王公度的口实；另外，广西边防督办李品仙、第七军长廖磊、第十五军长夏威等军人实力派对王公度也有意见，因为王公度曾利用南宁军校第五、六期学生组织同学会和通讯社，规定这些人分配到部队和机关后，要将其所在部队、单位的情况，随时向他密报，由他转报白崇禧，以此得到白的赞赏。因之李、廖、夏三人对王公度恨之入骨，扬言不处置王，“决不率兵北上抗日”。潘宜之由此在政客幕僚和军人实力派之间穿针引线，不断向白崇禧进谗言。

谢和赓亲眼看到潘宜之为了搞掉王公度，改变其起居饮食习惯，搬迁到李品仙所住楼房隔壁，向李献计献策，还利用王公度秘书何作柏贪生怕死的弱点，逼迫何按其意旨，自写供词，供认王公度确有“等李老总、廖磊、李品仙率部队离桂后，即与省外托陈组织勾结，夺取政权，并利用王操纵的秘密组织，动员民众将省主席黄旭初罢免”等情况。潘宜之在桂系内部既已编织好王公度的罪状，又适逢南京的国民党军统特工因王公度在港沪设立特务机构为桂系刺探中央政府情报，从有关方面刺探知道蒋介石派出的复兴社组织渗入广西的情报后，曾派出便衣暗杀了一些复兴社的特务分子，从而对王公度恨之入骨，逼迫桂系除掉王公度。

这时，财政部长宋子文对桂系“慷慨地”“答应以二比一的比价兑换桂钞”。南京中央政府即以这些政治和经济上的压力，抛出反间计，桂系除掉了王公度。白崇禧在南京将内部政客和军人要处置王公度的意见向李宗仁报告。李、白之在广西崛起，得力于相互间的信任和团结，李宗仁听了健公的意见，一时也弄不清情况，无法为王公度辩解，只好采取听之任之的态度。李、白即令在香港的王公度到南京，黄旭初、夏威在庐山事毕，也赴京见白探询王公度案如何处置。黄旭初在1937年8月22日的日记中记载了白崇禧同意处决王公度的意见：“健公对余云，思想纠纷问题，嘱回报德公，早日处置，特使王公度随同回桂，免其他适。”这篇日记，证明对王公度的处置，桂系内部与南京政府之间已取得了统一的意见。

王公度回到桂林，8月30日立即被捕。9月14日，王公度、谢苍生、区渭文、韦干、陶保桓、崔真吾等六人、被押赴桂林南门外处决。对外公布王公度案罪名为“托派”。实际上，在国民党和共产党的档案中，并未发现有王公度的“托派”言行，也未发现历史学术界的专家、学者公布过王公度的“托派”材料，再查“托派”组织“中国共产主义同盟”致上海《大美晚报》的信和致王明的信中，均没有说王公度是“托派”。而且在王公度参与起草的《广西建设纲领》中，发现王公度是主张“反帝反封建”的。《广西建设纲领》所提“反帝反封建”的政治纲领，和中共关于社会性质和革命性质、对象、任务的理论，在措辞上大致是相同的，这一条绝对不是“托派”关于社会性质和革命性质、对象、任务的理论。政治纲领是政党派别的一面旗帜，这面旗帜是不能随便选定的。这一条重要史实，足以证明王公度不是“托派”。当时，“托派”在广西的活动是公开的，桂系当局也纵容过“托派”在广西的活动，利用“托派”来破坏中共广西地方组织。在王公度案发之前和之后，未见桂系处决过一名“托派”分子。这说明“托派”罪名是不足以处死王公度的理由。不足以处死，又要以此种理由对王公度处决，这是桂系当局出于无奈的难言之隐。李、白的高级幕僚程思远回忆：“所谓王公度之‘托派’完全是假的。”考虑处死王后，对外如何解释，李宗仁“绕室彷徨，一筹莫展”，徐梗生献计说“何不给王公度扣上‘托派’帽子”，“德公纳议，遂定案”。

处决王公度之时，正是国共合作抗战实现之日，桂系首脑又和中共代表团张云逸商谈过合作抗日大事，而且，从5月至7月，桂系还与张云逸、四川刘湘的代表张斯可会谈，拟就了红、桂、川三方联合抗日纲领七条草案。在此种情况下，桂系的反共本性从来不改，但李、白此时不便于对王公度扣上“通共”或“共党分子”的罪名。以“托派”罪名杀王是桂系的唯一选择：一、中共是痛恨“托派”的，以“托派”名义杀王公度和并案的中共党员陶保桓、崔真吾，使中共无可置疑，还可使中共领导人如中共中央长江局书记王明感到高兴，认为桂系帮助中共清除了党内的托陈反对派；二、使不知“托派”为何物的人民群众不能提出任何责难；三、掩盖桂系内部王公度与潘宜之倾轧争权的丑闻；四、借此打击和削弱中共广西地方组织的力量，这是反动政党派别惯常使用的极其恶毒的离间计，使共产党内部互相猜疑。

1937年12月，也即王案爆发三个月后，中共中央长江局书记王明作出决定，“考察广西党的领导机关”，“在思想上组织上严格肃清托匪的活动”。同时，美利坚合众社记者白得恩发表关于桂系处决王案的谈话，刊于1938年1月广州出版的《救亡日报》上。王明在该谈话的最后部分，代表中共中央确认桂系当局制造王公度案性质为“托派”问题。王明谈话中虽然没有点名提到陶保桓、崔真吾，但是主观上和客观上都承认桂系的处置是正确的。且将王明的谈话录下两段：

记者问：托洛茨基分子对中国抗战的态度如何？

王明答：托洛茨基匪徒是日寇的走狗奸细，是中华民族的公敌，他们过去和现在都秉承日寇特务机关的意旨……尽力反对国共及其他一切抗日党派和团体，拼命破坏我国抗日民族统一战线。据前天可靠消息……这一件事情加上托洛茨基匪徒王公度等在广西进行的反对广西政府反对国民政府和反对对日抗战的进行……

由于中共中央长江局书记王明确认桂系王公度案为“托派”，由此得出中共广西地方组织“政治上违反中央的政治路线”，“组织上完全不严密，和托匪混作一团”，“九个（省）工委五个是有问题的”结论。以后又经康生确认这个结论，就此埋下广西地下党受屈为“托派党”、“红旗党”长达45年（1982年始平反）之久的冤案。其源盖出于此。中共广西省工委从陈岸书记到普通党员，以及与党有关系的进步分子，都受到“托嫌”的审查。这是中共历史上轻信桂系抛出的离间计招致的严重后果，其影响是相当深远的。1982年，中共中央以及中共广西区委审查的结论是：“既没有我地下党员参加‘托派’组织的情况，也没有托派分子打入我地下组织的情况。”摘掉了“托派党”、“红旗党”的帽子。现已查明托洛茨基是十月革命的红军总司令，对十月革命的胜利是有功的。托洛茨基不是什么叛徒、奸细，而是苏联共产党内持有不同政见的主要领导人。

十七、防“马弁意识”

在旧社会官场中，大军阀大官僚的随身人员，常常有一种效忠主人的奴才思想。这些随身人员常年傍权势而生，往往掌握主人私生活的许多秘密，而这些秘密却是主人最怕其妻室发现的。因此，主人切盼奴才们做好防止泄密的“忠于职守”的工作，还希望他们当风闻不利于主人的“风流逸事”时，能以巧言“辟谣”，为主人“避讳”，遮丑掩羞！这样，此种奴才便会得到主人的青睐和特别的赏赐！这样的人一面对主人五体投地，百依百顺；一面却对主人身边正直之人，特别是新来的人，摆出老部下的资格，嫉贤妒能，居心叵测，时时盘算心计，对正直的人不惜污蔑中伤。

奴才们惯于挑拨离间，精于散布流言蜚语，熟稔无事生非；同时，他们又觉得心虚，深怕正直之人眼明心亮、“旁观者清”，识破他们搞的鬼名堂、鬼把戏，良心常受谴责，地位受到损害。

谢和赓在敌营中经过几番的仔细观察分析，把这些奴才们的种种思想和行为表现，称之为“马弁意识”。

当然，在主人下属内，还有另一种人，他们与奴才有别，但却是自成一派一系，效忠于大地主大资产阶级政权的人。这些人同样有嫉贤妒能的癖性，唯恐思想正直的同事，对主公的圈子产生影响，不利于他们派系的利益。因此，谢和赓与这些有派有系的同事相处，既要联合，又要斗争；既要顾全大局，又要在坚定的原则下有所忍让，以对付这些同事在某种情况下也会流露出来的“马弁意识”。

在桂系的政客幕僚中，潘宜之可以说是“马弁意识”的典型代表。潘在当武汉市市长时，捕杀的共产党员和革命群众不下千人。

潘宜之进入桂系成为李、白的亲信，得力于他向白崇禧献媚，对白的色情欲望，推波助澜，为之提供方便之门。

1937年8月4日，潘宜之随白崇禧到南京后，成了白崇禧与南京中央政府行政院铁道部长张嘉璈联系的代表。原来潘宜之与张嘉璈在1927年北伐中便是苏州、杭州有名妓馆的常客，潘、张二人都是嫖妓中相交的朋友，什么黑道、黑话、黑招都做得出来。潘宜之问计于张嘉璈：健公总长公余之暇，甚感寂寞，可有甚么地方为之金屋藏娇，消遣消遣？张嘉璈对潘宜之说：这有何难呢？你看这座大家院落这么宽敞，地方多的是。张嘉璈随即引领潘宜之到院落后面参观一座华丽的小楼。潘宜之看后拍手称快：很好！很幽静，安全有保证，又能为健公保密。白崇禧在南京期间，就由潘宜之为他物色秦淮美色名妓，带到张嘉璈大宅院的小楼，供他寻欢作乐。

为了完成党给自己的艰巨的地下统战工作使命，谢和赓对主公身边的同事，采取了不卑不亢、不露锋芒、谦让随和、慎施小惠和有求必应的态度。例如他对潘宜之就一方面采取敬而远之的态度，又要有事和他商量。在推荐刘仲容为李、白的参议时，就征求潘的意见，并委托他向李、白提出。谢从来不在领导面前流露不满情绪，或者说三道四。当他听到同事反映领导在某种事情上称赞他，或领导当着他对某同事表示不满或责难时，他总是有分寸地表示谦逊和同情；既不扬扬自得，也不落井下石和幸灾乐祸。这是谢和赓跟随白崇禧到南京任职后，他以一个新加入白身边工作的知识分子，在与长期追随白的副官、机要参谋、机要电务人员、打字员、司机、保姆、勤务兵、护士、厨师、“马弁”相处的日子里，积累起来的经验，也是他长期身居敌巢，不得不用以保护自己的有效方法。谢和赓在不同场合面对不同的人，恰到好处地运用这些经验和方法，绝不能有任何闪失，这是多么不容易啊！

十八、巧妙周旋

谢和赓在桂系既要对付上层的流言蜚语，也要对付下层的马弁意识，有时还要慎重地参与人际关系矛盾的调解。

韦永成、韦赞唐、蒋伯伦、张岳灵……等是桂系内部最有势力的少壮派。谢和赓、刘仲容他们置身于派别之外，没有必要去拉拢和巴结这个大派别，但从党的统战工作着想，又必须对其内部的人际关系矛盾，采取“内统战”方法调解矛盾。李宗仁及其夫人郭德洁最亲信的机要员（电务主任）李扬，是韦永成、韦赞唐等极力拉拢的对象。李扬和白崇禧的机要员（电务主任）吴方臣，互相争宠产生了矛盾。谢和赓一身兼两职，是白的机要秘书，又是李司令长官部的机要秘书。为了活动上的方便，他对李扬、吴方臣之间的矛盾，做了“内统战”工作，促使他们增进友谊。谢分别劝说李、吴：“大家都为德（李宗仁）、健（白崇禧）两公服务。德、健两公事业的发展和成功，都会给我们带来幸福和利益；如果德、健两公身边的亲信，互相爱护、互相帮助，则大家都有好前途，如果彼此不和睦，彼此拆台，那会影响德、健两公的大事业，我们大家也会倒霉！”

谢和赓针对李扬、吴方臣的个性特点做工作。李扬曾是吴方臣下属，总怕别人看不起他，谢就说白老总、李品仙、廖磊他们如何称赞他工作勤奋，是五战区最得力的机要人员……吴方臣贪财谋利，谢就经常将人家送给白崇禧的烟、酒、食物等分给吴和其他的副官们。因为白交代过谢和赓，亲友们赠送的礼品，经报告后可以由谢处理，谢乐得“借花献佛”，做到皆大欢喜。遇到吴方臣等有什么要求和副官们生活上有什么困难时，谢都十分关心，并代他们向李、白求情，在“特支”（这是李、白专有的财政支出权力，常常通过写条子批钱的办法，用以馈赠亲属、部属和好友）项下给予“津贴”解决。这个化公款为私钱的“特支”，都是先由广西驻京办事处支付后，向广西财政厅报销的。

十九、攀升捷径

毛泽东说过，有不少国民党员是挂名的，并不知道参加国民党要干什么事。也不会为国民党去干什么事。这些挂名党员，不过是“例行公事”地集体或个人填个表，行过宣誓仪式（也有没有宣誓仪式的），就算是国民党员了。不少人为了混饭吃，不得不去做个挂名党员。谢和赓也做过挂名的国民党员——没有填过表申请入党的“国民党员”！这说来是很滑稽的。

1938年2月，蒋介石大本营尚在汉口，韦永成、程思远等向李、白转达蒋介石侍从室和蒋经国郑重地提出的话：

“白副总长身边的参议刘仲容和机要秘书谢和赓应该加入国民党，这也是委座的意思……”李、白马上遵照蒋的意思，要谢和赓即办公文，写信给国民党中央党部吴铁城秘书长，索取入党表格，由李宗仁、白崇禧介绍谢和赓入党，由白崇禧、黄绍竑介绍刘仲容入党。

谢和赓立即将此事报告周恩来。周恩来指示：可以按照他们的意见办理，这是打入敌人内部工作时所需要的。谢和赓当时有一点“幼稚的”、“纯洁性”的想法，以为在形式上加入国民党与仇恨国民党是水火不相容的。因此，他耍了一点小聪明，在办理自己与刘仲容的入党公文时，有意扣下自己的表格，只把刘仲容填好的表格送去，而他自己的表却不填不寄！由于当时抗战局势非常紧张，李、白忙于处理许多重大的问题，相信谢和赓办事迅速而可靠，又看到谢和赓也是夜以继日地勤奋工作，后来居然无人过问填表格和批准加入国民党是否已履行了手续。谢和赓就这样“蒙混过关”，做一个未填表格的又未履行入党仪式的假“国民党员”。可是，蒋介石、蒋经国父子俩，李宗仁，白崇禧，韦永成等已经认为谢是国民党的“好同志”了。

谢和赓在李、白身边工作，自然有一些向上攀升的捷径。武汉失陷前，国民政府对各军事部门高级军事人员，发了一个填报文官登记合格证的通知。“通知”的用意，使在军队工作的文官，可以取得一定级别的文官合格证，以使军队文官一旦转往政府部门工作时，不致发生“资格不合格”的问题。李、白为了培养谢和赓，使之成为广西有用的人才，示意他立即办理文官登记合格证，当国民政府需要用人时，便可以此资格，升任国民政府文官的次长（相当副部长），或大城市的市长，或省政府厅长的职位。

谢和赓一方面表示极为热衷于荣升大官，并迅速按照李、白的意旨，用李、白的介绍函，填好文官登记合格表，报送国民政府考试院诠叙部部长钮永建申请诠叙资格。另一方面，谢和赓在武汉向周恩来、董必武、叶剑英等领导汇报了取得文官登记合格证有利于工作的重要性，并得到他们的认可和赞同。

谢和赓送出给诠叙部长纽永建的公函经白崇禧核阅后，白在与李宗仁通长途电话时，即顺带提及此事。因而，李、白有意培养谢和赓将来当国民政府高官的消息不胫而走，传遍桂系上层官员，使李、白的左右人员不得不刮目相看，也使李任仁、陈此生、陈劭先等对谢和赓怀有好感的人知道，更使最有势利眼光的潘宜之、甘介侯这些已是次长级的人物，从此对谢“重视”起来。

谢和赓意外地取得金红色的“八级文官登记合格证”，而且钮部长还向李、白祝贺谢是所有登记文官中，唯一获八级的军官，也是最年轻的人，因为只有谢是有著作和几篇经济论文的人！这件事不仅成为他一道护身符，并使他增加了更方便的活动条件，以至桂系中上层军政官员以及他的亲友们知道，谢和赓也是一个“官迷”。白崇禧还特别对夫人和侄儿、外甥赞扬了谢和赓取得国民党中央政府“八级文官登记合格证”的喜事！在此之后，李、白又产生了要尽快资送谢和赓出国深造，以利将来更好地为桂系努力扩张利益效力。白崇禧专就此事同李宗仁说：“广西过去也培养过青年干部，资送外国留学，除医务人员外，一些学社会科学的回国后，搞政治、搞党务的还行，真要在中央政府行政院各部和主要城市担任独当一面的人才，就很难找。广西今后应该注意次长一级以上青年人才的培养，否则，将来全国局面发展了，广西就提不出人才来……”

当周恩来获悉谢和赓取得“八级文官登记合格证”和李、白即将资送他出国深造的消息时，周、董、叶三公又满意又高兴地说：“和赓，你的这一招真做绝了，让他们（桂系）和你的亲友都深信你有升官发财的愿望，太妙了！”为了谢和赓的“荣升”，周、董二公找他谈过几次。周、董估计，将来国共合作的局面下，各党派的联合政府成立，谢和赓到国民政府去做大官，去做主要城市市长，任务还是做党的统战工作。李、白对谢和赓的“荣升”与周、董对谢和赓“培养”目的不同——前者为了一派一系的私利，后者为了中国人民大众。这对提高谢和赓的地位十分有利。可以更方便地为党和人民工作。李、白与周、董都要谢和赓将来做大官，这是一种巧合，此中还有许多不为人知的缘由。

二十、因“万言书”获白崇禧、蒋介石升赏

谢和赓以“内统战”办法对付李、白身边有“马弁意识”的同事们，仅是一种小谋略，这种谋略只要有一定社会经历的人，都可以识破和使用。但是，这种小谋略又是大谋略的一个组成部分，归根到底是为大谋略服务的。

早在1937年10月前，谢和赓为了执行党交给他的第三个任务“秘密地不露形迹地进行有利于发动全国人民抗日的宣传鼓动工作和抗日文化运动”，他写出了内涵实为抗日民族统一战线具体实施办法的《全体性全民总动员纲领之一——全国游击战争之方案》，约一万二千字（后称“万言书”），名正言顺地以蒋介石大本营秘书兼白崇禧副参谋总长机要秘书的名义，经白请何应钦总长核阅后联名转呈蒋介石统帅。白崇禧接到“万言书”，先给军事委员会军令部次长刘斐中将过目。刘斐与谢和赓在广西时相熟，刘到军委会得到蒋介石、何应钦的赏识重用，为人高傲。刘斐看了“万言书”后对白崇禧说：

“想不到谢和赓是学经济的，对敌我人力、物力、财力、军力等的对比分析，和对抗战必胜的理由说得很清楚。关于组训全国游击战争的具体方案可以参考，只是全文太长，委座哪有时间去看，不如改写成一个短方案呈蒋较为妥当。”

白将刘斐的意见向其他参谋人员转达，再次征求意见。许多人都说：“谢和赓搞文还可以，怎能搞武的呢？”“谢没有进过军校，遑论战略战术？他太不自量了。”“全民军事总动员和全国开展游击战争，这是军令部、军训部的业务，谈何容易啊！”

李宗仁开初对“万言书”没有意见。他对白说：“健生，你先和为章研究一下，再呈委座。”

白崇禧很重视“万言书”，遂要谢和赓起草一个简短的报告，经白亲自修改，综合了方案中理论部分，加进了他的抗战战略名句，“积小胜成大胜，以空间换时间”。他指示谢和赓用“大本营白副参谋总长办公室”名义打印三百份，分别发寄各省主席、保安处长（或保安司令）、各军长、军政治部及一些重要单位。

1937年12月13日南京陷落前，谢随白到武汉，即与周恩来、王明、博古、董必武、叶剑英、林伯渠等同志会合。谢又将“万言书”呈周恩来、王明核阅。周嘉勉谢“做对了”，嘱咐删去理论部分，保留具体方案，缩短至七八千字的文章，投蒋管区各报刊。不久，保定军校出身，与白崇禧同学，精通军事理论和中外战争史的陈孝威将军，时在香港《天文台》半周评论报任主编，他读了“万言书”后击节拍掌，马上准备在《天文台》半周评论报发表。并称誉“‘万言书’确为大时代仅见之创作”。1938年1月16日至27日，《天文台》分两期连载刊出。

在“万言书”之前，陈孝威写了编者向读者推荐该文的一段话：“发动全国游击战争，为全体性全民动员纲领之一，亦即被侵略国对侵略国惟一有效之答复。此原则，若以投票方式取决，可望一致通过。但其实施细则，遍览国中刊物，鲜得窥见。吾友谢和赓先生，本其以往实地参加游击战争之经验，与近数年来在广西省李（宗仁）、白（崇禧）、黄（旭初）三公领导之下，努力从事广西民团干训工作所得之精髓，草为此文，确为大时代仅见之创作！经记者请求，在本报分期披露，想为读者先睹为快也！谢先生并掬诚欢迎读者批评，谨此附陈。”

“万言书”呈蒋审阅不到一个月，蒋介石表示部分接纳这个方案。

该方案第七节第二项的“训练方法”里提出：“在湖南省衡山”“设游击战讲习所”，由“川、粤、湘、鄂、云、贵、桂”“各部队”“各考送一百名至二百名游击干部”。一年后的1939年2月15日，国民政府果然按上述方法在衡山南岳举办“国军游击干部训练班”。

谢和赓呈上的“万言书”后，白崇禧便指示军事委员会升谢为上校，在未批准前，则指示由广西驻汉口办事处按一级上校薪水标准发给谢和赓薪水。这说明白崇禧对谢和赓的信任，真是优礼有加了。

更为优荣的是，军委会尚未批复谢和赓升为上校军阶前，白崇禧即指示谢佩戴上校领章，使他能够陪同白一起参加国民政府每周星期一举行的总理纪念周（国民政府纪念周规定，文官简任以上、武官上校以上才能参加）。白带谢参加纪念周的意图是要谢将蒋、汪的讲话或重要事情记录下来供白参考。谢和赓从此每逢纪念周，就跻身于国民党军政要人行列之内，或坐或站于孔祥熙、宋子文、于右任、戴季陶、吴稚晖、何应钦等人身边，扫视着在总理遗像前举行默念仪式的国民党军政官员们……

后来，谢和赓向周恩来、李克农汇报了他呈上“万言书”受到白副参谋总长的赏识和推荐，以及蒋介石接纳“万言书”后，他官升上校的情况。

周恩来和李克农十分高兴，祝贺谢和赓搞统战工作获得如此大的成功，实属不易。周恩来亲切地拥抱谢和赓，并嘱咐他：“注意身体，小心谨慎！”李克农像大人疼爱小孩那样拥抱谢和赓说：“小鬼，真行！”

谢和赓身处敌营，常有孤寂云游之感，但他的心总是与党，与周恩来、董必武、叶剑英、李克农息息相通的。他时刻都感到党对他无微不至的关怀和巨大力量的支持。每一次向党汇报后回到敌营，他都感到有股无穷无尽的力量，在支持他舍生忘死地工作，使他充满了革命浪漫主义和革命乐观主义精神。

二十一、谢和赓草拟、周恩来修改的白崇禧讲稿

1938年3月初，白崇禧拟在武昌向国军师长以上的军官训话，发表题为《军队政工与群众政工之关系》的演说。他指示谢和程思远、黄启汉两位同事在一周内，各自拟好讲稿供白选择备用。这项任务的布置，显然有两个意图：

一、白可选用最佳讲稿，再吸收其他两稿的长处，写成较好的演讲稿；二、可以考查白身边三名侍从人员的工作水平。谢和赓觉得这是一次非同小可的不是考试的“考试”，必须考好才行。他用三天的“夜战”，一改再改，写了一万四千多字，先请他的恋人、抗敌演剧第二队队员、从黑暗电影圈子里跳出来的大明星王莹润色。王莹说太长了，谢便想到李克农并请其转送周恩来赐教。

李克农当即呈送周恩来斧正。只过一天，谢和赓便从汉口李克农处拿回讲稿。谢看到原稿上，周恩来用红笔画去了两千多字。李克农指出说：“讲稿改得很好，这才完全体现了白崇禧军训部长的地位和立场的口气，避免使用指责国民党中央军脱离群众的语气，也避免使用指责政治部工作缺点的字眼。”同时，他还特别指出：“原稿所提出的政治训练原则、方法，与共产党的太相似了，应当改一改。”

谢和赓听了李克农的指点，喜愧交集。喜的是完成了准备“考试”任务，愧的是自己在敌营中工作的原则和方法，还有许多不对头的地方，幸亏及时汇报，党帮助自己纠正了。

谢和赓又与王莹改写定稿，复写两份，而王莹却不知道红笔画删的文字是

出自周恩来之手（后来一直到王莹去南洋时，谢才告诉她这个秘密）。谢马上烧去原稿，不留痕迹。当谢将定稿送到白崇禧特大的办公桌上时，桌上已整整齐齐地摆着那两位同事所拟的讲稿了。他顺手翻了页数，都是万言左右。

到了白崇禧给师长以上人员和师级政工干部训话这一天，白嘱咐三位草拟讲稿人一同赴会。谢和赓与另两位同事坐在车上，各怀心事，忐忑不安，不知白将选用谁拟的讲稿。为了排遣心事的烦扰，三位同事天南地北地闲聊到会场。上午9时整，人员齐集会场，白开始对大家训话，副官将讲稿摆在讲坛上。白没有看讲稿，滔滔不绝地讲开了，从始到终了，讲话内容顺序，完全与谢拟的讲稿相同。谢和赓立即感到莫大的安慰——这是在党和亲爱的战友们大力支持下取得的胜利——谁能够想到，白崇禧的演讲稿，竟是共产党员代拟、修改和定稿的！

事后，李克农戏谑而又风趣地说："有周恩来同志做谢和赓的'改文教师'，这是老蒋和白崇禧想象不到的！"

据八路军桂林办事处纪念馆资料记载，1939年5月30日，桂林"八办"向中共中央南方局汇报工作说："广西上层和我们有联络，有时白崇禧之讲稿由我们代拟，如反汪及招待文化人之讲稿，是我们帮助草拟的。"

谢和赓及桂林"八办"代白崇禧拟讲稿的事实说明，我党的地下统战工作做得非常出色，令人惊叹！当周恩来知道白使用了谢拟的讲稿后，他笑着说："这是国共合作的事嘛，将来也许成为抗战时期的佳话啊！"

谢和赓深深地感到，有党的领袖和战友在背后支持他的工作和斗争，是多么的甜美和幸福啊！他又深深体会到，斗争的每一个胜利，是与党的支持分不开的——这是党的地下工作者，身在曹营，心在汉的深切感受！

二十二、反唱《三民主义歌》

谢和赓自从跻身于国民党军政大员行列，参加星期一例行的总理纪念周后，他做过可以说是很幼稚的危险行为。他的内心深处认为共产党人的言行应当是表里如一的，他要发泄一下嫉恶如仇的感情。第一次在汉口纪念周上唱国歌时，他突然想起1931年在中南海公园做地下工作时，出于对蒋介石屈辱、投降、卖国的不抵抗政策和对北平宪兵第三团团长蒋孝先杀害革命青年的憎恨，而将国民党国歌歌词全部改写成为与原词对称的反义词。他在国民党严肃的总理纪念周的“大合唱”中，以谐音混在齐唱中唱出来，“三民主义”改为“杀民主义”，“国民党”改为“刮民党”，全套反义词的“国歌”如下：

“杀民主义（三民主义），蒋党所宗（吾党所宗），以卖民国（以进民国），以阻大同（以进大同），军阀官僚（咨尔多士），压民先锋（为民先锋），土豪劣绅（夙夜匪懈），唯财是从（主义是从），钩心斗角（矢勤矢勇），争权争功（必信必忠），工农起来（一心一德），蒋党送终（贯彻始终）。”

谢和赓改写的这首以反义词为内容的“国歌”，曾在北平以传单形式，发到图书馆、学生饭堂、宿舍、电影院、公园、街头……从北方传到南方，自1931年传唱至1949年，广西城乡的大中小学校中，都有不少学生传唱，影响相当深远。这是谢和赓当年在地下斗争中创造出来的“纸弹”，它辛辣地揶揄敌人的腐败，有力地鼓舞人民大众的斗志。但是，谢和赓不分时间和地点，悄悄地搬到国民政府军政要员的总理纪念周中运用起来，却是一种过于天真的冒险行动。

后来谢和赓将他在总理纪念周唱反义“国歌”的插曲向党汇报时，李克农听了不禁大笑起来，但同时严肃地警告谢和赓不要在“得意忘形”和“自我陶醉”之中惹出祸来。李克农告诫他：“共产党人的无产阶级立场和态度，在不同的场合下需注意表达的方式，不应当追求形式主义这个模式。共产党人在从事地下工作的斗争中，切切不可意气用事，书生气十足。因为‘小不忍则乱大谋’的历史教训是很多很多的，必须时时牢记以事业为重的原则。”

二十三、洪深当月老

1937年8月4日，在谢和赓随白崇禧赴南京就任白的机要秘书的同时，开始了他与王莹传奇的爱情故事。

谢和赓的公开身份是国民党桂系白崇禧身边的青年军官，王莹则是30年代的全国著名的电影明星、左翼文艺活动家和秘密的少年党员。这两个身份迥异的同志是怎样邂逅相识，又怎样结为终身伴侣的？在谢和赓与王莹的恋爱生活中，是怎样升华出坚贞不渝的爱情的？如果说中外的爱情故事《西厢记》、《白蛇传》、《红楼梦》、《罗密欧与朱丽叶》、《奥赛罗》等名著，是歌颂反封建的青年男女，争取婚姻自由的悲喜剧，那么，谢和赓与王莹的爱情故事则是一曲追求革命加爱情、争取“真善美的前途”的千古绝唱。

谢和赓爱上王莹是偶然的际遇，又像是命中注定。谢和赓的少年时代，给他深刻印象的城市除了出生地桂林外，其次就是安徽芜湖这个长江边上的城市。因为第一个对他进行启蒙教学的老师、桂林第一所女子小学的校长——他敬爱的婶婶文景昭，就是芜湖人；他参加革命后与之联系和交往较多的李克农、阿英等也是熟知芜湖的安徽人。当时报刊上称誉有加的电影明星、戏剧明星、文学明星王莹，也是芜湖人，一向喜好诗歌、小说、戏剧、电影，广泛涉猎文艺的谢和赓，自然就对王莹产生了亲切的良好的印象。因而，谢和赓特别关注报刊上关于王莹许多传奇性的事迹和动人的故事。

王莹14岁时就勇敢地摆脱童养媳的厄运，自芜湖逃往汉口投奔舅母，再随舅母家转到长沙，后来又转赴上海参加抗日的左翼文化运动，在艰苦的奋斗中，崛起成为上海文艺界万众瞩目的电影明星和话剧舞台演员。王莹这个从厄运中挣脱出来的童养媳，居然在舞台上大展才华。王莹的事迹，使谢和

王莹1932年在上海

《赛金花》剧照

赓深为感动。王莹主演过最早的进步电影《铁板红泪录》、《女性的呐喊》、《同仇》、《自由神》等，又主演过话剧《压迫》、《约翰·曼利》、《赛金花》、《钦差大臣》等。《赛金花》演出前，当时取名为蓝苹的江青四处活动，大哭大闹要争演主角，但导演们还是让王莹担任主角，使蓝苹未能如愿以偿，从此江青留下了对王莹的怨恨，而由此也种下了四十年后“文化大革命”中王莹被江青害死的祸根。

《赛金花》剧在南京连演一月，日夜两场，场场爆满，盛况空前。此时，梅兰芳剧团也在南京演出，梅兰芳对王莹的才华深为赞叹，就与王莹互赠花篮，表示友谊和祝贺演出成功。王莹在上海影剧界成为名噪全国的大明星，有较高的演出报酬。但她憎恶上海影剧界的腐化生活现象，高呼“跳出黑暗的电影圈子”，东渡日本留学深造，探寻艺术的真善美。谢和赓对王莹这些感人的事迹既佩服又羡慕，梦想着要见见自己心目中的大明星。

为谢和赓与王莹的爱情牵红线的月老，应当首推洪深。故事还得从1937年8月说起。

当时，处暑刚过，一辆人力车在副参谋总长白崇禧的公馆门外停下，车上走下来一个四十余岁的中年人，身穿蓝布长衫，鼻架玳瑁边眼镜，斯斯文文的学者模样。

那学者来到传达室。只见一个挂着中尉军衔的军官，坐在里面正吸着烟。来访者走上前说道："我叫洪深，从上海来，有要事要见李长官和白长官，请代为通报。"说着，递上一张名片。军官漫不经心地说："白长官不在。"接过名片，看也不看，随手往桌上一放。不料没有放好，名片竟从桌上掉下来了。

20世纪20年代的洪深

洪深见名片掉在地上，不由得大怒，斥责军官无礼，命他捡起名片。双方正在僵持之际，谢和赓从里面走出来。他挂着中校军衔，穿着整齐的军服，时年25岁，英姿勃发。他一边走一边问："马副官，什么事？"走进传达室后，见到那学者风度，忙问："您是……"

洪深指着地下的名片说："上面有。"

谢和赓把名片拾起来一看，见名片上印着"复旦大学教授洪深"，忙道："您就是洪深先生，失敬，失敬！"回头对马副官斥道："洪深先生是全国有名的学者，你怎么能这样对待！"又对洪深说："先生请原谅！他是个行伍出身的粗人。"

洪深见他彬彬有礼，气全消了，问道："你是？"

谢和赓说："我叫谢和赓，是白副参谋总长的秘书。很早就读过先生的《农村三部曲》，非常感动。如今先生远道而来，想必有什么要事？白副参谋总长开会去了，有什么事，我可以代为转达。这里不是说话的地方，请到客厅去坐。"

二人来到客厅，勤务兵献茶已毕。洪深即将来意说明。

原来，七七事变后，上海文艺界为唤起民众，一致抗日，影剧界的同仁，组织了13个救亡演剧队，分赴各战区宣传演出。洪深所在的第二队，决定到第五战区演出。他们演剧第二队的成员已经到达南京。第五战区的司令长官是李宗仁、白崇禧，所以洪深特地到此来接洽如何到前线演出的问题。末了，洪深拿出冯玉祥、李济深将军的两封介绍信来。

谢和赓看到有冯玉祥、李济深的介绍信，又知道洪深的经历和来意，十分高兴，说："久闻洪先生和上海文艺界一片爱国热忱，今有此义举，实在令人钦佩！日军凶暴，不唤醒民众进行全面抗战和全民族抗战，不足以抵御侵略。二队到第五战区，李长官、白副参谋总长一定十分欢迎。何况还有冯、李两将军的介绍信呢。说起来，我还是冯将军的老部下，当年曾跟随他参加过察哈尔抗战。而我现在来到白长官身边工作，也是冯将军、李将军所介绍。现在，李长官还在桂林，白副参谋总长开会去了，请洪先生留个地址。等白副参谋总长开会回来，我立刻向他报告，结果如何，我到你们住处传达。洪先生不必再劳驾来了。"

洪深原以为国民党十分腐败，官僚习气很重，对于民众要求抗战，虽不像过去那样的施行镇压，也往往消极对待，置之不理。不料这个年轻军官却如此热情，如此通情达理，能说出不唤醒民众进行全面抗战，不足以抵御日本侵略这种颇有见地的话来，看得出是个有头脑，有进步思想的青年军官，与其他国民党军官迥异，特别是与那个傲慢无理的马副官比，良莠分明，怪不得他能参加察哈尔抗战。洪深就从公文包内取出第二队成员的名单，其中有金山、冼星海、王莹等著名人物。洪深特别介绍了王莹，说她为了筹措二队往战区的路费和演出活动经费，把她积攒的现金及耳环、戒指、别针等金银首饰，毛、丝、皮等衣服，都变卖成现金来交给队里，真正做到了"毁家纾难"。

洪深这一席话立即引起谢和赓极大的注意，说道："王莹？不就是演过《女性的呐喊》《铁板红泪录》《自由神》《同仇》《赛金花》的那位大明星吗？我不仅看过她主演的电影、戏剧，还看过她在报刊上发表的文章，真可说是影、剧、文三栖才华出众的大红人，她竟然能够这样，慷慨解囊，捐献演出经费，难得，难得！可敬！可敬！"洪深说："她不只在舞台上演戏，执笔为文，个人生活也相当严肃，被称为洁白的明星。最近，她又想当个抗战女游击队员，拿着真刀真枪上前线杀敌呢！"

谢和赓说："这样的女中英雄，当代人杰，我一定要认识她！"

1930年，王莹演出《少奶奶的扇子》剧照

当天夜晚，谢和赓守在办公室，白崇禧开会回来，他立刻向白汇报了洪深教授来访的事，又把冯玉祥、李济深的两封信呈上。

桂系和蒋介石本来有很深的矛盾。1936年12月西安事变时，李宗仁、白崇禧也是鼓动张学良杀掉蒋介石者之一，在桂林学生游行大会上公开主张要杀蒋介石。后来，中共中央派周恩来去西安，进行斡旋，对张学良晓以利害关系，指明杀掉蒋介石，将造成中国大内战，给日本帝国主义灭亡中国造成机会，只能逼蒋抗日，不能杀蒋造成内战。张学良顾全大局，在蒋介石答应停止内战，进行抗日的条件下，把蒋介石释放了。蒋介石转而抗战，既防桂系和他作对，又需要控制桂系这股势力为其所用。因而，除委任李宗仁担任首都北面第五战区的司令长官外，又要白崇禧担任他大本营的副参谋总长。李、白也想趁抗战之机，走出广西，把势力伸展到蒋的统治区内。李、白都深知舆论工作和争取民心的重要性，而舆论工作却操之于文化人之手，因而桂系一向对文化人都比较尊重。现在，白崇禧见洪深这样有名的教授要率领演剧二队到第五战区，当然欢迎。何况还有冯玉祥、李济深的介绍信。但白崇禧不愧是“白狐狸”，他看了演剧二队队员的名单后，又多了个心眼，沉吟道：

“这么多有名人物，好多都是所谓‘左联’的，不知其中可有红色人物？”

谢和赓应道：“共产党的能量很大，此事要特别慎重。卑职也同健公心思一样。等洪教授走后，我就打电话到上海情报站查问过，了解到洪深虽然大名鼎鼎，却不是共产党员，而是老国民党员。他们不过是演演戏，并无大碍。现在上海文化界组织的演剧宣传队有13个队，分赴各个战区进行宣传演出，已经形成了到抗日前线演出的一股热潮。我们战区如果不接纳，而别的战区接纳了，那就显得我们不如人家了。何况我们战区的民众，我们的军队，都需要更多一些抗战意识，才能打出个样子来，为我们广西争光，健公以为如何？”

白崇禧想了想，说：“好吧，等我和德公商量一下。”

谢和赓立刻为白崇禧拨通了李宗仁的电话，就退到外面去，等候吩咐。

一会，白崇禧叫谢和赓进去，要谢明日去通知演剧二队，他和德公欢迎演剧二队去五战区。如何演出等具体事务，则由谢和赓安排。

次日，谢和赓坐着“林肯”牌小汽车，到南京下关交通旅馆去拜访洪深。

交通旅馆是个三等旅馆，演剧二队经费很少，只能将就住在这样的旅馆。在旅馆里包了两个大房间，男女分开，各住一间。这样的旅馆，从来没有汽车光临，现在突然来了小汽车，喇叭“嘀”一响，茶房进来说：“有总参谋部的谢秘书来访洪深先生。”大家听说，都蜂拥出来。一来是要知道昨天交涉的结果；二来要看看这个谢秘书是何等样人，因为洪深昨日回来，除向队员们详细讲了他去接洽的经过外，还极力称赞那位谢秘书，说他年纪轻轻就当了中校，不仅没有一点国民党官僚的臭架子，而且热情如火，豪爽大方，态度谦逊诚恳，是他生平接触到的国民党人中的鸡群之鹤。听他的言论，都是极有头脑的，确是个爱国青年。末后说：“谢和赓说他在察哈尔参加过冯玉祥将军领导的抗战，这话我信。”队员们知道洪深先生十分爱才，见到才华出众的青年总要夸上几句，但像现在这样夸奖一个国民党军官，却很少听到。大家都觉得这谢秘书是个特殊人物。在王莹心目中，更有较深的印象。

今天，一听说谢和赓来访，所以大家都涌出来迎接。

当下，洪深招呼谢和赓进入旅馆，见队员们都在，就一一为谢作了介绍。谢和赓对他们一点也不见外，初次见面，就像老朋友一样，态度亲切，谈笑风生。当介绍到金山时，谢和赓笑着说：“久仰久仰，电影皇帝陛下，原谅我未能三跪九叩。”大家随和地笑开来了。

介绍到冼星海，谢和赓说：“音乐家，我们如今是脚步和着脚步，臂膀挽着臂膀走向民族解放的战场了。”他哼着冼星海创作的歌曲，说：“希望能听到你更多的激动人心的歌曲，让歌声响遍中华！”

当介绍到王莹时，谢和赓心头一热，首先，看到的是王莹那对深邃明亮的大眼睛，使他不由得想到家乡桂林漓江那清澈的流水，这眼里包含和流动着多少智慧与深情啊，细细的柳叶眉那么令人感到悦目舒心；圆圆的脸蛋上，泛出青春健美的光泽，又使人感到俊美快意；黑油油的短发，身穿一件蓝色旗袍，十分合身，显出了苗条的曲线美；神情娴静，姿态优美，保持着少女特有的矜持。谈笑风生的谢和赓，在这尊“女神像”面前，突然变得木讷了，原准备好的千言万语都说不出来。只说着一般的应酬话：“王小姐，你好！久闻大名，今日得见，十分荣幸！”

王莹也淡淡地说了句：“谢谢！”伸出手来轻轻地握了握，马上便缩了回去。她对斜挂着武装带的国民党军官抱着万分的戒心，以为眼前这个有礼貌的中校军官，不会与过惯花天酒地、纸醉金迷生活的高级军官们有什么区别。谢和赓的手，这时闪电般地灼热起来，但又觉着王莹似握非握，显然对人太冷淡了。

介绍完毕，大家把谢和赓让进男队员住的大房间，谢和赓这才说明来意：“我是奉命代表李宗仁司令长官和白崇禧副参谋总长来看望大家，向大家问好的。”大家鼓起掌来。谢和赓接着说：“李、白二位将军昨晚通了电话，对诸位愿到第五战区前线去演出的义举，表示十分欢迎。不过，战区刚刚成立，前线的条件很差，生活十分艰苦，而且有一定的危险……”大家听到欢迎他们去第五战区，都十分兴奋；听到生活艰苦和危险，大家都不等谢和赓把话说完，就一致表态说：“我们不怕艰苦，不怕牺牲，我们从上海来的路上，已尝过艰苦和危险的味道了，我们不在乎。”

原来，他们出发时，上海的保卫战已经打得很激烈了。铁路、公路上挤满了逃难的人，简直无法通行，只有水路比较通畅，人流稍为少些。于是他们决定坐船出青浦，转苏州，在这国难当头的时刻，租船也很困难，只租到一条原来是装粪的小船，虽然铺了稻草，仍然臭气熏人。但他们思想上早有准备，知道在前线的生活比在上海这个花花世界里，是天渊之别，臭一点怕什么，将来还有吃不上饭，没处住宿的时候呢。所以大家连鼻子也不捂，渐渐的也就“久而不闻其臭了”。

由于船是逆流而上，船速很慢，一来大家急于上前线，二来大家也要锻炼，男队员们就脱下鞋袜，挽起裤脚，上岸去拉纤，他们和船夫同拉一条纤，学着喊号子，觉得劳动也有劳动的乐趣，越拉越起劲，直拉到在苏州搭上火车。

在往南京的途中，在青浦一带，在沪宁路上，曾经遭到敌机的轰炸。开头，对敌机俯冲的狂啸声，对炸弹呼啸落地激起的漫天烟尘火焰，心里感到恐惧。但反复多次以后，逐渐也习惯了，敌机临空时躲一躲，敌机一离开就继续赶路。他们想大概在前线也不过是这么个样子。

但这到底是在后方，如果到了前线，面对敌人，将会是什么样子呢？队员们因听谢和赓说，他受命全面负责接待二队的工作，就说：“谢秘书，你既然全面负责帮助我们二队的工作，你就教我们怎样放枪，怎样拼刺刀，我们到前线也要拿起枪杆来和小日本厮杀呢。”

谢和赓说：“和小日本厮杀倒不必，不过，懂得一些军事常识却是大有好处，也是必要的。”

大家虽在剧中、电影中，演过一些战争场面，但那终究是在舞台上、银幕上，现实生活到底是怎么样呢，都不知道。听得谢和赓曾在察哈尔和日本鬼子作过战，有实战经验，都纷纷向他提出问题，谢和赓也一一作了解答。大家谈得很融洽随和，只听得笑声不断。

在大家热烈的谈论中，王莹却静静坐在一旁，紧闭朱唇，默默地，审视着谛听着谈话的情况，她觉得这位谢秘书，面貌英俊，头脑清楚，言谈中透露出是个思想进步的青年，和她心目中的国民党军官完全不同。她深信洪深先生的赞扬不无道理，她不知道是自己对国民党军官了解不够，还是眼前这个特殊例外？不过，她看见谢和赓那一身国民党军官服装，中校军衔，心里又有种腻味。心想：他要真是个进步青年，却投身于国民党，就是个口里一套，做的又是一套的狡猾家伙，不然是不大可能混下去的；他既全权负责二队，就必须小心地提防他。他是人是鬼，得仔细观察。

谢和赓见王莹并不和大家一样，向自己问这问那，但却又并不是对自己冷漠，而是用心灵的眼光正在观察自己，他不知自己在这位洁白的明星心目中居于何种地位，就有意带着夸奖的口气向她搭讪说："王小姐，听洪深先生说，为了抗战，您毁家纾难，真是可敬可佩啊！"

王莹淡淡地回答说："这有什么呢？'天下兴亡，匹夫有责'嘛，区区小事，何足挂齿。再说，我没有家，根本说不上什么毁家纾难。"

谢和赓不知王莹这话是给他的一个软钉子还是谦逊，但还是忍不住继续搭讪道："不知王小姐到前线演出，有什么困难需要解决吗？"

王莹说："我个人没有什么困难。我们队里有什么困难，等我们开过会后，再提出来，反正你是全权负责帮助我们二队的。"

谢和赓见王莹态度冷若冰霜，不知她性格就是这样呢还是对自己有看法？他也觉得自己穿着一身国民党军服，与进步文化人交往，确有些尴尬的感觉。于是，便自我圆场地说："好。时候不早了，洪先生，我把电话号码告诉你，有什么事情，可以随时打电话给我。"于是，留下电话号码，告辞走了。

洪深和金山代表演剧队，送谢和赓到旅馆门口。金山说："谢秘书，我们一回生、二回熟，欢迎你有空就来，给我们讲讲军事常识，这是队员们目前最需要的！"

洪深也说："是的，你在察哈尔和日本鬼子交过手，有实战经验，希望你有空来与我们谈谈察哈尔抗战的事，让我们更进一步认识日本鬼子。"

谢和赓说："好的。我有空就来。"说完上车走了。

谢和赓回到住处，心情久久不能平静。他从小受到书香世家和革命思潮的影响，在学校时，拼命读书吸收各种新思想。今天看到演剧二队的人，大家都很热情，一见如故。他知道，这是由于抗日这一共同目标，把自己和二队的人的距离缩短了。然而，为什么自己所崇拜的那位影、剧、文三栖明星却态度冷淡呢？他越想越觉得心目中的王莹不是冷淡，而是一种保持自己尊严的矜持。

听说，有一次国民党的一个显要，从南京到上海来视察，影片公司的老板有求于这个显要人物，就别出心裁地在跑马厅附近一家大夜总会举行舞会，为显要接风洗尘，要全公司所有明星都出席。老板很想要王莹出面接待，但又怕王莹不来，便特别单独通知她，可是王莹却躲开了，老板见舞会将完，王莹还未露面，急得眼中冒火，就叫司机开车到王莹寓所去，务必要她来。王莹想了想，不好再拒绝，就穿了件粗布蓝旗袍，一双青布鞋，素衣淡装，就像个乡下姑娘似的来到舞场。舞场的人，男的，西装笔挺，革履雪亮；女的珠光宝气，华装艳服。王莹的打扮，与舞场的格调极不协调。那位显要，一心想和这位鼎鼎有名的明星跳舞，见她这般装束，也不好意思过来请她跳舞了。

因为她向来不接受邀请，不接受无聊的捧场，不陪酒，不伴舞，所以被人称为“洁白的明星”。

谢和赓不只崇拜王莹的才华，更崇拜她冰清玉洁的品格。过去只是听说，今天亲眼见到王莹像玫瑰花那样，虽然可爱，闻到它的芳香，但这是一朵带刺的玫瑰花，不是随手可摘的。谢和赓觉得王莹的矜持，不就是玫瑰花枝上的刺吗？因而他觉得她的冷淡是应该的，当然的。这是她对自己还不了解，只把自己看成是一个军阀的亲信和附庸的缘故吧。他必须有信心有耐心地使她知道，自己是个革命青年，和她一样是有抱负有理想，是自尊自爱自强的人。

二十四、增进了解

第二天，谢和赓稍有空闲，心里牵挂着演剧二队，就到交通旅馆来。金山招呼谢和赓说：“谢秘书，我们正想邀你来给我们讲讲军事知识呢，又怕你事忙，不想你今天竟来了。”

谢和赓说：“我也牵挂着这件事，想在你们去前线之前了结它，所以，今天把那些可以缓办的事搁一搁就过来了。”

大家听说谢和赓来了，都集中到男同志住的大房间里来。

谢和赓先讲了一些军事知识，各种武器的性能，敌机来时应如何躲避等等，讲完，金山问他：“谢秘书，你是中央军校毕业的吗？”

谢和赓说：“不，我原来是学生，在北平中国大学学经济，原想毕业后从事国家的经济建设，是搞文的，不料时代的浪潮却把我推上另一个岗位。1933年春天，我参加了冯玉祥将军领导的察哈尔抗日战争，这才弃文就武。”

王莹听得兴起，突然插口问道：“你放着大学生不当，为什么要参加抗战？”这一问，顿时使谢和赓感到他和王莹找到共同的语言了，心里十分快慰。

谢和赓说：“这很简单，正和大家一样，放着大城市里的美好生活不过，要上抗日前线演出一样，都是由于我们是热血青年，不能坐视日本帝国主义灭亡中国不管，日本帝国主义占领了我们的东北，又进占热河，进犯察哈尔，要把中国土地一块块地吞掉。眼看华北连安放一张书桌的地方都没有了，听到冯玉祥将军在张家口组织抗日同盟军，准备和日本帝国主义决一死战，我兴奋极了，立即想去，这绝不是一时冲动，而是经过深思熟虑的，在黄教授的介绍下，我只身去到张家口，当了个三等兵。”

“三等兵？”“什么是三等兵？”一人问道。

谢和赓说："三等兵，就是最低一等的兵。兵分三级：一等兵、二等兵、三等兵。士也分三级：下士、中士、上士。初级军官也分三级：少尉、中尉、上尉……我入伍三天，进行了三天操练，上面就说我毕业了，因为我有文化，是大学生，是参军的大学生们的代表，就提升我为上尉军官，我跳了七级，真可算是越级提拔的干部，我被派任吉鸿昌将军的秘书，还兼任司令部教导队经济学教员。我没有亲自拿起枪杆杀敌，实战经验不多，但身为秘书，跟随名震西北的吉鸿昌将军转战沙场，看他怎样指挥战斗，攻克了被日本帝国主义占领的多伦等地，军事知识是学到一点的。"

"那么，就请你讲讲怎样收复多伦的战斗吧！"

于是，谢和赓有声有色地讲起来，讲到日军的残暴，他咬牙切齿；讲到我军的英勇，吉鸿昌前敌总指挥怎样沉着地指挥，他慷慨激昂；讲到百姓的苦难，他感同身受，难过之极；讲到群众如何支持抗战，他感慨万分。最后，他说："我们同日本帝国主义比，在武器装备和军事训练上，我们是有不如它的地方，但是，只要把民众发动起来，各方面团结起来，全国上下共同抗战，最终一定能战胜日本帝国主义。这个意见，我曾经在冯总司令召开的军事会议上提出来过，得到冯总司令的首肯。我们在察哈尔的抗战之所以失败，主要由于我们受到国军、日军、伪军的包围夹击，是孤军抗战啊！"

谢和赓的这番谈话，引起了王莹的极大注意。当时在国民党地区对抗日战争的论调，悲观者说样样不如人家，军队训练不如人家，一打起来，肯定是败；乐观者也只强调我们地大物博人多；只有中共中央认识到：战争的伟力是在民众之中，必须发动民众，军民都投入抗日救亡运动中来，实行全面抗战、全民族抗战，才能打倒日本帝国主义。影剧人组织演出队，到各战区去宣传演出，就是贯彻中共中央这一抗战方针路线的。怎么这个国民党大军阀的亲信，也有这个认识呢？他们不是最怕民众起来参加抗战的吗？

谢和赓接着说道："察哈尔的抗战，不但未得到中央军的配合，也未得到更多民众的配合，因为民众还未动员起来。我正想草拟一份全体性全民总动员的军事计划，把民众都动员起来，组成许许多多的游击队，配合正规军作战，使日本鬼子在中国大地上，到处挨打，如被火烧的野牛，走到哪里都不得安宁。这样才能彻底打败日本帝国主义。"

王莹撤去了少女特有的矜持防线，兴奋起来，说："真的！谢秘书，你快把计划写出来吧，真的有那么一天，我第一个报名当游击队员！"

金山也说："我们都想当游击队员。可是，你那计划只是你个人的想法吧，能实现吗？"

谢和赓说："我现在又兼着国防会议的秘书，有资格拟这么一个计划。至于能不能实现，那就是一句古话'谋事在人，成事在天'了。不过抗日战争这么一件大事，在攘外必先安内的政策阻拦下，多年来谁都认为不可能实现，如今不就实现了吗？"

大家听了他最后几句话，都很惊讶，尤其是王莹，觉得这话不会出自一个国民党军官之口，然而竟是真真正正的事实，不禁瞪大了惊讶的眼睛。

谢和赓十分高兴地看着王莹对他瞪着的大眼睛，那双大眼睛深藏着多少要问的问题啊。希望她和大家再提出更多的问题。

洪深问道："谢秘书，你认为抗战的前途如何呢？"

谢和赓说："这是个大问题。依我所见，抗战将是很长期很艰苦的，但最后胜利一定是属于我们的。何以见得呢？从军队的数量上说，我们军队的总数超过了日本，但过去不只是装备、训练差，而且还四分五裂，各据一方，互相打内战，自己抵消了力量。今天，终于不再是'兄弟阋墙'了。就说我们桂系，不就捐弃前嫌，和蒋委员长合作了吗？当然，这个团结能不能巩固，还要看大家以后的实际行动。再说，我们有四万万五千万人口，如果都能动员起来，到处开展游击战争，这是一个谁也抵挡不了的力量。这是对内来说。对外呢，日本想独占中国，英美法等国决不会坐视在华利益受到日本损害和独占，他们现在这种观望态度不会长久，终有一天日本与他们之间会冲突起来的。那时内外夹击，最后胜利就一定是我们的了。这是我个人的见解，对不对请大家批评。"

大家听了，都热烈地鼓起掌来。

谢和赓走后，大家都还在议论，十分兴奋，觉得谢秘书是个有头脑、有作为的青年，不同于其他国民党军官。王莹的感受觉得更为强烈，心想，他取名为荷根（王莹是芜湖人，她把"和赓"听为芜湖话"荷根"），是不是表明他是"出淤泥而不染"呢？

演剧二队到南京来有不少天了，免不了要和上海的亲友们通通信，王莹和于立群是好友，她想，于立群是广西人，谢和赓也是广西人，他们是否认识呢？于是，就在给于立群的信中，讲了她们到南京来，遇到这么一位国民党年轻军官，那年轻军官的言谈举止，引起了自己的注意，觉得不是一般人。问于立群是否认识谢和赓。

于立群在回信中说，她知道谢和赓其人。谢是桂林人，书香世家门第，祖父和父亲谢顺慈都是大书法家，写得一手好字，谢的二哥谢铁民，是广西早期的共产党员，在1927年四一二反革命事件中被广西军阀杀害。谢在书香世家和革命思潮的影响下，在学校时就初露才华，14岁写出具有新思想的十首诗歌《漓江之什》。这十首诗歌曾在《桂林日报》上刊载，后又石印成册。郭沫若见了，也称为难得。

王莹了解了这些情况，对谢和赓的印象又不同了。她觉得谢和赓应该和其二哥一样，是一个共产党员，而不应该是大军阀的秘书。一个奇怪的念头，忽然泛上心来。

二队出发到前线的日期终于确定了，谢和赓驱车到交通旅馆去告诉二队。到了交通旅馆，得知二队借了一个小学的场地排练节目，他驱车到那个小学，见小学操场上围了一大群人，人群中传出一阵歌声，歌声充满了感情，让人听了耳目清新。谢和赓放慢放轻脚步，深怕脚步声重了、急了，会把音调搅乱似的。他边走边听，歌词清楚地传进耳中：

泣别了白山黑水，走遍了黄河长江，流浪，逃亡，逃亡，流浪……我们已无处流浪已无处逃亡！

哪里是我们的家乡？哪里有我们的爹娘？百万繁华一朝化为灰烬；从前欢笑而今尽付凄凉。说什么你的我的，分什么穷的富的，敌人杀来，炮毁枪伤，到头来都是一样。

看！火光又起了，不知多少财产毁灭，听！炮声又响了，不知多少生命死亡。哪还有个人幸福？哪还有个人安康？

谁使我们流浪？谁使我们逃亡？谁使我们国土沦丧？谁要我们民族灭亡？

来，来，来！来，来，来！我们休为自己打算，我们休顾自己逃亡。我们应当团结一致，走上战场誓死抵抗。打倒日本帝国主义！争取中华民族的解放！

谢和赓知道这是《流亡三部曲》的第二部，如果说《流亡三部曲》的第一部《松花江上》抒发的是一种低回婉转的悲凉的情绪，这第二部《离家》抒发的就是一种激动人心的悲壮情调。谢和赓平时也很爱这首歌的词和曲，经常一个人哼哼。但都不如现在听到的令人动容、动情。唱者不但音色美，而且抒发的情绪恰如其分，把自己蕴涵在心底的情感尽情地抒发出来了。谢和赓踏着欢快的节拍，走向人群，分开人群一看，原来二队就在操场上排练节目。这个节目的名字叫《放下你的鞭子》。

这个街头剧的剧情是：日本帝国主义占领了东北后，父女二人从关外逃到关内，无法生活，只好卖艺为生，但关内也到处民不聊生，民众收入很少。女儿演唱时因饥饿而晕倒，父亲以为她偷懒，拿着鞭子打她，一个青年工人打抱不平，叫声“放下你的鞭子！”冲上来夺过鞭子要打老人，女儿拦着，说明他们是亲父女，边说边唱，控诉日本帝国主义占领东北，使他们家破人亡，到处流浪的情况。

谢和赓等他们排练完了，他和围观的人一齐热烈鼓掌。然后走上前去，说道：“你们演得真感动人，把人们同仇敌忾的情绪完全调动起来了。”

大家见是谢和赓，都迫不及待地问：“谢秘书，我们何时可以上前线？”

谢和赓笑道：“时间已经确定了，我正是来告诉诸位这个好消息的。你们是不是还要排练？”

洪深笑道：“大家都急于上前线，听到这个消息，大概要排练也排练不下去了，你说吧，是什么时候？”

谢和赓说：“你们要是准备好了，9月上旬就可以出发。”

金山说：“我们已经准备好了，排练了《放下你的鞭子》、《保卫卢沟桥》、《九一八以来》、《日军暴行》、《在东北》等五个小戏。随时都可以拿出来。”

王莹看到谢和赓来了，突然这么想：“这个人是不是可以拉过来呢？”

王莹之所以产生这个念头是不奇怪的，因为她是一个共产党员。上级组织指示“共产党员应该实际上成为各地救亡运动与救亡组织之发起人、宣传者、组织者”。把这个有抗日思想的国民党青年军官拉过来，是她义不容辞的任务。

王莹是安徽芜湖人，本名叫喻志华，乳名宝姑，因为她家几代相传都只有男孩，没有女孩。祖母十分盼望能有一个女孩，她竟然顺着祖母的愿望而诞生了，因而被当成宝贝取名宝姑。她父亲喻友仁在南京亚细亚洋行任稽查。母亲王氏，是位具有爱国心的中学音乐教师。王莹的祖父母、父母都盼星星、盼月亮一般，盼望着老天能赐给他们一位千金小姐。小宝姑上学时，母亲王氏一心盼望着自己的女儿长大后，能成为对中华民族有用的人才，给她取了学名叫“志华”，志在振兴中华的意思。小宝姑也不负众望，在长辈的精心培育下，不但天资聪明，而且从小能歌善舞，知书达理，深得长辈们的喜爱。

春去冬来，小宝姑上学不久，八岁那年，突然晴天一声霹雳，母亲王氏扔下她辞世而去。她堕入了痛苦的万丈深渊，先是遭受后母的百般欺凌虐待，将她亲母留给她上学的一笔钱也都给抢走了；继而她又被父亲和继母残酷无情地卖给薛家当了童养媳。老祖母虽然眼睁睁地看着孙女儿受苦受难，但也无法可想。因她是喻友仁的后母，喻友仁也根本不把她放在眼里。老祖母只能偷偷地去看望一下孙女儿，顺便给小宝姑带点吃的东西去，临别时，祖孙俩总是依依不舍。

有压迫，就有反抗。王莹在12岁那年，再也忍受不了薛家的欺负和摧残，只身逃离薛家，在外婆的帮助下，离开芜湖，来到武汉，投奔热心肠的舅母王氏。后来，在舅母王氏的关心下，上了学，参加了北伐革命军的活动。

1927年北伐革命失败后，她又在共产党地下组织的帮助下来到上海，从事进步戏剧、电影演出活动，成为红极一时的影剧明星。她的名字也由喻志华先后改为王克勤、王莹。每改一次，都包含着一段十分生动和辛酸的故事。

二十五、初恋曲

谢和赓与王莹相识不久，救亡演剧二队就撤离南京，乘船北上到安庆。谢和赓则随着南京军政机关撤离南京。他在安庆途中听说演剧二队在安庆市一间小学校住下，特策马前往访问时，演剧队又已转移，怅然而归。

然而，有情人总是“有缘千里来相会”。第五战区司令部辗转于浠水、孝感、商城、潢川……大别山区一带时，演剧队也在这些地方日夜巡回演戏。谢和赓陪同白崇禧去看了几回演出。有一回，谢和赓、白崇禧去看王莹演出，军官们坐在戏台前面的几排，士兵们席地而坐，最后是农民和城镇的民众环立周围。王莹正在演出街头活报剧《放下你的鞭子》，她扮演卖艺人的女儿香姐，表演得情真意切，凄婉动人，把香姐被迫卖艺、怨恨、遭难的复杂感情，抒发得淋漓尽致，演至伤心处，如同落难人一样，潸然泪下。

这就是戏剧艺术上演员进入角色的表现吧。台下观众被演员真挚的感情所感染，竟然忘记了这是演戏，愤怒地高呼“打倒日本侵略军”的口号，个别特别激动的观众还跳上台去，夺走演员的鞭子。这次演出，从剧本内容到演员的技艺，都发挥了动员军民奋起杀敌的艺术效果和力量。这是当年党的抗日民族统一战线思想政策，在抗日文化运动中的运用和发挥。

当时，李、白之所以能够给救亡演剧二队以演出的方便，与李、白的思想在某种程度上与党的抗日民族统一战线策略思想吻合有关系。白崇禧于1938年3月出版的《白崇禧将军最近言论集》，检讨抗战初期的军事抗战经验和教训说：“过去的作战，都只是单纯的军事动员，政治并未动员，只是军队抗战，民众并未抗战……军队的力量是有限的，民众的抗战力量是无限的……在抗战最高的战略上，我们采取的是持久战……”白崇禧认为中国“第一期抗战暴露出来的一个大缺点”，就是“军事动员，民众没有动员”。这说明白有从政治上动员民众参加抗战的思想，因而比较重视救亡演剧二队在第五战区的演出，并十分重视谢和赓的“万言书”。这是我党公开的和秘密的（如谢和赓的地下统战活动）统战政策的胜利。

每次看救亡演剧二队演戏，李、白常常不等演出结束就走，而谢和赓则以联络文化人任务为由，总是等待演出结束，到后台找演员闲谈。自然也要找王莹畅谈，以便了解演出的情况和需要，完成周恩来交代的要为进步文化界人士提供抗日救亡工作种种方便的任务。

随着谢和赓与演剧队频繁的接触，他与王莹的交往日深。王莹从审视谢和赓接待演剧队的热情态度，以及他代拟白崇禧对师长以上人员的演讲稿和上“万言书”的事实中，发现在众多的国民党军官中，谢和赓的抗日思想策略竟然与党的思想策略几乎完全一致，特别是她知道谢和赓在察绥抗日同盟军的经历后，就感觉到谢和赓与一般的国民党军官绝不相同——竟然充满着忧国忧民和抗日的凛然正气——国民党中也有不愿腐化堕落和随波逐流的正直人啊。王莹原先对谢和赓设下那道凛然不可侵犯的矜持樊篱，慢慢地撤去了……

1938年春夏之交，救亡演剧二队日夜活跃于武汉街头，谢和赓依然担任着与文化人士联络的任务。他逐渐感觉到王莹很不简单，居然能在十里洋场的大染缸中，洁身自好，保持思想精神境界的真善美，堪称是“出淤泥而不染，濯清涟而不妖”的“莲君子”。而谢和赓自己，也有坚强的自制力，虽然身不由己地要周旋于桂系上层的灯红酒绿、纸醉金迷的逆境浊流中，但是，他追求真善美的决心从未泯灭。他要长期地在污浊环境中生活，精神上受到极大的压抑和难以想象的痛苦。他感到郁闷，需要一吐胸臆。

一天，谢和赓按捺不住郁闷的心情，给王莹打个电话，约她在汉口大钟楼附近的江边会面。王莹接到约会电话，曾犹豫了一下，但还是同意了。这是谢、王的第一次“人约黄昏后”。他俩第一次在大钟楼附近一家咖啡馆互吐胸臆，第一次成为伴侣到江边散步。望着龟蛇锁江绰约的轮廓。在银白色的月光映照下，长江宛如一匹巨大的锦缎，自西向东，铺垫在汉中平原上。江面上穿梭般奔忙的轮船，不时发出“呜呜”的鸣叫声，似乎与四方逃到武汉的难民纷乱的情景相呼应。他俩就在这种难以安宁的长夜中，暂时沉醉在倾心的窃窃私语之中。

“王莹，你好像不大喜欢讲话。”谢和赓首先打破沉默，鼓起勇气嗫嚅地说。

“唔，是吗？”王莹笑了笑，“不，有时我也很爱讲话。但从来不讲无聊的话！”

“好厉害的回答！”谢和赓有点儿吃惊。

谢和赓邀请王莹去江边马路散步。他们默默地漫步江畔，悠悠的长江水，静静地向东流。

能在人山人海观众面前说唱自如、有板有眼表演的王莹，为何缄默不语？敢于在高级军政官员面前讲话并提建议书的谢和赓也只好缄默不语。王、谢俩人一时找不到适当的话来打破沉默。

谢和赓一转念间想到王莹洁身自好和“出淤泥而不染”的性格：有广泛众多的社交，但从不吸烟、不喝酒、不跳交际舞；有较高的收入报酬，但从不乱花钱，过简朴的生活；有较高的名誉地位，但对一般人和蔼可亲，从不摆架子；有较高的修养和骨气，在达官权势面前，既不亢，亦不卑，特别耻于低三下四、听命于人。谢和赓一想到王莹这许多优秀的思想品格，深恐王莹会误解他“身在曹营”的真实情况，是好人还是坏人？为何你谢和赓在混浊的环境中生活啊！想要如实地向王莹吐露自己地下工作者的身份吗？这是党的铁的纪律所不允许的啊！周恩来多次告诫过自己：在任何情况下，都必须遵守秘密工作的规定。谢和赓只好另找话题，让王莹了解自己。

“王莹，你发表在《申报》副刊上的《衣羽》，写得情真意切，真是动人！”

“啊，谢秘书，过奖了……想不到你也喜欢诗文。”

谢和赓冥思苦想要在俩人的关系中寻找共同的语言爱好，这一下就把王莹的话匣子打开了。于是谢和赓恨不得像竹筒倒豆子一般，把自己的全部家世和经历都倒出来，从所出身的书香世家，直至他初中时写出的《漓江之什》组诗，以及他的二哥谢铁民是共产党员，在1927年四一二事变中英勇就义，在监狱写好《桃花夭夭地开放了》这首带血的革命诗篇留下给父母和兄弟姐妹们的往事都讲了出来。王莹此时终于解开了她心头的疑虑，为什么这个白崇禧的机要秘书、国民党的上校青年军官与其他军官的精神和气质竟然有天渊之别？她终于找到了答案。

“你哥哥是共产党员？”王莹惊奇地打住了谢和赓的话匣子问道。

谢和赓点了点头。

王莹对谢和赓所在的书香世家，竟然出了个封建家庭的叛逆者、共产党员，表示十分惊讶！此刻，王莹把她谨慎地设在谢和赓之前的樊篱完全撤开了……江岸大钟楼传来悠扬的钟声，不多不少整十下，王莹该回演剧二队了。这时，她一改不与和赓正面谈话的姿态，停住脚步，以炽热的目光，面对谢和赓，投射到他的脸孔上和笔挺的军服上。

谢和赓第一次看到王莹那双水汪汪的大眼睛特别的明亮，似乎在透视着自己的心扉。与此同时，谢和赓也在与王莹炽热的目光接触，透视着她的心房。

心扉和心房都敞开了。谢和赓埋在心底的爱慕之情，早就想说出那句想启齿又不敢唐突启齿的话——“王莹，我爱你！”他觉得心头怦怦地跳动着，正想大胆地说出想好了的这句最最甜美的话，可是，声音迸出喉咙的，却变为：

“王莹，我很佩服你的舅母，你能不能带我去看看她？”这是谢和赓的旁敲侧击方式，发出了“我爱你”的密码语言。王莹已经告诉过谢和赓，她的舅母是有丰富教育经验的女子中学校长，她是很感激舅母对自己的关怀、培养和教育的。在婚姻大事面前，舅母是王莹最好的顾问和当然的监护人。

王莹很自然地答应了，是用点头和低垂的眼神回答的。

约好的这一天终于到了，王莹带领谢和赓去汉口法国租界在修德女子中学任校长的舅母家。临行前，她见谢和赓提着沉甸甸的手提包，便说：“我舅母是新女性，她讨厌时下请客送礼这些俗套。”

“我知道。”谢和赓郑重地应着，但还是提着那个手提包，没有放下来的意思。

王莹的舅母虽然是颇有名气的修德女子中学校长，但家中的陈设是普通的家具，待人诚恳而朴实。

“舅母，他就是谢和赓。”王莹说。

“好，欢迎！请坐吧！”舅母给大本营国防会议上校秘书送来一杯白开水，“听王莹说，你要来……”

谢和赓忙不迭地接过话头：“是呀，舅母。你老人家好！”说着，他连忙打开王莹所说的见面礼物。

舅母脸上掠过一丝不悦的神色，她把头偏向王莹说：“你们剧团在武汉演出的效果不错啊。这些天全校师生都在兴奋地议论你们演出的街头活报剧《放下你的鞭子》，真感动人啊！许多观众特别是女青年学生都哭了，群众报仇雪恨的抗日情绪激发起来了。大家都说你演得情真意切，真的是从关外逃亡到关内的父女难民呢。”

“舅母，”王莹轻声地带着感激之情说，“我有今天，全靠您……”

“舅母，”谢和赓很快打开礼物包，抽出一大沓文稿来，恭敬地诚恳地说：“这是我写的‘万言书’，这是《漓江之什》，请您老指正！”

王莹望着先前疑为“礼物”的提包抽空了，脸上漾起了欣喜的笑意。她亲昵地倚在舅母身边，指着那份“万言书”——《全体性全民总动员纲领之一——全国游击战争之方案》，告诉舅母说，白崇禧很重视这份“万言书”，印发各省军政机关，又核呈大本营最高统帅蒋委员长作为抗战方略之一，还通过八路军驻南京办事处李克农转呈毛润之先生和朱玉阶总司令。又将陈孝威将军主编的香港《天文台》半周评论报连篇载出，赞誉“确为大时代仅见之创作”等向舅母细说。

王莹兴致勃勃地介绍着，忽然扭头问谢和赓，“还有那篇呢？”

“在下面。”谢和赓以为王莹问的是《漓江之什》组诗。

“我说的是我们一起复写的那份文稿。”王莹提醒着。

谢和赓想起来了，是那篇题为《军队政工与群众政工之关系》在师长以上干部会议上白崇禧要用的演讲稿。是两个月前，谢和赓以三天时间夜战写就之后，又经过周恩来副主席删改过的讲稿，谢和赓后来到太和街王莹住处，请王莹协助复写的那份文稿。王莹看到文稿改得很好，曾询问：“这是谁改的啊？”她湖水般晶莹的眼睛，流露出赞美和欣羡之情。

谢和赓不便回答，也不能回答。因而带到舅母家的礼物包中，谢和赓就不再放进这篇国共合作写成的讲稿了。

舅母一边欣赏着谢和赓带来的“见面礼物”，一边就当时局势和武汉的战事局势与这两个年轻人交换意见。她不由得对眼前这位中国军队年轻的上校军官惊叹起来。惊叹他犀利的谈锋，惊叹他横溢的才气，惊叹他俊美的人品。同时也暗暗庆幸外甥女选中了意中人。

当修德女子中学校长送两个年轻人离去时，王莹用谢和赓听不到的耳语对舅母说："舅母，你看文稿怎样？"

舅母明知她的外甥女所指文稿，不过是"醉翁之意不在酒"，她也就借题发挥，微笑着说："你随剧团从上海出发时，不是在报上发表了一篇想当一名游击队员的文章吗？谢秘书的文章也讲到要开展全国游击战争的计划方案，我看你的愿望是一定能实现的。"

王莹听到舅母的弦外之音：你与谢秘书不是想到一起了吗？志同道合地做对抗战夫妻也很好啊！

王莹显然听懂了。她知道舅母已默许她选中谢和赓为托付终身的伴侣了，她的脸上泛起红晕。

王莹带领谢和赓去见她那位做了中学女校长的舅母不久，王莹对谢和赓追述舅母见到谢和赓后的印象：

"我见过许多男青年，又和你认识的一些男青年接触交谈过，我还没有发现任何人能比谢先生！他热情、坦白、善良、细心、周到，什么事都能想到人家，这是很不容易找得见的青年。何况，他又英俊、好学，能文能武，你完全可以放心地与他交朋友……"

舅母告诫过她，人不是只看衣冠，最要紧是看他心里想的和要干的是什么。她认为舅母这个看法和对谢和赓的评价，与自己的看法一致。此后，她对谢和赓的约会，只要有空，就欣然接受，经常和谢和赓结伴散步；文化界有什么活动，总忘不了要谢和赓参加。

更为值得称道的是，谢和赓在武汉将他呈送蒋介石的"万言书"带到王莹舅母家征求意见时，王莹在上海出发时也在报上发表了一篇谈游击战争的文章，表示自己抗战到底的决心，想当一名抗日游击队员。谢和赓和王莹在抗日中相恋，又在相恋中互相鼓舞抗日的斗志，在不同的战线上贡献自己的才华和力量。

两颗相知的心里的爱情种子，终于萌发了——在两瓣子叶中间，正在伸出嫩绿的叶芽，沐浴在阳光和雨露之下。两颗真挚、朴实的心，沉浸在初恋的幸福之中。

谢和赓与王莹在初恋中编织起他们未来美好的同心结。他俩已经是“心有灵犀一点通”，曾希冀游览美丽的东湖，希冀把青春爱情与东湖的山水连在一起。多少天下有情人都有这种感受：希冀是美丽的，现实是残酷的。他俩在武汉热恋不到半年，忽然，鄂东、豫东战事告急，国民党决定“弃守武汉”。这一声惊雷炸响之后，亿万人多么的焦躁、愤懑啊！在撤退前夕，他俩同游东湖，与壮丽的武汉作最后一次话别。

东湖是武昌东郊风景最秀美地方，她那宽广近乎浩瀚的湖光，泛映着翡翠色的珞珈山。特别是夏日里那片盛开着的荷花和碧绿的叶子绣成的凝碧波浪，更令人心旷神怡。如今似是秋风乍起，现出了残荷败叶的凋零景象。东湖将要遭逢敌人践踏的命运，昔日游人如织的东湖，眼下变得萧瑟冷清，在秋风中颤抖着，也面临着逃难人群一样的命运。眼看着山河即将破碎，战祸即将来临，谢和赓与王莹心情如铅般沉重。

一个要随大本营撤退，一个要跟演剧队奔赴南洋，对海外侨胞宣传抗日。战争这个残酷的现实，使这对恋人陷入“何日重相见”的痛苦之中，真是绵绵情话，欲说还休，更添愁上忧……突然，远处传来“王莹”的喊声。他俩回头，看见当时担任国民政府军委会第三厅厅长郭沫若夫人于立群在挥手招呼。原来郭沫若和于立群也与东湖话别来了。郭沫若握着谢和赓的手感叹地说：“真不忍心让美丽的东湖仙子落入敌手，今天来与她暂时作别。”

四位相熟的朋友邂逅，骤然撩动起尽情游览东湖的热情，租了游艇，在明净透彻的湖水中，互通款曲，共诉衷情。彼此娓娓的谈话，诉不尽的衷曲。郭沫若与谢和赓邀请王莹与于立群歌之、蹈之。她们唱起了《铁蹄下的歌女》，凄婉悲切的歌声回荡湖上：

我们到处卖唱，
我们到处献舞，
谁不知道国家将亡？
为什么被人当做商女？
……

谁甘心做人的奴隶？

谁愿意让乡土沦丧？

可怜是铁蹄下的歌女，

被鞭挞得遍体鳞伤。

悲歌罢一曲，湖边上竟聚拢着一大群游人，有人自发地高呼：“打倒日本帝国主义！”“誓死不做亡国奴！”周围的人也跟着喊起来……

恋人话别的一刻来到了。谢和赓酸楚的心颤动着，哽塞的喉咙终于吐露他对王莹爱慕已久的恋情：“王莹，请你送样东西给我留作纪念。这样，我就是拼死沙场，也死而无憾！”王莹眼角也湿润起来，泪珠儿淌到唇边，她指着湖面的荷叶说：“你看那芙蓉花出于污泥而不染，尤其是它的根，终年插在污泥中，洁白如雪。我真爱这荷花的品性……你的名字叫‘和赓’这两个字，我们安徽人读来，与‘荷根’同音，我就把这两个字送给你，留作纪念吧……”

谢和赓往日的担心，终于得到王莹的理解，这个有泪不轻弹的青年，拨动着心的和弦并噙着泪花说：“王莹，你真是我的知心人！你生怕我在这腐败的军队里和花天酒地的官场中沉沦下去，送我这两个字，寄予无限的希望与柔情……我看你的眼神就知道。你爱我，知我……我，谢谢你了！”

于是，谢和赓请人雕刻了一枚“荷根”图章，时时放在身边，“荷根”成为王莹对他的爱称和定情物，两颗心和谐地叠印在一起了。

二十六、周恩来、白崇禧同车会谈，奠定合作框架

1938年10月，武汉陷敌。10月23日谢和赓随白崇禧一起撤退，自沙市、常德撤往长沙，再到桂林。白的车队有四辆，其中有辆大卡车，满载白的行李、书籍，其中也有谢和赓大部分的书籍。10月24日夜，途中经湖北荆门，车发生故障，停车修理。

不久，周恩来乘车赶至，他一见白，即下车说：敌人骑兵先头部队已离我们不远，你还是同我一道去长沙吧！

白乘机与周握手寒暄一番，提出要与周在路上谈话。周恩来表示欢迎。二人在车上分析了国内外形势，坚持抗战胜利的信心和前途，认为美、英虽然惧怕日军侵略会直接损害他们的在华利益，但当时还不愿意与日本发生军事冲突，不敢大力支持中国抗战。

周恩来指出前不久：蒋介石派孙科往英国求援，认为西方国家援华的最好办法，就是给予经济援助，使中国有外汇购买武器和军需品。这是统帅部针对英、美一时不会介入中国抗战而采取的行动。国民党内那些对抗战毫无信心的人物，在日本的引诱下，随时都有和日本妥协的可能。中国共产党愿意与所有坚持抗日的中央和地方部队合作，愿与广西军政当局和五路军部队合作。

周恩来还说：白先生是北伐时期的军事家，过去我们两党分裂过，但今后在民族存亡关头，愿意国共合作到底，把日本鬼子赶出中国。

白崇禧对周恩来表示：到桂林即组织大本营桂林行营，统一指挥大江以南各省的抗战军事。也希望与共产党合作。

周恩来与白崇禧同车南行途中，还特别谈定了在南岳举办“国军游击干部训练班”一事。

早在武汉撤退前两个月，蒋介石就对刚刚任命为桂林行营主任兼军委会军训部长的白崇禧说：你提出在南岳成立中央训练游击战争培训班的建议，现在可以实行了。共产党搞游击战，很受民众欢迎，他们组织了那么多游击队，建立了那么多根据地，我们不能不注意这一形势。我们也要部队学好游击战的战术，我们要快搞游击训练班，已令汤恩伯找你商量，今后主要由你主办游击战争训练班。辞修（陈诚）也同意这样办。

周恩来对白说：蒋介石接受你的意见，在南岳成立国军游击训练班，这是长期抗战最需要马上准备的工作，我希望国军特别是在你直接领导下的西南各省部队和地方民团、民兵，都懂得游击战术和一般军事知识。白对周谈到已请示过委座，并请中共派一个军官代表团到衡山，派有游击战实战经验和教练经验的军官来训练班当教官。

根据周恩来与白崇禧在南行车上的协议，中共中央即派叶剑英为军官代表团团长，率领八路军驻衡阳办事处的李涛、边章伍、吴奚如等同志为南岳游击干训班的教官。这是抗战初期我党抗日民族统一战线政策的胜利，也是我党对桂系上层进行公开的和地下的统战工作的胜利。这个胜利是与谢和赓的不露形迹的地下统战工作分不开的。

周恩来与白崇禧同车南行，还深入地交谈了抗战的战略战术理论和双方的希望。

原来，周恩来在武汉，通过谢和赓每月一次的例行汇报，得知谢和赓要了两本《论持久战》放在白的大办公桌上。第二天，谢和赓便发现白已在书上画上阅读过的符号，了解到白崇禧的抗战军事思想与中共的抗战军事思想，有许多共同之处。周恩来因此针对白的思想和心态特点向白说：你看过毛泽东先生的《论持久战》吗？白说：我在汉口时，曾仔细研读过毛先生这本著作。我十分欣赏毛先生的分析和他的高见。我打算在训练班开学时，便告诉汤恩伯将毛先生的分析和意见摘要印发军官们学习。

周很高兴地说：白先生，你能欣赏毛泽东先生的这一军事著作，我一定把你对他这本著作的评价告诉毛先生。

白崇禧是聪明机警的军事战略家，李、白取代旧桂系的地位，白崇禧成为新桂系的第二号人物后，在国民革命军北伐中，又赢得了“指挥能事回天地”“小诸葛”的美称，他是青云直上得志，傲视群雄的风云人物，是不会轻易地长他人志气、灭自己威风的。但是当他读了《论持久战》之后，也不得不对周恩来说：“我十分欣赏毛先生的分析和他的高见”，而且还要“摘要印发军官们学习”。出于抵制蒋系中央势力侵入广西的需要，白崇禧购买十万册《论持久战》发给他的官兵阅读。还表示接受周恩来的建议，招贤纳士，广揽文化名人名家来桂，为广西培养干部人才。有一次白还公开演讲说：“有人说共产党到了广西，我说广西没有共产党。”

个中原因，只要将毛泽东1938年5月才开始在延安演讲的《论持久战》与白崇禧发表于1938年3月的《军事抗战与政治抗战》两文加以对比分析，便知端倪。过去个别的学者认为白崇禧与毛泽东的著作是不能比较的，这种看法就不是历史唯物主义，比一比丝毫不会损害毛泽东思想的光辉。

这两篇论著基本相同的观点有二：

一是都把持久战作为抗战的战略方针；二是从单纯的、片面的军事抗战，提高到“全民族的”、“全面的”抗战；在“全民族抗战”和“全面抗战”的思想指导下，不单“军队抗战”，更要“民众抗战”。

但在解释军队抗战与民众抗战关系时，毛泽东深刻地指出：“军队须和民众打成一片，使军队在民众眼睛中看成是自己的军队，这个军队便无敌于天下，个把日本帝国主义是不够打的。”白崇禧就不可能有这么深刻的认识。

在怎样理解和坚持持久抗战战略方针上，白崇禧提出了“积小胜成大胜”、“以空间换时间”的战略名句；并认为：“在抗战最高战略上，我们采取的是持久战。我们胜利的基础建立在‘持久’两个字上，然而要持久，我们就得采用适合于这一战略的战术”，“我们之要持久战略，原因基于敌人是近代化的国家，在武力的对比上，我们居于劣势”。因此，“在兵法上，必须知己知彼，方能取胜。敌人采取的是速战速决的战略，而我们采取的却是持久战”。此外就没有更多的解释了。毛泽东却有针对性地驳斥了抗战“亡国论”和“速胜论”，从而提出了持久战发展的三个阶段：

“第一阶段，是敌之战略进攻，我之战略防御时期。第二阶段，敌之战略保守，我之准备反攻的时期。第三阶段，是我之战略反攻，敌之战略退却时期。”

并分别指出这三个阶段的战争形式：第一阶段“主要的是运动战，而以游击战、阵地战辅助之”。第二阶段“主要的是游击战，而以运动战辅助之”。第三阶段“主要的战争形式仍将是运动战，但是阵地战将提到重要地位……游击战，仍将辅助运动战和阵地战而起其战略配合的作用”。

毛泽东并科学地分析了敌方优点、我方缺点，敌方优势、我方劣势，敌方强国、我方弱国，在持久战发展的三个阶段中，将会发生怎样的变化？在敌方，因为战争的非正义性而寡助，会发生一种向下的旧质旧量，主要在量上的变化；在我方，因为战争的正义性而多助，会发生一种向上的新质新量，主要在质上的变化。

从以上的论述，说明毛泽东的分析是全面的、深刻的，李宗仁、白崇禧的分析就显得简单肤浅一些了。但白的持久战略思想并不是某些文章所说，是他读了《论持久战》后才产生，而是白于1937年10月看了谢和赓的“万言书”前后，就逐渐形成了属于他的持久战战略思想理论。中共与桂系的合作，在一定意义上说，是基于双方对持久战的战略思想和理论在基本方面有相同之处。这实际上也是中共与桂系在抗日民族统一战线中的政治基础。因为抗战初期，中国共产党的中心工作和首要任务，就是宣传、发动和推动国共两党、各民主党派、无党派民主人士、工农兵学商各界人士、全国各族人民，坚持持久抗战和全民族抗战、全面抗战的主张，反对“亡国论”和“投降论”。而白崇禧的持久战战略理论，在主要思想理论上与我党的持久战思想理论是吻合的。倘使持久战战略理论不是李宗仁、白崇禧原有的思想，周恩来要做通做好白崇禧的统战工作，那是难以想象的。这是我们理解中共与桂系统战合作关系的钥匙。

有必要指出论持久抗战战略思想的提出，不是毛泽东、李宗仁、白崇禧这几个人的专利，在那个年代，一批有识之士从日本的现代化、军事强国地位与中国没有现代化工业基础、半封建半殖民地社会的贫穷落后地位的对比；从日本的人口少、资源缺乏与中国的人口多、地大物博、资源丰富的对比；从日本是侵略者与中国是被侵略者的对比，必然前者失道寡助，后者得道多助等等矛盾因素的对比中，得出了中国抗战必须是持久抗战战略，日本必然是速战速决战略的战争思想理论。当然，在认识的全面与否和深度高下上有不同。

谈论了《论持久战》战略思想，周恩来与白崇禧追溯到一些历史问题。周恩来以历史为鉴，希望李宗仁、白崇禧管辖的广西和第五战区的军政工作都能发挥北伐时期那种率军打倒吴佩孚、孙传芳军队时的勇往直前精神和广西在抗战前几年励精图治、振兴中华所作的努力。

周恩来对白崇禧说：在北伐时你赢得了“诸葛”的称誉（按：北伐时流行的原话白崇禧是小诸葛。周恩来在这里很客气地把“小”字去掉，可见他对党外人士说的每一句话每一个字都是很审慎的，不是某些文章所描述的那样，以“教育”、“教训”的口吻对白说话）。今后希望你成为一位杰出的抗日英雄！共产党人对爱护祖国的历代英雄都是崇敬的，就像洪秀全、孙中山、秋瑾这样的人物，我们都认为是民族的骄傲……

周恩来在称赞白崇禧北伐的功绩时，还引用龙潭之役胜利后，国民党行政院长谭延闿写给白的对联：“指挥能事回天地，学语小儿知姓名。”周重提这副对联对白的称赞，使白十分高兴。

白崇禧也乘兴对周恩来说：“自从广州黄埔建校以来，你是最出色的政治家！”白认为在西安事变中，周恩来对事变的处理，起到了决定性的作用，作出了巨大的贡献。白坦诚地对周恩来说：“没有中国共产党和张、杨合作逼蒋放弃攘外必先安内的方针和‘不抵抗政策’，日本鬼子必然会长驱直下，占领中国沿海各省和深入西南大后方。那时中国的处境将会十分困难，便会付出难以想象的生命和资源的代价……”

“白先生！只要我们两党真诚合作到底，不但抗战会很快胜利，而且建立一个独立自主富强的国家，完成中山先生未竟的三民主义，也是指日可待的。”

白听周提到了三民主义，更加高兴地说：周先生也将是中国历史上的伟大人物——民族英雄！

周恩来爽朗地大笑起来：白先生，你太过奖了！我到西安都是本着毛先生和我党中央的指示工作的，我不过是具体执行任务的人而已！真谈不上我有什么功劳……

在这次谈话之前，周恩来已向白崇禧说过要在桂林设立八路军办事处的意向。于是，周恩来利用与白崇禧同车倾谈之机说：我们是你们的好朋友，办事处将与广西军政当局联系正常工作。我党不会挖你们的墙脚，请广西放心，希望广西坚持抗战，我党愿意与你们合作，互相支持。

白崇禧当面表示愿意与中共合作，回到桂林即向黄旭初主席转告中共的意见，并要黄和桂林绥署参谋长张任民、桂林警备司令王泽民保护办事处的安全，在工作上给予便利。白随即问及我党有谁留在桂林时说："是不是叶剑英留在桂林，我和他也是北伐时期的老朋友啊！我欢迎他常驻桂林。"

周恩来回答白的疑问：剑英将与我前往重庆。桂林设立的八路军办事处将派李克农处长主持工作。李是我党专管交际工作的高级干部。他做过中学教员，有长期的战争经验，曾是抗战开初的八路军驻上海、南京办事处处长。是安徽人。白崇禧即表示："我欢迎他到桂林工作。我的办公室有一位刘仲容参议，你一定会记得，在西安事变前后，他被派到西安，到延安拜见过你，也拜见过毛润之先生。如果李克农处长有什么事要我们协助，李先生可与刘仲容接洽。有什么要黄旭初主席帮助，也可以告诉刘转达……"

周恩来与白崇禧除了交谈国共合作的事情，还就广西和第五战区建设的问题，对白建议：

你和李先生都是国民党中有威望的领导人，多年来带兵从政，结识天下的贤人志士不少。不过，在国共分裂以后，不少人才，旧的还不太老，后起之秀更多，我希望你和李先生在坚持长期抗战中，在你们管辖的地区，不论是大别山皖鄂豫各省，和今后在你指挥下的大江南北各省，都能在招贤纳士上多加注意，这对建设广西，振兴中华是很重要的。

白连连点头说：是，是，你的意见很好，我一定告诉德公，我感谢你的好意。第一次我们两党合作时，我就有幸与你相识，这次又有缘在途中同车畅谈，今后希望你常常指教吧！

周立即又谦和并客气地说：今天大家在抗战旗帜下工作，你是军事委员会的副参谋总长、桂林行营主任兼军训部长，我是政治部副部长，你还是上级哩！

白说：周先生，你太客气了，你是贵党的代表，是贵党的主要领袖之一，你我只能算是老朋友吧！

以后，周恩来又三次到桂林，抓紧时机做白崇禧的工作。1939年2月，周恩来第三次到桂林，再次会见白崇禧。这时，距蒋介石召开国民党五中全会通过《限制异党活动办法》的反共纲领不久，不少地方发生暗杀共产党人的事件，一股反共逆流到处泛滥，周恩来仍然应诺白崇禧的邀请，出席桂林行营大礼堂举行的2月6日庆祝军训部成立一周年纪念大会，作了题为《目前抗战形势》的报告。指出日敌泥足深陷，"速战速决"的战略战术已经彻底破产，它的人力、物力、财力不足的弱点，愈来愈暴露出来，国际形势逐渐对我有利，我们坚持长期抗战，坚持同仇敌忾，团结战斗，最后胜利是属于我们的。一千余名听众受到极大鼓舞，全场掌声雷动。《广西日报》作了报道，影响深远。

由于周、白之间有一定的共识，相互了解彼此的地位和对社会的影响，3月间，白崇禧也出席了胡愈之、范长江主持的桂林文化界在中山路桂林大戏院举行的大型座谈会，作了题为《团结抗战》的讲话，与会人员坐满了整个戏院。谢和赓对白这个讲话，曾经提出强调团结的意义才能有利于抗战。白在座谈会上不谈国共间的分歧，认为在民族生死存亡千钧一发之时，除汉奸卖国贼外，都应当团结一致，共赴国难，团结才能抗战，团结才会带来胜利。白讲完后，全场齐声高唱《团结就是力量》的抗战歌曲，气势激昂，歌声洪亮，震撼场内场外。

事后，第一宪兵团团长邓光伦不解地对白的另一秘书黄启汉说："那是共产党和左派文化人组织的大会，白主任怎么也去作报告呢？"黄启汉说："你想一想就会明白，它表明白在支持文化界的工作，要我们上下一致，维护桂林团结抗战的局面，不许出任何差错。"邓光伦点头领会。一个赫赫有名的共产党要人周恩来，居然在国民党桂林行营最高军事机关的大会上作报告；一个国民党的高级将领、西南各省最高军事长官白崇禧，也出现在共产党领导的文化界进步人士的大型座谈会上作长篇讲话。这是国共合作、团结抗日的象征，是周恩来统战工作深入到国民党高层的反映，也是当时共产党人和桂林文化界进步人士对《限制异党活动办法》的一种反抗，与其他国民党统治区公开反共的倒行逆流，形成鲜明的对照。

谢和赓与笔者提及周恩来与白崇禧的关系以及周、白同车南行的史实时，有一些学者并不了解当时的历史情况，就凭一些道听途说，妄加推论判断，硬说白崇禧的持久抗战战略思想理论，是看了《论持久战》这部伟大著作之后，又受到周恩来的“启发”和“教育”、“影响”才有的。这是对历史不负责任的观点。

周恩来与白崇禧这次同车南撤途中的谈话，奠定了中共与桂系合作抗战的政治基础，促使八路军桂林办事处得以在桂林设立，得以将国民党统治区共产党领导的抗日救亡运动中心，从武汉转移到桂林，得以汇集上千的文化名人在桂林展开声势浩大的抗日文化运动，使桂林形成和发展为中外闻名的抗战文化城。原在国民党军事委员会政治部第三厅工作的、中共特别支部宣传委员刘季平在《回忆我在桂林两年多的工作》一文中指出：“1938年秋，广州、武汉相继失守后，进步文化人相继从上海、广州、武汉各地来到桂林，以桂林‘八办’为中心，展开了大量的党的政治活动。广西的政治局面，从这时开始越来越好，桂林逐渐形成为我国西南后方的政治文化中心。据我了解，八路军桂林办事处的建立，是我党在国统区工作上的重大决策，而贯彻党的方针，造成这样一个好局面，周恩来同志是起着关键性、决定性作用的。”

谢和赓1938年10月随同白崇禧撤到桂林，直至1940年6月国民政府军事委员会桂林办公厅成立，原来军委会西南行营撤销止，在桂林停留了一年零八个月。他作为白崇禧的机要秘书兼负责对桂林文化人的联络工作，还兼广西省的智囊团体——广西建设研究会的政治、经济研究员，在周恩来、李克农的直接领导下，通过刘仲容这个桂系“参议”的巧妙配合，也为桂林文化城的繁荣和发展，作出了应有的不可磨灭的贡献。

王莹那边，由著名影星金山、王莹担任正、副团长的中国救亡演剧团赴南洋宣传抗日，争取海外侨胞支援祖国抗战所须办的一切手续，演出经费、演出节目、演出时间和演出汇报等等工作，都由谢和赓一手操办和妥帖安排，使中国救亡演剧团顺利地在南洋侨胞中宣传演出，取得巨大的成功，筹集到五千万美元捐款支援祖国抗战。

二十七、在南岳游干班

就在八路军驻桂林办事处筹建的同时，在南岳的国军游击干部训练班也在紧张地筹办。

游干班的训练地址、训练内容和学员来源，大体上根据谢和赓的“万言书”意见来筹办。该班的编制方案，大本营指定白崇禧拟定后再呈蒋介石审阅，并由白兼军训部长主持该班工作。白在拟定领导机构人员时，考虑“万言书”有设置在湖南省内并有政治课程的意见，打算把该省主席张治中也列入领导机构人员里。白亲笔这样写：“主任蒋中正，副主任白崇禧、陈诚、张治中，教育长汤恩伯、副教育长叶剑英。”谢和赓将之抄呈蒋介石核批，蒋把“张治中”名字画去。1939年2月，游干班成立，就按蒋批的名单发表了。中共中央派边章伍、李涛、薛子正、李崇、吴奚如等分任军事、政治教官。

白崇禧找汤恩伯、叶剑英等主要领导人员商谈教育课程，并指示汤会同中共代表团教官具体拟定。白对《论持久战》十分赞赏，因为他也曾发表过持久战的观点。他在1938年3月发表的《军事抗战与政治抗战》，就是一篇专门论述持久战略思想理论的。另外，在《白崇禧回忆录》中也说过：“‘游击战’建议之提出——国军由南京退守武汉后曾于汉口召开军事会议，是时我认为劣势装备对优势装备之敌……采用正规战与敌硬拼，势恐难持久，故于会议上提出‘以游击战配合正规战’之建议，并强调‘积小胜成大胜，以空间换时间’。”

白因此也将他的这些军事思想理论，贯彻于“国军游干训练班”中。白得知汤恩伯没有读过《论持久战》，即要谢和赓将带到南岳的十多本《论持久战》交与汤恩伯，要汤和教育处的国军官员仔细研读。叶剑英也将他带来的

八路军参加南岳西南游击干部训练班全体工作人员合影。前排左起：吴奚如、李崇、李涛、叶剑英、边章伍、薛子正

《论持久战》送给国民党军官研读。

因为白崇禧重视毛泽东这一著作，所以游干班军训部门的官员和受训的学员都争先恐后地阅读《论持久战》。叶剑英与中共代表团的教官们在不同的场合讲解和宣传了中国共产党全面抗战路线和持久抗战的战略思想。

中共中央《南方局党史资料大事记》记载：“该训练班为国共两党共同筹备合作举办，至1940年3月止，共办了三期，参加受训军官达三千余人，中国共产党派出叶剑英等三十余人，参加训练班的工作，叶剑英任训练班副教育长，边章伍、李涛、薛子正、李崇、吴奚如等分任军事、政治教官。”

通过训练班，中共对国民党军官宣传了《论持久战》的战略思想和游击战战略战术，宣传了抗日民族统一战线政策。以前，国民党军队中很多人受国民党的欺骗宣传，当和共产党的教官接触后，才弄清了真相，认识到共产党不仅不是魔怪、野蛮人，而是最讲文明、最讲道德、最有理想的革命家和军事家。训练班中有好些人接受我党主张，坚持抗战、团结进步、反对投降、反对分裂和倒退，在反摩擦斗争中，多持消极态度，或向我们提供情况。在解放战争中，相当多数人纷纷率部起义，帮助我们党做了许多好事。

1938年底在筹办国军游击干部训练班的同时，白崇禧对谢和赓谈及自南京撤退到武汉，蒋介石便计划一旦武汉失守，即着手建立两个委座行营：西北行营和西南行营。西北行营（又称西安行营）管辖和指挥长江以北一带和黄河流域。主要是统辖西北四马（马鸿逵、马鸿宾、马步芳、马步青）和胡宗南部队所驻防的地区。西南行营（又称桂林行营）管辖和指挥长江以南，两广、两湖、云、贵等地方部队所驻防的地区。白崇禧原希望蒋介石派他任西北行营主任——这是长期以来梦寐以求的。

1929年1月1日，北伐军打到北平后，蒋介石在南京召开国军编遣会议，企图把非直属中央的三个地方杂牌军——第二集团军阎锡山，第三集团军冯玉祥和第四集团军李宗仁等的部队加以整编缩小，而蒋的嫡系部队加以扩大。白则提出反编遣计划，自己愿率桂系部队到新疆进行边防建设，怀有当中国的凯末尔的野心——他想与西北四马的力量联成一气，自信可以统一西北的军政力量，当西北部队的领袖：一来以抵抗苏联对西北的影响，二来以阻止中共力量向西北发展，三来以扩大势力后再与李宗仁和粤系势力相呼应，进而再次问鼎中原，最后与蒋介石争雄。

然而，蒋介石与“小诸葛”交往已有十余年，双方皆有知己知彼之明。在争夺政治权力的谋略上，蒋较白高明；在军事指挥上，白较蒋有办法。

从北伐时期，蒋介石委白为国民革命军总司令部总参谋长起，直至委白为北伐军东路军前敌总指挥，代蒋指挥国军打败孙传芳、吴佩孚以及攻克北平止，蒋对白的嫉妒，如同对邓演达的嫉妒一样。所以，蒋不愿也不敢委白崇禧为西北行营主任。只是把程潜派到西北，而把白派到桂林。

1938年底，白崇禧就任桂林行营主任

白崇禧梦想当西北王不成，气愤地对谢和赓说：“颂云（程潜）年长体弱，整个冬天都躲在房里烤火取暖，不能到野外视察和训练部队，委员长硬要派他去。文白（张治中）和总司令（李宗仁）都向委员长陈述过，我（白）最适宜到西北，因我可以号召回教徒起来巩固边防和防共。但委员长一意孤行，不听他们的意见，也不仔细考虑，便决定我当桂林行营主任了。”

当时，李宗仁、白崇禧秘密商量过，如蒋派白赴西北，很可能派何应钦到桂林当行营主任。桂系对付何应钦比对付蒋较为容易。如果这个如意算盘打成了，李、白势力日后将能威胁蒋介石，这是可以预料的。白并为此作了准备去西北的宣传动员，通过他的策士散布：新疆到处都有金矿，大家到了那里，“用草鞋都可以拔出金子来”，“发财十年八年后再回广西，不是很幸福吗”……

然而，蒋介石使白崇禧的梦想两次幻灭。“小诸葛”可悲之处是政治上的“迟钝”，他在广西解放前夕，不听毛泽东、周恩来的劝告，没有吸取他与蒋相处屡屡失算受挫的教训，对蒋存在幻想，被骗往台湾，终于1966年6月22日，被害死于台湾。哀哉！小诸葛！但李宗仁在政治上却比白崇禧略胜一筹，因此，在大陆快被中共统一时，他坚决不往台湾，而宁可到美国，最后弃暗投明，返回大陆。谢和赓有诗评论李、白归宿结局云：

德公远见喜投明，遗憾禧公陷火炕。
成败昭昭亮四海，英雄失足误终生！

谢和赓在南岳西南游干训练班工作将近两个月，便于1939年1月随白崇禧回到桂林。他在报上读到叶剑英1938年在南岳作的《登祝融峰》诗：

四顾渺无际，
天风吹我衣；
听涛起雄心，
誓荡扶桑儿。

谢和赓读后诗兴大发，即步叶诗原韵写下寄怀诗五首。

怀念敌后战士（其一）

烽火满空际，
民军缺食衣；
冰雪抗顽敌，

神州好女儿。

忆（王）莹战地演出（其二）
雄心存胸际，
忆君着戏衣；
炮声中演出，
神州好女儿。

展开全民抗战（其三）
疆场宽无际，
血染战士衣；
展开全民战，
亿万爱国儿。

放歌祝融峰（其四）
高歌震天际，
凉风飘戎衣；
血肉筑长城，
俊杰中华儿。

登南岳远眺（其五）
彩云飞空际，
旭日暖征衣；
极目河山好，
炎黄多健儿。

二十八、支援桂林“八办”工作

谢和赓在南岳协助白崇禧筹办国军游干训练班约十天，白即令他返桂林一次，向广西省主席黄旭初报告白崇禧与周恩来同车撤退时谈话的情况，和协助中共设立八路军驻桂林办事处的口头协议，要求省政府给予协助和工作方便。

此时，刘仲容也已就任桂林行营参议。刘仲容每天必到谢家来玩——而且，常常与马仲孚、白夫人马佩璋等打牌消遣。谢和赓则乘此机会与刘仲容闲聊，把桂系高级军政人员的情况、蒋管区各地情况以及自己的工作情况，通过刘仲容这个合法的交通员转向八路军驻桂林办事处李克农处长汇报。而李克农有什么要事，按照白与周恩来的口头协议，也是通过刘仲容向广西当局转达的。刘仲容持有双重交通员身份，表面是为桂系了解中共和各民主党派的情况的代表，实际是中共的联络人员——作为谢和赓的得力助手，他为谢做了十分出色的掩护工作。

1939年1月10日，国军游干训练班筹备工作大体就绪，谢和赓随白崇禧自南岳返抵桂林。

第二天夜里，谢在自己家中见到刘仲容与白夫人，以及其他一些刚刚打完牌的高级军官的夫人们。刘的那些牌友们约10时左右离开谢家，谢、刘在谢家大院内几株大树下畅谈至深夜，介绍在南岳的情况，请刘加强与广西建设研究会常务委员李任仁、陈劭先和陈此生、万仲文等人的联系。

1月12日，谢和赓惦记汉口临别时周恩来的指示，与李克农取得联系，全力协助李克农展开广西的统战工作活动，有必要时，则请李济深出面同黄旭初交涉，给八路军驻桂林办事处以工作方便和安全保护。同时，谢也惦记着

左图为桂林“八办”处长李克农，右图为桂林“八办”旧址（今桂林市中山路98号）

周恩来的嘱咐，自己是直接受周恩来领导和只与李克农单线联系的绝密党员，除了工作职务之便可以与李克农直接联系外，不与“八办”的其他工作人员建立关系和交往，许多不必亲自向李克农汇报的事，均委托刘仲容转达，以避免外间产生谢和赓与李克农有接触的印象或怀疑。周恩来对谢和赓的有关指示和嘱咐，同样也对李克农说了。

李克农当年是谢和赓的直接联系人，谢和赓在李克农直接领导、影响下受益匪浅。谢和赓在为党获取了大量的重要情报工作中，不露形迹地出色地在桂系上层做好统战工作；同时与白崇禧的子女白先智（女）、白先勇（台湾作家）建立了较好的友谊关系。白崇禧在台湾蜗居的日子里，也向谢和赓发出信息，要他回到白的身边工作。当然，这已经是白崇禧的一厢情愿，也从反面证明了谢和赓对桂系上层的统战工作任务，做得严谨、准确、细致和周详。

周恩来还特别嘱咐谢和赓：“万一我有事到桂林，你知道了，也不要来找我。”这都反映了周恩来当年对谢和赓工作任务的安排和完成工作任务的方法，布置得十分严密、周详和精细，真正做到了“万无一失”！

刘仲容除了天天到谢家，也几乎天天到广西建设研究会（八桂斋，今桂林市工人文化宫）与陈劭先或李任仁等联系。

谢和赓因曾得到白崇禧面谕：可以经常过问广西建设研究会的事务。白并交代黄旭初指示陈劭先、李任仁聘谢为政治部和经济部的研究员（广西历

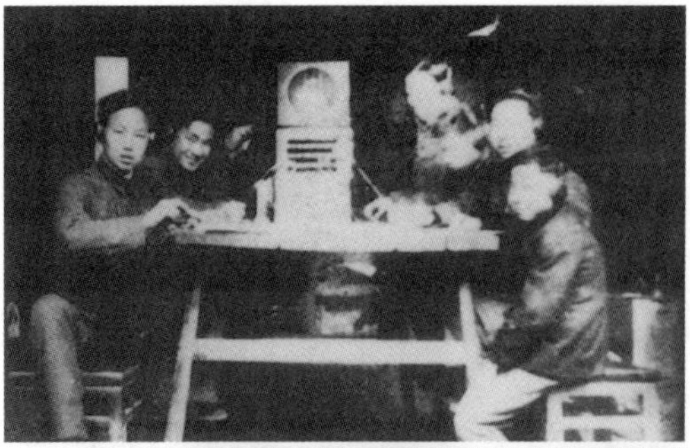

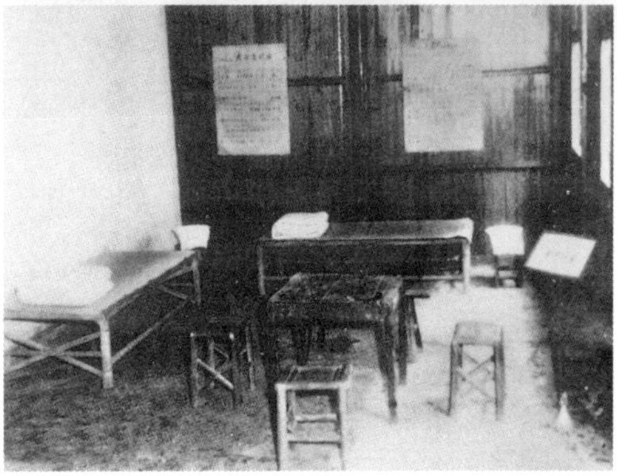

桂林“八办”的工作人员及工作人员宿舍

史界、文化界鲜有人知晓此事）。谢为了工作方便，他又请示白，分别聘任刘仲容、马仲孚为政治部研究员和经济部研究员。这样，就创造了谢和赓与刘仲容经常保持合法联系的条件，有力地支援了八路军驻桂林办事处开展各项工作和活动。

1940年11月，刘仲容受李克农之托，将11月3日，中共中央毛泽东指示，“克农速向白之秘书（谢和赓）及黄旭初等建议不要上蒋介石投降反共的当……”谢和赓看准了机会，巧妙地不露形迹地照办了。

1942年，谢和赓与王莹赴美留学，刘仲容的处境变得孤立，开展工作困难，很难获得桂系内部核心消息。此时，白崇禧又要刘仲容与白家子女一块生活，客观上限制了刘仲容的活动范围。

解放后，周恩来指示争取李宗仁回国，刘仲容做了许多桥梁工作，同李宗仁的在港人员联系多次，陪同李的代表多次谒见周总理、两次谒见毛主席，并与毛在中南海游泳池一起游泳。这些都是有历史照片和资料存档在案的。

周恩来、董必武、李克农对刘仲容从事统战工作的努力和所作贡献是十分满意的。

二十九、蒋、桂新芥蒂

1938年10月，武汉沦陷前，周恩来、董必武特别交代谢和赓将桂系内部情况详细向李克农汇报，并具体进行分析。为此，谢和赓先后对李克农汇报过三次，约在1939年3月，谢和赓还将桂系内部情况写成书面报告交李转达中共中央。

桂系内部自1930年8月起，便有了秘密的组织。这个组织是为了“预防出现第二个黄绍竑所采取的‘应变’措施”，而同“张发奎、薛岳、吴奇伟、韩汉英等商量”，成立了“中国国民党护党救国青年军团”的秘密组织。

1932年1月中旬，蒋汪合作，张发奎的第四军离桂入赣，“中国国民党护党救国青年军团”改为“三民主义革命同志会”，领导机构由“中央干事会”改为“会长制”，李、白分任正副会长。加入新会员必须向会长、副会长任何一人宣誓效忠。

该会明白指出：“蒋介石是我们的主要敌人，其他各党派都是我们的同盟者”，策略上强调“少树敌，以敌攻敌”。桂系始终按照这个策略来发展自己的势力。

到了1934年，潘宜之从英国归来，成为白崇禧的策士，甘介侯介绍他的留美同学邱昌渭给李宗仁，张定璠举荐万民一、万仲文、徐梗生、胡讷生、朱五建、刘士衡等“六君子”为李、白效力。白崇禧对权倾一时的王公度竟让“六君子”赋闲不用非常不满，以后，“六君子”成为潘宜之的党羽，与王公度发生不可调和的派别矛盾。后经白的一再催促，由潘宜之接任王公度总揽的总政训处处长这个炙手可热的职务。

1934年秋，程思远携带着《中国国民党革命同志会》章程、政治纲领和其他有关资料，到南宁西乡塘广西民团干部学校大礼堂开会，由李宗仁宣布“中国国民党革命同志会”的诞生，以取代过去的“三民主义革命同志会”。白崇禧在会上宣布：“过去‘同志会’的会员加入新会，必须重新登记、宣誓，在会长领导下，为‘建设广西，复兴中国’而奋斗。”这天参加“同志会”成立仪式的有叶琪、廖磊、黄旭初、王公度、潘宜之、邱昌渭、朱佛定等人。会址就设在南宁桃源路一座有两层楼的“建庐”（其后门即今保爱路拐角处）。

桂系李、白、黄的思想体系及其体制之所以能维系达三十多年之久，是与其象征皇权的封建家长制，以及与会道门拜把帮派相类似的组织形式——“中国国民党革命同志会”的存在分不开的，该会是国民党广西地方实力派的统治核心组织。谢和赓通过白崇禧内弟马启邦关于入会的谈话和白维义（没有入会，但他是白的最亲亲信）的透露，该会是一个反蒋防共（但会中又有人说是反蒋抗日）的绝密组织，会址设在南宁郊外的宜园，是李宗仁的别墅所在地。李宗仁是会长，白崇禧和黄旭初是副会长。

入会的仪式，在《李宗仁回忆录》、《白崇禧将军回忆录》以及桂系其他人物的回忆录中没有透露过。就是每个入会的人，先要向“最高领袖”李宗仁宣誓。马启邦说他在宜园的一个小厅（今为区党委后门汽车库所在）里入会，有一张像皇帝坐的太师椅（主人坐时，头部绝对高不过椅背），李宗仁端坐椅上，其背后墙上挂着国民党党旗、中华民国国旗，旗下悬挂着李宗仁的巨幅画像。入会仪式进行时，马启邦由“同志会”总干事韦赘唐引见李宗仁，并跪在李面前宣誓说：

“终身效忠最高领袖，如有背叛，当受极刑！”韦赘唐这个少壮派头面人物恭立于“最高领袖”旁边。气氛显得颇为神秘而威严，令会员望而生畏，终身难忘。

马启邦与白维义均说过：“桂系的营长及营以上的军官、全省各地的警察局长都要加入‘同志会’，宣誓效忠于‘最高领袖’。”马启邦便是就任桂林警察局长时，履行上述的入会手续的。

及至抗日战争爆发，李、白就不再继续搞他们的“同志会”，但是，有机会时，他们又成立新的秘密团体，培植自己的势力。抗战初期李宗仁担任第五战区司令长官时，于1937年11月在徐州建立第五战区青年战时服务训练团。它从建团到结束，只有短短十个多月的时间。当时，流亡到徐州的大专院校和中等学校的学生很多，大都是满怀爱国热情而又苦无出路的年轻人。第五战区当即吸收这些流亡学生足足五百人建立训练团。李宗仁任团长，由第五战区中将军法执行总监张任民兼副团长，教育长是江苏省立教育学院广西籍的雷沛鸿（后来任广西教育厅长），由他们管理训练各队学员。这个团只设一个大队，下设四个中队。在徐州未沦于敌手前，已收了第二期学员。徐州失守后，训练团随司令部迁至潢川，达到三千人。于是改组扩大为第五战区抗敌青年军团。韦瑞霖、谢和赓分别担任过第二、第三大队指导员。编制由一个大队扩编为四个大队，建立一个团本部和相当规模的办公厅。

为了吸收更多的青年学生，桂系聘了不少进步文化人、学者、教授，如留苏的大学教授郝惊涛、匡亚明（解放后任南京大学校长）、王深林、佟子石、诗人臧克家等为政治教官。郝惊涛讲课最受学员欢迎，大家听课全神贯注、鸦雀无声。李宗仁、白崇禧多次到团训话，桂系顽固派头领潘宜之也经常到团上大课。讲话内容总少不了“要团结起来在李司令长官的领导下抗战救亡”，很少听到“在蒋委员长领导之下”。桂系之所以将这个团命名为“抗敌青年军团”，自有其不能明示于人的含义。曾经想用“抗日”二字，后来却用“抗敌”二字。“抗敌”二字有两个意义：一可以理解为抗日，二可以理解为防蒋反蒋。

蒋介石派有特务渗入桂系这个抗敌青年军团内部，因之对该团的抗日防蒋反蒋意图是清楚明白的。蒋介石当然不会坐视这个抗敌青年军团的日渐壮大而不管，务必千方百计地要遏制桂系势力的日益膨胀，于是派进职业特务在青年军团内呼风唤雨，四处造谣，说“青年军团里有很多共产党”、“青年军团快解散了”，“青年军团快要并入中央训练团战干第二团了”等等。抗敌青年军团内进步青年与蒋系特务的斗争，是蒋桂矛盾在团内深化的反映。

1938年初秋，蒋介石军队在抗日前线节节败退和失地千里的时候，传来了桂系李宗仁指挥第五战区部队取得台儿庄大捷的胜利，不可避免地产生了功高盖主的效应，蒋介石不能看着桂系势力在中原地区日渐扩大，竟然下令将第五战区抗敌青年军团，改为隶属于陈诚的中央训练团战干第二团。李、白这个带有防蒋、反蒋性质的青年军团，被蒋介石强迫割其所爱。李宗仁一时火起，以牙痛为由，躲到武昌东湖疗养院休养。休养治疗期间的情况，《李宗仁回忆录》中有段记述一件事：“李济深、黄绍竑、方振武也来院居住。这三人都和我有莫逆的友谊，现在朝夕聚首，或谈论国事，或下围棋，或雇扁舟遨游于荷花之中，戏水钓鱼，真有世外桃源之乐。而亲朋故旧前来慰问的，更不绝于途，以致引起中统和军统特务的注意，派了一名王姓女士来暗中监视。”这说明蒋介石对李宗仁疗养还是不放心，于是实行现场侦察。“某次，陈诚来访问，见我等数人正围坐聊天，彼半开玩笑地说，诸公是否开秘密会议，可得与闻否。大家相顾愕然，苦笑了之。由此可见中央当局庸人自扰的一斑。”

李宗仁写的这段回忆录，说明此时的蒋、桂矛盾，又有了新的芥蒂。这个芥蒂，是广州、武汉沦于敌手后，中共与桂系联合抗日，周恩来与白崇禧共同探讨研究全面抗战、全民族抗战和持久抗战战略理论的契机之一。由此证明蒋介石的法西斯特务统治手段，连各省的地方实力派都极为反感。

三十、桂系的核心与五大派系

1939年，白崇禧已被任命为蒋介石设在桂林行营的主任。有一次，李宗仁、邱昌渭、黄旭初、甘介侯、白崇禧、谢和赓在白家客厅谈到要统一广西青年的思想，树立广西民众对李总司令的威望问题时，李宗仁忽然怒气冲冲地说："我过去并没有叫你们把李、白、黄并列起来宣传！"邱昌渭顶撞说："自从'同志会'建立后，大家都已把你们三位联系在一起了！"谢和赓事后将李宗仁发脾气之事转告白维义。白说："'同志会'成立时，李宗仁决定只设一名副会长由白崇禧担任。后来李品仙、韦赞唐等向李宗仁汇报说，韦云淞、张任民、邱昌渭等都赞成设两个副会长，另一名由黄旭初担任。"因黄旭初是李宗仁发家之地的容县人，黄与容县、玉林、贵县、南宁、武鸣等西江一带的高级军政官员有密切关系。李宗仁因此考虑：设两个副会长也好，这使白崇禧不致太专权。李宗仁在"同志会"处于"最高领袖"地位和他不许下属将李、白、黄进行并列宣传的做法，说明他希望把"同志会"打造成其一己独裁的政治组织。

白维义还向谢和赓说了一个很少有人知道的事实："所有会员在入会时皆要向李宗仁行跪拜宣誓礼。当白崇禧也准备履行这一入会大礼手续时，李宗仁意识到白下跪不妥，即说：'你的脚受过伤，就免了罢。'所以，'同志会'中，只有白崇禧一人是不必跪着宣誓效忠李宗仁的。"有了"同志会"的约束，从1934年至1949年解放前夕，白崇禧得到与李宗仁并驾齐驱的"李、白"殊荣，这是"同志会"的这段秘密缘由之一，也是逼使白崇禧始终效忠于李宗仁的政治原因之一。

桂系对内只有一个"最高领袖"，可是对外宣传都是说"广西领袖是李

徐悲鸿油画《广西三杰》

宗仁、白崇禧、黄旭初”。因此，1936年夏，徐悲鸿由南京到桂林，为“广西励精图治，振兴中华”的宣传所感动，特为李、白、黄三人画了他认为平生最巨大的油画《广西三杰》。此画宽约十二米，高约十六米。画面画李宗仁、白崇禧、黄旭初三人骑马奔驰，李居中，白、黄分列左右。抗战前后，这幅画长期在南宁、桂林、柳州、梧州等地展出。1940年，徐悲鸿曾对王莹示意，认为《广西三杰》是他的得意之作。

党内有派，这是旧中国社会较为普遍的现象。桂系中除民主人士不列派外，其余有黄埔系、“托派”、官僚派、CC派和李派皆附在桂系这棵大树上摇摆和招风。谢和赓既要了解他们，又要与他们周旋，委实是很不容易的。

黄埔系。此中有亲黄埔系贺衷寒、康泽、袁守谦等复兴社的人物。桂系的少壮派人物如韦赞唐、蒋伯伦、张岳灵和韦永成等都属这一派系。陈寿筠（白的副官）等人则是这一派人的助手。这派人围绕在李宗仁夫人郭德洁身边，利用她向李宗仁进言。

“托派”。有亲近王公度派（现查明王公度不是“托派”，实为桂系内部的进步派头领，遭到以顽固派头领潘宜之勾结外客和军人实力派向李、白施加压力，逼使李、白、黄假借以“托派”之罪名捕杀）的统称为“托派”。“托派”分子有张威遐、李一尘、谢苍生等。张威遐在红军长征突破湘江后，为南宁《民国日报》写了题为《共党西窜之前途》社论，预言红军将在长征途中重蹈石达开全军覆没的道路。这一派人，对谢和赓在桂系中的地位十分眼热。谢于1936年“六一事变”期间，担任广西学生军政训处主任，曾就中国社会是半封建半殖民地的性质，对学生军演讲，并将讲稿摘登于他主编的《动向》上。“托派”据此对谢和赓要弄人身攻击术，一点也不谈文章观点，污蔑他“靠裙带关系，从建设厅的小科员跃升政训处主任”。《动向》只刊行了两期，便在“托派”的阻挠、告密下停刊了。

官僚派。这是桂系中势力最大的一派。邱昌渭、甘介侯、潘宜之、杨卓庵等均属此派。这些人的门路是拥护孙科、政学系，以投靠中央大官僚的手段，谋求他们在广西的官僚地位。其中潘宜之的活动能量非常之大，是权倾一时的“权臣”。潘是一个仇杀共产党的心狠手辣的屠夫。北伐之初，他当过蒋介石的机要秘书，在上海经张定璠的介绍，和当时打到湖北的胡宗铎、陶钧的引荐，投靠桂系效力。潘在当汉口市长时参与湖北省的“清党”过程，双手沾满了共产党员和革命人民的鲜血。1929年，当桂系失掉武汉、鄂省地盘，潘宜之也失去他用血手掠夺和积累的大量财富，但立即得到李、白的补偿，并资助其到英国留学镀金。至1934年，潘又应李、白之召，回国准备接任王公度把持的第五路军政训处长之职。

有迹象表明，潘宜之回国接任王公度的政训处长一事，就埋下了王公度失宠而招致杀身之祸的祸根。潘宜之这个新“权臣”，从1937年8月开始代替王公度这个旧“权臣”。

1937年桂系王公度被杀案之真相，已有程思远等桂系人物著文揭露。此案的内情，也相继有人写文章进一步揭露。1995年12月，广西《桂海论丛》第6期发表姚蓝文章《王公度之死因分析、结论及余波》，对王公度之被杀真相作了更为深入的分析和揭露。姚文根据谢和赓1995年9月11日的来信，将此事与潘宜之在桂系内部的出现联系起来。从谢和赓所掌握的大量情况看，王公度之死，是与潘宜之参与桂系内部派系倾轧的结果。以下补叙蒋桂矛盾由激化而缓和，则是王公度致死的另一个原因。“托派”势力也因此而垮台。

王公度之死，除了上述内因，还有外因。这得从1931年2月28日谈起。身为国民党政府行政院长的蒋介石，居然将立法院长胡汉民逮捕软禁于汤山。此时，胡汉民早已是蒋介石独裁的最大障碍。胡则授意国民党元老古应芬等联合两广将领陈济棠、李宗仁、白崇禧等，在广州另组国民党中央，以与南京蒋的中央相抗衡。陈济棠向胡表示忠心，于是陈实际上成为广东国民党中央政府的盟主。为了扩张声势反蒋，陈济棠改变历来反桂的立场，向桂系伸出合作反蒋之手。李宗仁也乐于化敌为友，少树敌人，借机扩张桂系势力，李宗仁指派得力亲信王公度赴粤联络和商议组府反蒋大计。李宗仁之信任王公度，据韦瑞霖反映，韦家距离王公度的永福老家仅二十多华里。当年，王公度曾将他大地主家庭三分之二的田亩卖掉，以缓解李、白暂时的经济困难，加以王公度懂得使用和招揽人才，以此得到李宗仁的重用。王公度也善于审时度势，积极适应反蒋之需要，取得李、白的同意，前往香港、上海设置桂系的特务机构，专门收集蒋介石南京政府情报，供李、白决策参考，蒋介石的复兴社特务分子不少渗入到桂系内部，为王公度所侦知，王派便衣处决了一些复兴社分子。这些都博得李、白的赏识和信任。王公度的特务经费，每月经白崇禧批条子，由程思远转交王公度使用。后来蒋介石的特务机构也侦知王公度活动的方法和手段。据国民党军统特务要员王新衡透露："中央特工人员一直把他（王公度）看做眼中钉，要去之而后快。"

在内因外因的相互作用下，王公度之死成了蒋桂矛盾和桂系内部矛盾倾轧的牺牲品。王案发生一年多以后，谢和赓说："1939年李宗仁在重庆白公馆时，已完全弄清王公度被错杀的内幕，悔恨不已，对潘宜之万分埋怨，痛骂潘宜之靠广西培养留洋升官发财，将广西籍有才干之人置之死地。"白崇禧在王案处置之后，也后悔莫及，认为"王公度案搞得太过火了"，白当初认为王公度那样的人，至多关几个月就算了，谁知竟杀了那么多人，表示惋惜。于是白电饬有关人员，速将与王案有牵连的人一律开释，有的人释放随即调任五战区抗敌青年军团的干部。李宗仁的后悔和白崇禧的善后措施，证明了王公度案罪名定为"托派"，纯属虚构。没有潘宜之视王公度为其政敌而罗织罪名加以杀害，王公度案是不可能发生的。

通过王公度之死，可见潘宜之搞阴谋诡计的能力非比寻常。潘宜之随白崇禧赴南京不久，即被蒋介石委任为经济部的常务次长。

谢和赓从与潘宜之的交往中，识破潘那套阿谀奉承之术和看风使舵的本领。潘既懂得要吹捧李宗仁的心腹韦永成（韦是李宗仁的亲属），也懂得要巴结白崇禧的亲信白维义、马仲孚。本来潘宜之瞧不起谢和赓，认为"谢比不上自己的资格和学历"。但自武汉失陷后，潘看到白崇禧很重视谢和赓，又亲自听到白夫人马佩璋、大小潘夫人以及其他高级军官太太吹捧"谢和赓年轻有为，白崇禧如何重用"等情况后，潘宜之便一百八十度地转变，由冷眼变为青眼看待谢和赓了。其后得知李、白要送谢留学时，便十分赞成，主动地介绍谢也到英国留学——实际上是巴不得谢离开白崇禧身边。果然，1942年谢和赓赴美留学后，潘立即举荐那个杀王公度“立功”的死党何作柏到白身边，继任谢和赓的职务。

邱昌渭是甘介侯介绍给李、白的，杨卓庵是政学系张群的人介绍给李、白的。李、白对邱十分信赖使用，认为甘介侯是最好的外交部长人才。这些受李、白重用的人都是走美国路线的，他们图谋勾结美国的政客，模仿孔祥熙、宋子文的模样，企望得到美帝国主义的支援——果然，后来邱昌渭和甘介侯就成为李宗仁当上代总统向美国寻求支持的主要策士。

CC派。这是亲CC（陈果夫和陈立夫）的一批人物，主要有黄同仇、阳叔葆。黄同仇是桂林“清党”起家的刽子手，与CC派在英国的成员有密切的联系。他抗战前出国留学，抗战后回国一直走CC路线。在重庆，杭立武便由黄同仇引见白崇禧。黄又介绍了好些人给李宗仁安插到安徽省政府工作。谢和赓曾向李、白建议，让陶行知当安徽省教育厅长、章乃器当财政厅长。黄同仇立即将这个消息转告陈立夫，阻挠此事的实现，其野心是向CC派献媚，想把CC派分子引入桂系。黄是个不学无术，却精通阴谋术，嫉妒王公度权位的一个官僚。

阳叔葆则依靠黄同仇的关系走CC路线，以巩固其既得的国民党广西省党部书记长的地位。阳搞党务工作，由于宣传桂系在抗战中的功绩不够卖力，使李、白觉得阳没有朝气，想把他调职。阳多次通过他姐姐阳永芳向李、白的左右手表示，他应该兼挂省政府委员名义，才能有利于推动广西党务工作。但是，李宗仁和郭德洁都讨厌其与白夫人关系太密切，没有满足他的要求。

除民主人士和上述“黄、托、官、C”四大派外，还有李派。即李、白自己手下的死党人物：李扬（机要主任）和林枢（第五战区的团长），都是很有能力的上校军官。当谢和赓协助救亡演剧二队安排出国到南洋演出，向华侨宣传抗战和李、白的台儿庄大捷战果，发动华侨出钱出物出力支援祖国抗战时，李宗仁看中林枢，指定其当李宗仁的代表，随剧团当顾问，监督剧团在南洋演出的一切活动。

在桂系五大派别的交错统治下，桂系控制的地盘、军政文化机构和政治思想、政治活动的情况，谢和赓将这些归纳为五个方面的内容：

（一）桂系统治地区：（A）国民党第五战区，包括安徽、湖北、河南大别山部分地区；（B）蒋委员长桂林行营，包括长江以南、两湖、两广、云贵等省地区；（C）黄绍竑主政的浙江省。

（二）桂系军政机构：（A）国民党第五战区，李宗仁任司令长官；（B）国民党军事委员会军训部，白崇禧任部长；（C）桂林行营，白崇禧任主任；（D）广西省政府，黄旭初任主席；（E）浙江省政府，黄绍竑任主席。

（三）桂系控制下的政治、文化、宗教等机构：（A）广西建设研究会；（B）桂林文化供应社；（C）以白崇禧为首的中国回教救国协会。

（四）李、白的政治思想和政治活动：（A）打着“建设广西、复兴中国”的招牌、口号；（B）实行封建割据式的“三自”（自卫、自治、自给）和“三寓”（寓兵于农、寓将于学、寓征于募）政策，实行全省公务人员（军政干部职工）和乡村群众的军事训练，以便随时能扩充兵力，对付蒋介石侵入和防共；（C）李宗仁加强大别山的军政领导，拉拢冯玉祥的旧部冯治安等，扩大桂系力量，与蒋介石争权；（D）白崇禧笼络云南龙云、西北四马等力量与蒋介石抗衡；（E）利用广西建设研究会和文化供应社，以为其罗致各界反蒋知名人士和左翼进步名人，作为扩大桂系势力和声势之用，从而表明广西的“进步”、“开明”和“民主”。

（五）桂系高级军政干部的政治思想和活动：（A）民主人士，有李任仁、陈劭先、陈此生、万民一、万仲文、朱五建、刘士衡、徐梗生、胡讷生。这些人都是桂系的智囊人物和高级干部，也都参加了中国国民党革命同志会。“同志会”会务过去由王公度、韦永成和程思远负责。韦、程于1934年底奉李、白之命派往德、意留学之后，会务便由韦贽唐、蒋伯伦、张岳灵等少壮派分子主持。

以上各节的情况，都是谢和赓向中共中央南方局作过书面汇报的内容。

三十一、“无论怎样,也要跟在白崇禧身边”

1937年8月，谢和赓自从随白崇禧任机要秘书，10月上书大本营《全国游击战争之方案》，其后又起草白崇禧对师长以上训话的演讲稿《军队政工与群众政工之关系》均被采纳后，官阶不断上升，由少校、中校升至上校。桂系少壮派明显地发现谢和赓的跃升，对他们是个很大的威胁，自然产生看不惯和嫉妒心理。加以他们又看到谢和赓与刘仲容常在一起十分投机和默契，更是妒火中烧，必欲去之而后快。他们向李宗仁、郭德洁建议，要“白崇禧副参谋总长升谢和赓为少将”。

谢对这个调虎离山计，早有对策准备，故建议一提出来时，谢便置词婉言谢绝了。少壮派满以为布置得很得计，潘宜之、邱昌渭向李、白、黄提议，“调谢担任国民党广西省党部书记长兼广西绥署政训处副处长”。李宗仁在少壮派的怂恿下，对白崇禧说：

“和赓任省党部书记长，按照这个职务的地位，绥署可准他兼任的政训处副处长军阶与处长相同，都是少将官衔。”

白崇禧对谢和赓转告这个升迁意见时，谢以为白的工作着想方面说：“你不是要我重视全国回教的工作吗？我除了做行营秘书工作外，这项工作比什么都重要。如果你觉得适当，我调任政训处副处长，仍然是上校，我没有意见。但我不愿意当省党部书记长，因为我的组织能力不行……”

谢和赓谈到回教工作事务需要人照顾处理的一番话，触及白崇禧的想法和切身利益，白崇禧便说：

“那就委屈你还是留在我身边工作吧！”白随即将这些意见报告了李宗仁。

谢和赓不食少壮派抛来的升迁少将之诱饵，顿使他们调虎离山之计落空。李克农听到汇报后，他为谢和赓智斗少壮派的胜利高兴，又一次热烈地拥抱谢和赓说：

“你真聪明！你认真执行了周副主席的指示：无论怎样，也要跟在白身边！”

周恩来、董必武知道谢和赓对敌斗争的又一次胜利，都很高兴。而在桂系大本营内，谢和赓婉言谢绝当“将军”的稀奇事，不胫而走，由白维义、马仲孚、白夫人传到谢的亲朋好友之间，成为一时耸人听闻的新闻，有称赞的，也有不以为然的，亦有不理解的——“为什么猫儿不食鱼呢？”“有官不当呢？”“傻瓜一个！”谢和赓对这些议论，只当耳边风，听之任之了。

谢和赓在桂系内部进行地下统战工作取得了一个又一个的胜利。中共中央南方局为了使谢和赓不为节节的胜利所陶醉，保持清醒的头脑，周恩来针对桂系的情况，就统战工作的原则和方法，对谢和赓的工作提出了八条意见，这些意见经周、董、叶和李克农先商谈之后，由李转告谢。

(1) 鼓励李、白当抗日民族英雄，说服他们，这是桂系唯一发展的道路，因此，必须团结全国军民，坚持长期抗战。

(2) 要李、白对蒋介石有清楚的认识，蒋的法西斯独裁政治是违反全民族、全世界的进步趋势和潮流的；蒋介石的度量狭小，十分忌才，难容才智超过他的人；他性格顽固，刚愎自用，从不纳谏；他阴险成性，不讲道义，投机取巧，流氓手法。这些都是蒋长期的政治活动历史中所表现和证明了的。

(3) 要李、白做孙中山的忠实信徒，实行三民主义，实行联俄、联共、扶助农工的三大政策，但要与蒋的观念和政策有所不同，有所高出于他之处，以示国人。当然，要李、白实行三大政策，你绝不可直接进言，只能间接向他们比较进步的高级干部、能够影响他们的亲信，陈述实行孙先生的三大政策有利于与蒋争权。这一点，必须看形势工作，不可引起李、白的人怀疑你倾向我党，代我党说话。

(4) 要李、白团结省内外国民党的爱国分子，一切对蒋、汪过去的不抵抗政策和反对“攘外必先安内”的国民党人，坚持抗日到底，一直到收复全国的失地。

(5) 要求国民党实行宪政，实行民主。

（6）坚决反对蒋介石的独裁，争取全国人民，争取主张反对内战，赞成团结和进步的国民党人以及其他党派的民主人士在全面抗战、全民族抗战的大前提下，团结合作。

（7）坚决反对和防备国民党军统和CC派两个特务组织侵入桂系内部。这要想方设法提请李、白和广西的高干注意。

（8）保护和支持与桂系现在，或历史上有关的人士，或在桂林行营管辖区的一切进步团体和人士进行统战和救亡工作。关于这条，董老和李克农拟过一份名单，其中有范长江、胡愈之、张志让、邓初民、施复亮、杨东莼、陶行知、章乃器、陈翰笙、姜君辰、千家驹等人。

谢和赓和李济深分别建议李、白请李四光或陈翰笙出任广西大学校长。谢和赓还请白崇禧考虑委派胡愈之、陈此生为桂林行营秘书，请张志让任广西省政府顾问，请陶行知、章乃器分别出任安徽省教育厅长和财政厅长……这些意见有些被采纳，有些未成事实。

在这些人事安排上，谢和赓与李济深的意见不谋而合。白维义有一次告诉谢和赓“李、白因此认为你是李济深的人”，桂系上层的高干则说谢和赓是“李济深底下的喽啰”。

三十二、代表白崇禧到西北

在南岳成立国军游干班时，军训部根据白崇禧的意见向蒋介石建议，成立一个短期的西北战时巡回训练班，把步、炮、工等各兵种的一些教材，对绥（傅作义）、甘、宁、青等省国军的军官们加以训练，学习现代各兵种的军事知识，讲授一般的战略战术问题。

白崇禧的目的是利用军训部长的地位和他对回教军民的特殊关系，加强他在西北的声望和地位，为实现他梦寐以求的“东方的凯末尔”而创造条件。

军训部次长刘士毅编制训练班计划时，在中将级的主任之下，设少将主任秘书和几名上校、中校秘书。谢和赓看了编制，认为他刚提升上校不久，马上又晋升少将，不合干部提升的惯例，白崇禧和他，恐怕都将会遭人非议。谢向白陈述了这个意见。白完全同意，立即在编制计划上批示：主任秘书为上校阶衔，主任仍为中将。西北战时巡回训练班主任刘任，原是白的高级参谋，河北人，是桂系的第六军分校的教育长。白有意要提升刘任，令其级别与傅作义和四马相同，方便训练班工作。而傅与四马都是老中将了。新中将刘任得到新领章后，唯恐老中将小看他，遂问计于谢和赓，怎样使傅作义与“四马”也认为他是老将军，是久经征战的军长级将领。谢和赓为刘任出了个滑稽点子，要他把闪闪发光的新领章，浸泡于浓茶水中，这样便会变成戴过了几年似的旧领章了。傅作义与“四马”后来果然不敢怠慢这个同阶衔的“钦差大臣”了。这是当年一个秘而不宣的笑话。谢由西北回到重庆，分别向周、董、叶和白汇报出差情况时，也谈到浓茶泡中将领章的创举，他们一听，都哈哈大笑！都说：“和赓你真太会外交了！”

1949年9月中旬以前，刘任一直是桂系在西北的一只警犬，他由国民党西北军政长官公署的副长官升任为正长官。当时彭德怀、贺龙、习仲勋率领第一野战军鏖战大西北，打得刘任成了一个光杆司令，几乎在西逃酒泉中丧生。只因他有丰富的逃跑经验，控制着一架飞机，在危急时刻，带着妻子逃到重庆。飞机临起飞前，他任命的河西警备总司令黄祖埙赶到机场，哀求刘任让其上机逃命。刘任哄骗黄赶快回家带上金银细软再走不迟，黄祖埙信以为真，反身走了几步，刘任立即抽梯进机舱。黄祖埙再反身扑向登机门时，飞机已发动滑行升空而去了。这就是当年国民党西北军败亡前的刘任所作的“精彩”表演。刘任与黄祖埙的“袍泽”之情和“精诚团结”精神，一股脑儿丢到九霄云外去了。

谢和赓是一个新提拔不久的上校主任秘书，他也领到熠熠发光的新领章，可他没有必要把自己的新领章浸泡于浓茶水中。他拿着白崇禧的介绍信，面陈傅作义和“四马”。他们接待谢和赓和刘任是同样的殷勤有礼。因为谢是全国回教救国协会的理事兼白崇禧理事长的私人秘书、白副参谋总长的机要秘书，基于这个特殊的关系，马鸿逵、马步芳又特设家宴，请谢和赓单独赴宴两次，并请其同去清真寺做礼拜。

自从白崇禧授意全国回教救国协会的阿訇，推选谢和赓与白的外甥海竞强为协会理事，和谢和赓代白到西北传达处理协会事务、参与西北战时巡回训练班工作后，西北各省、桂林、重庆、昆明等地的军政人员，便以为谢和赓是回教徒、是“白崇禧的外甥”。

谢和赓虽然婉谢了提升少将，但谢是代表他到西北活动，因此，白向李宗仁请示，由绥署发给谢少将一级薪水（军委会谢是上校一级薪酬），以便谢与西北军政要员交际活动之用。经李批准照办。白还到机场送谢，并当面指示，如交际上需花用费可实报实销。但谢并未照用过分文。

对于这个临时性的西北战时巡回训练班的训练工作，陈诚极为眼红，蒋介石也很不放心，硬是派了一个由陈诚的心腹人物、CC成员，和戴笠手下的特务分子组成的“政治组”随班进行监督。另外随巡回训练班去西北的，还有文化界人士，如郑君里、韩尚义等，这些文化人只是做点缀性质的事务，如拍些照片、画些宣传画、印制些标语传单等。

谢和赓在离桂赴西北前夕，李克农夫妇在桂林象鼻山附近一座小别墅，特地做了红烧猪蹄为他送别。李克农夫人赵瑛的烹调技术有一手，李克农十分欣赏她做的可口菜饭，谢和赓吃得啧啧称好，主客十分惬意。

谢和赓虽然常年混迹于桂系高级军政官员的宴席上，却能顶住美酒佳肴的诱惑，保持不喝酒的良好习惯。李克农深知谢和赓这一良好习惯，笑着对他说："我老乡（克农是安徽人，王莹也是安徽人，这称呼专指王莹）也尝过赵瑛做的饭菜，和你一样，一向不喝酒、不抽烟。我老乡同样在官场宴席应酬中，没有沾染一点坏习惯。周先生（这是当时公开场合对周恩来的习惯称呼）、董老都知道。"

赵瑛见谢和赓听得那么入神，逗了他一句说："王莹去南洋了，你想不想她？"

谢和赓此时虽然见不着王莹了，但听赵瑛提到王莹名字，就舒心地眉开眼笑起来，他借用赵元任、刘半农合作的《教我如何不想她》这首歌词说："怎能'教我如何不想她'呢？"

李克农夫妇听到谢和赓欢快爽直的回答，就朗朗地笑开了。过了好一会儿，一桌菜所剩不多了，大家饭也饱了，李克农换过一副面容，严肃地对谢和赓说："我代表南方局、代表周恩来同志，专门请你吃这顿送别饭。这是你赴西北前，最后一次有猪肉的一顿饭！记着，在西北地区，生活上样样要和真正的回教徒一样，丝毫不能违反回族的生活习惯，尤其要注意不吃猪肉！"

谢和赓到西北工作的几个月，一直严格遵守党的指示、纪律，以至一直又过了好些年，他在生活上，尤其是在饮食习惯方面，几乎同回教徒没有什么区别。

三十三、伴侣同是党内人

1939年3月，正是映山红（杜鹃）鲜花盛开的季节，学生们唱着流行歌曲走向桂林市郊尧山。那是萧军作词，黄友棣作曲的《杜鹃花》：

淡淡的三月天，
杜鹃花开在山坡上，
杜鹃花开在小溪畔，
多美丽啊！
啊……
像村家的小姑娘，
像村家的小姑娘。
去年，村家的小姑娘，
走到山坡上，
和情郎唱支山歌，
摘枝杜鹃花插在头发上，
啊……
今年，村家的小姑娘，
走向小溪畔，
杜鹃花，谢了又开呀！
记起了战场上的情郎，
摘下一支鲜红的杜鹃，
遥向着烽火的天边，
哥哥！

你打胜仗回来，
我把杜鹃花，
插在你的胸前，
不再插在自己的头发上。
淡淡的三月天，
杜鹃花开在山坡上，
杜鹃花开在小溪畔，
多美丽啊！
像村家的小姑娘，
像村家的小姑娘。
啊！啊！

面对着这良晨美景，谢和赓忙着给金山、王莹为正副队长的中国救亡剧团办理赴南洋宣传全面抗战、全民族抗战演出戏剧的各项准备工作。如演出的剧目、剧团旅费、出国路线和出国手续等等，他都在忙上忙下地张罗和予以解决。

此时，谢和赓与王莹，已由初恋发展为热恋，他带着白崇禧批准剧团赴南洋演出的文件，驱车驰往剧团驻地。这份报告文件是由谢和赓与金山、王莹商定再送李克农审阅后，由谢转呈白的。白崇禧的批件没有对报告文件改动一个字，对剧团的要求批示“照办”，由广西省政府财政厅拨发一万元旅费，特别又批给金山、王莹各五百元专款为营养费。

谢和赓一路上想，金山、王莹看到演出报告批件，一定会喜出望外吧。想到高兴处，汽车已驶至南门转弯进入通往文昌门的马路上。因路窄人多，路旁又摆满了小货摊，还夹杂着肩挑和提篮叫卖的小贩，汽车不得不减速缓行。谢和赓透过车窗望着熙熙攘攘的人流，猝然间发现李克农、金山、王莹迎面走来。李克农身穿长衫、金山西装革履、王莹旗袍贴身，李克农居中，三人肩并肩，手拉手，各有不同的姿态：老成持重、潇洒英俊、苗条秀美，一路上谈笑风生。谢和赓一愣，叫苦不迭，生怕被他们觑着，招呼起来，就要暴露身份。

谢和赓是只有党中央才知道的绝密党员，自打入桂系后，只与李克农单线联系，直接受中共中央南方局周恩来的领导。当时王莹、金山也是与李克农单线联系，而谢、王、金之间没有横的关系。谢只知道王、金二人是党领导的左翼文艺工作者，不知道他们与李克农的关系。谢和赓潜伏在桂系工作，最担心的是暴露身份。他与李克农的组织关系，只有毛泽东、周恩来、董必武、叶剑英等几位中央领导人知道，是不能向别的人暴露的。

为了保证不使谢和赓暴露身份，1938年在武汉时，周恩来因谢的一次行动失误，严厉地警告了谢和赓。

事情起因是这样的：

1937年下半年，谢和赓与王莹在战地前线相会、相识、相恋。那时候，谢知道王莹是个少年时代就接近中共的进步演员，也猜想她可能是党内的青年。但王还不知道谢的真实身份，只觉得谢除了有才能外，还很热情、直爽、爱国，没有国民党军官的种种恶习。所以王和抗日演剧二队的队长洪深，副队长金山总想做谢的工作，让谢多接近当时拥护中共的文化界人士胡愈之、郭沫若等人。1938年10月武汉失守前夕，王莹和于立群邀请谢去太和街26号郭老家聚会。在郭家大客厅里，谢见到胡愈之、田汉、洪深等一些文化界的著名人士，他们正在谈诗论画，挥毫题字，抒发忧国忧民之情。当知道谢也喜欢书法和赋诗时，就鼓动谢即兴题词。在于立群、王莹的怂恿下，谢年轻气盛手发痒，便拿起笔在宣纸上写了“富贵不能淫，贫贱不能移，威武不能屈，真理不能离”几句表达修身养性宗旨的话赠与于立群。正在大家拍手称好的时候，周恩来笑容满面地突然跨进了大客厅。他一对炯炯有神的大眼睛扫视大家一眼，又瞧了瞧谢写的字，高兴地同客厅里的人一一握手，但走到谢的面前，便冷若冰霜地把脸沉下了，装作不认识似地走了过去，大步走进了郭老的内室。当时谢觉得十分尴尬，王莹也感到莫名其妙。

第二天一早，谢就接到董必武同志的通知，要谢马上去看他。一见面，董老便开门见山地批评谢不该到郭老家去，讲了许多理由，还声色俱厉地警告谢：“恩来同志要我转告你，如果今后再发现你去郭老家，便要考虑你的党籍问题！”

谢连忙向他保证决不再去郭老家。董老见谢态度诚恳，又安慰谢说：“你知道恩来同志一向是怎样关心爱护你呵！你是在‘小诸葛’身边工作，他早就提醒过你，要特别谨慎小心，一举一动，都要三思而后行。你肩上的担子十分重，组织上对你过去的工作是满意的。但决不能麻痹大意暴露了身份，去郭老家的人很杂嘛！”

董老和周恩来的批评虽然很严厉，但谢听了心里觉得热乎乎的。因为这确实是对谢的关心爱护呀！

谢后来认识到，自己在那样复杂多变的岗位上战斗，如果不是周恩来防微杜渐地不断提醒，是很容易出问题的。

谢和赓想到这件往事，联想到今天在公开场合遇到李克农、金山和王莹，必须设法暂时回避一下为好。但是，此时狭路相逢，想叫司机刘有才急转弯避开与李克农三人照面已来不及了，因为人流太稠密了。他只好来个消极的办法，把头扭过一边去，装作没看见他们，但愿他们也没有看见他。

然而，在拥挤不堪的马路上，人群对难得一见的小轿车无不投去好奇的眼光，注视轿车内坐着的达官贵人。李克农清楚地看见轿车里坐着的不是别人，而是他喜欢叫惯了的“小鬼”——谢和赓。李克农一时忘乎所以，忘记了金山、王莹在场，竟迎着汽车招手，大声呼唤着“谢和赓”、“谢秘书”，并招手要车子停下来！

司机刘有才听到有人喊秘书的名字，也就把车停住了。谢和赓不得不下车来与李克农握手。此时，王莹、金山才发现，李克农与谢和赓已是老相识老朋友了，不然他们二人见面时，何以异乎寻常的亲密和热烈呢？！聪明的王莹，立刻猜到了谢和赓的秘密身份和他与李克农的组织关系。王莹眼睛睁得大大的，万分惊喜，她被这一发现感动得热泪盈眶。

谢和赓此时别无选择，不得不随机应变，将假动作变为真行动，当着李克农三人和司机面前，把白崇禧的批件，面交李克农三人过目，一来免使司机看出破绽，二来也使金山不觉得突然。大家看过批件，都很高兴。王莹见到白崇禧特别批给她和金山各五百块大洋，当即请示李克农如何处理。李克农说：

“既然白副参谋总长优待你和金山，我看恭敬不如从命，还是接受下来吧，不要像在战区和重庆那么拒绝优待，反倒会引起人家不快。”

临分手时，四人相互握手热烈祝贺中国救亡剧团的诞生。李克农对谢和赓说：“你穿梭式的联络，使剧团很快组成，该给你记头功。”

金山拍着谢和赓的肩膀，亲切地说："和赓同志，我们剧团能这样顺利成立，多亏了你呀！请代我们向白将军致谢！"

既然金山叫出"和赓同志"了。王莹便也名正言顺地换过一番别有滋味的喜悦心情与谢和赓握手，知心的电流通过温热的手传到彼此的心坎里。她有意用安徽家乡话，轻柔地说："谢谢你，荷根同志！"这是王莹在桂林第一次喊出的"荷根同志"，其含意是李克农和金山都不知晓的。谢和赓与王莹在此时此刻真切地感觉到，他俩对祖国的恋情和他俩之间的恋情，已经糅合、渗透、融为一体了。革命工作与志同道合的爱情并行不悖，互相关联，互相促进。因而，他俩感到这是铭刻在心头的"永远的初恋"，也感到自己是天下人间最幸福的青年了。

事后，李克农同志发觉了自己的错误，一方面让王莹转告金山，不要与任何人谈起在马路上与谢和赓见面的事；另一方面向周恩来、董必武同志作汇报，进行了检查。周恩来知道后严肃地批评了李克农，指出谢和赓是党中央直接领导的绝密党员，决不能把谢和赓暴露在任何人面前，尽管金山、王莹两人都是极其可靠的党员，也不应该把谢和赓暴露给他们。谢和赓要是出了问题，要由李克农负责。直到解放后，李克农谈起这事，还感到很内疚，要是谢和赓因此出了问题，他可无法向党、向周恩来交代呢。

中国救亡剧团的诞生和批准剧团到南洋演出、宣传抗日，可以说是国共合作抗日的结果，也是党的抗日民族统一战线政策的胜利！谢和赓为这一胜利做了许多具体的工作，无愧于党付托于他的特殊使命。

中国救亡剧团为桂系所派出，到南洋群岛去宣传中国的全面抗战、全民族抗战主张，同时也必须宣传演出中共参与建议，由桂系李宗仁指挥的台儿庄大捷。因为这次台儿庄战役是在中共与桂系合作抗战的条件下，由中共中央建议国民党组织的一次较大的胜利，这对抗战初期人民大众抗战信心的鼓舞，是有重大的意义的。

对于在台儿庄附近组织一次打击日军战役这个很好的建议，周恩来与叶剑英认真加以贯彻执行。周恩来指令张爱萍以八路军办事处代表身份赶赴徐州前线，会见李宗仁，建议"在济南以南、徐州以北打一大仗"。张爱萍分析了诸多有利条件："一是日寇孤军深入，成为骄横之兵，必败无疑；二是从济南

《良友》画报刊出的《台儿庄大破敌军》

1938年，蒋介石（中）、李宗仁（左）、白崇禧在台儿庄（谢和赓摄）

到徐州是山区，地形对我军有利，对敌人的机械化部队不利；三是桂军在山地比平原作战中更有战斗力。”接着直言不讳地指出：

“蒋介石一味退让，不得人心，利用这次机会打一仗，给日军以沉重一击，可以大大鼓舞士气和人心，又可以提高桂军的声威。”

李宗仁欣然表示：“这个意见很好！”

李宗仁作战决心已下，白崇禧奉命离汉赴徐，帮助李宗仁筹划指挥作战。1938年3月上旬，白崇禧请周恩来、叶剑英到蛇山其寓所，请教作战方略。周、叶提出应取阵地战和运动战紧密结合的方针。周恩来说：“李公要统一指挥各部队，杂牌将士皆兄弟部队，大家的补给要平等对待，各部队杀敌的积极性必能调动起来，给敌人以迎头痛击。”李、白在周、叶这些军事思想建议影响下，指挥了台儿庄战役。华北五省的八路军加强了游击战，特别在津浦线北段、胶济线西段和平汉沿线作战，牵制了日寇兵力使其不能大规模集结。

从4月3日至6日，中国军队以优势兵力，在台儿庄包围日军，击退了由山东临沂增援之敌第五师团一部，取得了歼灭日军精锐部队矶谷、板垣主力一万余人的胜利。

1939年4月6日，白崇禧回顾“周公的战略指导”，特在桂林《救亡日报》题词：“台儿庄会战的胜利是在战术上运用游击战配合阵地战的结果。”

谢和赓对台儿庄大捷写过一首《台儿庄史诗》。在这首诗的注释中，他介绍了李宗仁在大捷后向记者和五战区指挥部将领干部发表的讲话，李宗仁当时说：“王莹在前线演出，鼓舞了士气，对胜利是有功的。”李亲自接见王莹时说：“我和白副总长感谢在前线的全体文化人，特别是妇女们，我提出的口号‘军事与政治打成一片，政府与民众打成一片’，总算在这次战役中实现和收到效果。”因而中国救亡剧团带着宣传《台儿庄大捷》这个主要节目到海外南洋群岛去宣传，这与宣传中国全面抗战、全民族抗战，是并行不悖的。要如实地把对《台儿庄大捷》的宣传，看成是宣传中共与桂系合作抗战所取得的重大胜利，并非是单纯地宣传桂军的胜利。

三十四、两年分别 鱼雁传书

派剧团到南洋各地演出，这是中国抗战初期有重要意义的一件大事，国共两党都想做好这件大事。但是围绕着剧团的领导权，各方面煞费苦心都想抓住。

李宗仁、白崇禧批准并出钱支持剧团，并为他们办理出国手续到南洋演出，目的在宣扬桂系在抗战中煊赫的战功，争取海外华侨捐款购买军需物资、医药器械等，支援广西部队抗战。因此，李宗仁指定他的亲信上校团长林枢（福建人）为代表，当剧团顾问。其理由是林枢曾经参加徐州、台儿庄战役，由他带上载有台儿庄胜利专号的《珠江日报》一万五千份。这报上印有李宗仁将军在台儿庄火车站站牌旁摄制的巨幅照片，以便随剧团演出分送南洋各地侨团、侨领、侨产和华侨学校。蒋介石、陈诚对中国救亡剧团到南洋演出也很不放心，他们指令桂林行营政治部徐会之建议派“政工人员”随团。谢和赓考虑，派林枢为顾问是不能拒绝的，只要金山、王莹注意搞好与顾问的关系，还是能把剧团的领导权掌握在我党手中，按党的计划在南洋各地进行抗日民族统一战线政策的宣传，和动员华侨支援全面抗战、全民族抗战，既支援第五战区的桂系部队，也支援共产党八路军部队。

至于对付徐会之的建议，谢和赓充分利用蒋桂之间的矛盾，向白崇禧进言：“军统派政工人员参加到南洋的宣传活动，势必会把广西部队的抗日功绩压到次要的地位，而突出蒋介石、陈诚中央军的地位。”

因此，白崇禧根据原定的宣传广西部队抗日的宗旨向徐会之表示：

“金山、王莹的剧团去南洋，是李宗仁与南洋侨领陈嘉庚等人协商而组织的，是群众团体，不是官办的，不好派政府的政工人员插手剧团事务。”徐会之是黄埔系的人，一向很崇拜和尊重白崇禧，就不再坚持陈诚的指示。中国救亡剧团得以不受干扰地在海外按原定计划进行演出，向广大华侨宣传抗日民族统一战线政策，宣传全面抗战、全民族抗战。

1939年4月，经过谢和赓的积极奔走和努力，中国救亡剧团很快得以衔命赴南洋宣传抗日。起程之前，谢和赓又请白崇禧以白的名义，发电报给广东省主席和驻省的战区司令长官，在剧团行经防区时，转饬地方军政负责人给予过境和工作方便。

剧团出发前三天，谢和赓与王莹往游叠彩山，他俩拾级而上，穿过山门、风洞、卧佛，同上明月峰话别。俩人倚岩而坐，沐浴在和煦春风之中，凭岩远眺，但见漓江自东北方向绕过尧山，转往西南奔流至一片棉花石前，流势转为缓慢，水色湛蓝，明净如镜。泛光流水荡漾到棉花石边，竟使水下石影晃动起来，那浮于漓江西岸边大片白色的平坦的石灰岩，宛如柔软的变形的棉花。江水流淌过棉花石前，平缓地流到叠彩山崖边的木龙洞，在小小的舍利塔岸边水域，只见水面旋涡回流片刻，便急促地奔流而下，被萝卜洲挡住水势，将之分流为东西两股江水，东面江水形成宽阔的浅滩，西面江水纳入桂花路边下面的小河道。两股江水在萝卜洲尾被伏波山北面的石崖迎面截住，形成一面几近百米直径的“蓉镜”。伏波山的倩影就在“蓉镜”中晃动，熠熠耀人眼目，似

诗情画意的桂林景色

乎是水晶宫里幻化出来的蜃景。

叠彩山东北面漓水两岸田畴上，散缀着大片黄灿灿的油菜花、灿烂的肥田草白花和苜蓿的紫红花，这些花将无际的大地编织成鲜艳绝伦的锦绣地毯。远处东边的尧山和四周的天圣山、猫儿山、观音山、七星岩、月牙山、穿山、塔山、象鼻山，就耸立在这美丽娇娆的巨大地毯上。谢和赓在为王莹指点着桂林各处名山景色，说："'水作青罗带，山如碧玉簪'，这是对桂林山水古典式的赞美词。凡是到过桂林的文人墨客，谁都能背诵出韩愈这两句千古传颂的佳句，以之来形容桂林美景的。你能抒发出超脱于这名句之外的感怀吗？"

王莹莞尔一笑，"当然，可以超脱。"她指着初升的太阳霞光说，"日出、日落、云、雾、雨、风的千变万化，以及人们的幻化感觉，不是也能使一切景色点染出深浅的变化，因而能描绘出千姿万态的图画吗？人的心情愉快，那山那水就无限美；若是起码的生活无着，精神痛苦万分，一切风景的客观存在，就都体现不出美的价值来。将来有一天，新中国成立了，我相信桂林山水将会得到中外游客无限的赞美，那就不是'水作青罗带，山如碧玉簪'所能形容于万一的了。"

谢和赓听着王莹的美学宏论，不禁拍手叫绝。

二人凝立明月峰上，极目远眺，神意飞翔，陶醉于桂林的山山水水，更陶醉于"点通""灵犀"的甜蜜之中。

然而，时间却无情地前进，再过几天，隔别于天涯海角的有情人，将要依靠鱼雁传书互诉衷曲了。和赓、王莹有说不尽的离情絮语，有诉不完道不尽的对祖国的恋情别意；他们相依相偎于爱情无尽的长河中……

王莹毫无保留地敞开心扉，她让他看看她的纪念册，从心底里捧出来的，奉献给他的纯洁的爱情……

谢和赓翻开王莹那本精致布面的纪念册，一字一句地欣赏着《明月峰话别》诗中坦露的情愫：

携手话别明月峰，
两地相思，各自珍重，
想来，我们的任务艰巨又光荣！

你，我想你并不图虚名，
甘当一个无名的英雄。
感谢“老乡”（李克农）“停车”的叫声似洪钟，
你急忙歪首回避也没用，
刘有才（司机）已把方向盘停止转动，
我俩眼对眼，意在不言中，
呵！是惊骇，又是暗喜，
“老乡”的笑声，
震破了一层薄膜——
它紧隔着两颗心和胸！
浓浓的黑雾一阵儿被吹散，
明朗的“庐山真面目”真美，
我们还有什么惧畏，
正大光明的相爱。
“吹皱一池春水”！
哪管那些评是论非！
携手话别了明月峰，
我们的理想、爱好多么相同。
在湖北宋埠敌机轰炸下说的话，
你一定牢记在心中，
“我俩是同一战壕里的伙伴，
永远携手向前冲锋！”
我们的心正似晨曦红彤彤！
……
我想象中的南洋群岛风光多美好，
碧波环绕，四季花开，万紫千红，
迎面吹来凉爽醉人的海风，
呵，可惜你不能伴我们同行，
共享爱国侨胞情谊深又隆！

别了！不要记挂我们，
转眼就会欢快地重逢，
崇高的理想，甜美的梦，
不管征途上有多少荆棘，
只要共同奋进，
总要实现，成功！

王莹这首如漓水般晶莹、流畅的诗情，无穷无尽地浸染和包含着谢和赓和她的恋情。

谢和赓与王莹话别明月峰，约定了鱼雁传书的方法和代号，嘱咐她“要经常写信给李宗仁、白崇禧汇报演出情况，即使是简单的报告到了什么地方，以及华侨团体对演出的反应，也要及时让李、白知晓。这是争取国内人民支持剧团演出，以及免为谣言破坏剧团声誉所需要的”。信的封面写“重庆或桂林白副参谋总长，或桂林行营白主任钧启”，“信内若有须向周恩来同志汇报的，就在封内用小信封另写‘谢秘书收’。用‘姑姑（周恩来）’、‘大伯’（董老）、‘老乡’（李克农）等代号写信，使南方局随时都了解剧团在海外的活动，以便周恩来对剧团的任何指示，都可经由我转给你”。

剧团出国后，王莹每次寄重庆、桂林给李、白收的信，都由“谢秘书”先拆阅。剧团用这约好的方法和代号通信，从出国到回国这段时间，没有发生任何问题。谢和赓每次把王莹和剧团的演出成功盛况和宣传抗日的感人效果，向周、董、叶、李汇报时，他们都很满意，同时对谢和赓这座通信桥梁的作用也很满意，慰勉有加，使谢和赓非常感动，更加激励他为党奋斗的力量。

李宗仁、白崇禧对王莹经常汇报剧团的活动和海外宣传抗日的盛况和巨大影响，感到极为高兴。白崇禧询问谢和赓：

“是剧团的什么人写的报告？写得这样通顺清楚，文字又这样美，小小的剧团真是人才济济啊！”

谢和赓据实回答说：“据剧团大家开会的决定，王莹除演戏外，负责对内对外的宣传工作。国内的通讯和向德公与你的报告，都是由她本着剧团的意见起草的，报告也经过剧团负责的几位青年过目的……”

白对剧团的汇报很满意，赞扬王莹不辞劳苦努力工作的精神。王莹每次寄来的报告，白总当做要事先处理，而且马上指示："即寄呈德公。"

李宗仁接到转去的报告，也当做要事先核阅处理。因为王莹写的报告，内容具体、生动、感人，常把侨领、侨团和广大侨胞对前方浴血抗战将士的关心，以及把他们对抗战前线缺少什么物资器材进行募捐的热忱，作了详细的介绍。这些都使李、白深为剧团的努力精神和侨胞的热烈爱国情绪所感动。

三十五、救亡剧团的南洋“长征”

中国救亡剧团从1939年4月下旬出国，经香港、西贡、新加坡、马来亚诸岛演出将近两年，这是中国现代戏剧史上，为抗日筹赈义演的一次戏剧“长征”。剧团行程两万里，经过大小城镇上百个，仅在新加坡演出一个多月就募捐到新加坡币1300万元，在南洋各地掀起了一浪高过一浪的抗战爱国热潮。两年义演筹集到的赈款，以及各种物资、器材、药品的捐献，共计五千万美元，有力地支援了祖国的抗战。中国救亡剧团及其全体人员，因此饮誉海外，成为来自祖国的使者和可爱的人。而王莹以其真挚、精湛、朴实、动人的表演，获得广大侨胞的赞叹，称她为“最可爱的人”；南洋群岛各种中英文报纸甚至称王莹为“马来亚情人”（Sweetheart of Malaya）；《星洲日报》赞王莹为“时代的英雄儿女”；作家郁达夫比喻王莹是“冬天的梅花”并书写了一幅字“万花敢向雪中出，一树独先天下春”送给王莹；闻名中外的画家徐悲鸿，在他为王莹绘画的演出像《放下你的鞭子》中，题书为“人人敬慕之女杰王莹”。

徐悲鸿经典油画《放下你的鞭子》

金山、王莹率领中国救亡剧团按照党的指示，贯彻执行抗日民族统一战线政策，在南洋群岛巡回义演筹赈获得了巨大成功，还反映在王莹通过谢和赓，向中共中央南方局、周恩来汇报的几个动人的故事上。

王莹在《南洋商报》特地为她开辟的专栏《长征杂缀》中，撰写了几十篇报告文学，连载一年多时间，共发表了二三十万字，其中有几个动人的特写。

9月18日，在麻坡演出，中国救亡剧团和南洋各地侨胞组织的筹赈会，用茉莉花编成花篮，命名为“自由之花”。演出筹赈时，花篮放在台上，哪个侨胞献金多，就把“自由之花”送给他，表示这是最光荣的褒奖。戏台下竞买花篮的场面感人至深。观众竞买“自由之花”的鼓掌声不断，人丛中你呼“三块”，他喊“五块”……“一百”、“一千”！以至呼喊到几千元叻币。献金最多的是麻坡胶树公，他以3000元叻币买下“自由之花”。王莹站在花篮旁边鼓掌、流泪，剧团全体人员以及台下侨胞，许多人都在抹眼泪，泪眼模糊地注视着上台领“自由之花”的胶树公。

王莹眼边挂着闪光的泪珠，不停地说：“我们代表祖国的亲人，谢谢你啦！”她高擎着“自由之花”，在雷鸣般的掌声中，把花篮送给胶树公。

两个人力车夫献金的事迹，王莹在给谢和赓的信上说“终生难忘”：

“我们的心都酸起来了！我觉得没有比这种献金情景更感动人的了。陈但毛、于荣两个车夫，衣服褴褛不堪，光着脚，戴着破草帽，一前一后，颤抖着走上献金台，将那用旧报纸包着的小包谨慎地打开来，慢慢地数着，有铜板、小钱和票子，一包是三十元零一仙，一包是三十九元九角三仙。他们没有说一句话，全场也都屏息着静默着。两个人献完了金，就带着掩饰不住的热情和激动，默默地走下台来。全场的观众都僵持在这沉默下的激情之中，心房在抖动，热血在脑门和背脊上奔流，汩汩泪水夺眶而出。人们知道，这是两个车夫聊表爱国寸心的血汗钱啊！这血是鲜红鲜红的，在滚滚地奔流着！这三十元的数目是很有限的，但它所蕴涵着的爱国之情却是无限的！两个车夫捐尽了自己微薄的钱财，但却是他们对祖国的最大贡献！”

王莹说：“三十多元本来不够挂捐献最大最多奖章的资格，但我们立即破例地把两枚代表捐献最大最多的纪念奖章别在两个车夫的破衣上，并留他们看戏。陈但毛、于荣摇摇头说：‘不看了，我们要去拉车，一家老少还等着我们赚钱买米买菜呢！’”

王莹几个人一直送两个车夫到剧场外，望着他们二人拉起车向闹市跑去，跑得越来越远，直至看不见了，可是王莹的泪眼却觉得这两个车夫的背影，越来越显得高大……

还有最为感人的侨胞小朋友献金的事迹。王莹每到南洋一地，就给当地的小朋友写公开信，把中国救亡剧团的活动情况，其他地方小朋友和大人们的爱国事迹告诉他们。在《给南中小朋友的信》中，她向孩子们建议：

"小朋友们，我希望你们从今天起，把吃糖的钱留下来，最好做一个钱箱，大家集体行动，每天一齐去丢钱，等我们半年后回来，你们捧着你们的爱国成绩来看戏，把钱箱献给筹赈会，救济我们祖国的伤兵和难民。你们可赞成？哈，我闭上眼睛看见了你们的小手都高高地举起来啦！而且我的耳朵里听到了一个大声的回答：'赞成！'……"

"时光一步一步地走……伸出你们的小拳头，一、二、三！我们要工作，我们要读书！懒读书是笨虫，考不及格的是傻瓜，不爱祖国的是坏蛋！……"

许多侨胞小朋友被王莹这种饱含至深赤诚的信和大人们的爱国热忱所感动。小朋友们或个人或合伙做起了钱箱，把他们积攒的钱捐献出来。

有一次，一个名叫小笨玲的孩子献金，他扛着一根竹筒，拿着一把斧子，走上献金台。大家都愣住了，不知他要干什么。只见这个孩子，举起斧子劈向竹筒。"哗啦"一声，滚出了许多铜仙和银角，都是一仙一仙的铜板，或伍仙伍仙的小银角。数了半天，才点清是十三元四角七仙。这是他积攒了两年的零用钱！全场观众，人声鼎沸，被这位小朋友天真的赤诚的爱国行为所感动。许多人噙着泪花，纷纷登台献金。不少人献出了手表、银镯、项链、耳环、戒指；甚至有些从几十里外坐车来看戏的侨胞，也不落人后，连预备回去的路费也不留，倾囊献出，宁愿徒步回去！王莹对侨胞的献金热情这样写道：

"亲爱的千万海外侨胞！我们在繁忙的工作中，看见了你们那伟大的爱国心，我们常常觉着心酸，眼泪止不住地流下来！一个大声的呼喊，常常在我们的耳边回响着：中国不会亡！我们伟大的祖国和民族是世界上任何一个国家所不能征服的！"

"每个人的心都充满了一致的爱……它能溶化一切，它能把自私与卑怯，一扫而光；它使得每个人都天真和洁白，而且是更勇敢地牺牲。大家都溶化在爱之中……一致地爱我们伟大的中华民族！”

谢和赓看了王莹这些扣人心弦的来信，久久地不能平静：信上所谈，都不是惊天动地之事，可这些平凡的小事背后，无不体现着中国人民伟大、崇高的爱国主义精神。

任何平凡人都一样，只要有这种爱国主义精神，都会变平凡为伟大，都会使平凡升华为崇高。

南洋侨胞称王莹为“马来亚情人”，侨胞的孩子们又怎样对待王莹呢？王莹的一封信说：

“……和赓，我病了。”谢和赓看到“我病了”三个字，心一下被揪紧了，忐忑不安地把信看下去：“一连发了六天高烧，人事不知，住在一家医院里。谢天谢地，我终于又回到了剧团，此刻，我在前往古城马六甲的途中给你写信……住院的辰光总缠绕着我，就写住院的事吧。六天的昏昏沉沉中，我梦见了许多许多。第六天早晨，一群小孩子吱吱喳喳的声音把我惊醒，他们给我献花来了，他们为我唱歌来了，看着在病房里穿来穿去的儿童，我的病好了许多。一个叫小开兰的女孩认真地对我说：‘王莹阿姨，你的病快点好吧，我们想看你演戏，我来扶你起来！’我感激地摇着头，她又认真地说：‘王莹阿姨，昨晚我们集体献金了，有一千多元哩！’听着孩子的话，我不觉又想起那两个人力车夫，我抚摸着小开兰的头对大家说：‘你们都是好孩子，把妈妈给的零钱攒下来献给祖国，你们长大了一定有出息……’我话没说完，小开兰却哭了，还有几个孩子也哭了，一问，才知道，她、他们都没有妈妈了！我也是……像她们这个年纪，失去亲爱的妈妈的。于是，我只得说：‘王莹阿姨也和你们一样，真的，我也没有妈妈了，祖国就是我们的妈妈！’孩子们笑了，我偷偷地抹一把泪水……在灾难深重的祖国，还有很多这样的孩子，她们都应该有亲爱的妈妈！……”

谢和赓读着这一封封平凡的、感情真挚的信，他为侨胞们、两个车夫、小开兰的伟大崇高精神所感动，感动得眼眶湿润了，他与远在南洋的王莹的心贴得紧紧的。仿佛王莹就在身边。

谢和赓看了王莹这些动人的信，到周恩来处向中央领导转报。周恩来要谢和赓尽快回信给王莹，代他们向全剧团慰问并祝贺任务成功地完成……

三十六、回国汇报

1941年春末，金山、王莹率领中国救亡剧团，载着巨大的胜利从新加坡回到香港。此时，恰逢国民党顽固派制造皖南事变，共产党人员受害消息不断传来。王莹提出剧团暂留香港待命，她先行回国汇报情况。金山、王莹找廖承志商议这事。廖承志和金山深怕王莹到重庆，会被特务抓走，不赞成王莹回国。

王莹说："我们剧团是李、白派到南洋去的，在两年的时间里，我们经常和白崇禧的机要秘书谢和赓通信……李、白又派了林枢团长作顾问，随我们到南洋，剧团的演出活动并未留下什么破绽和口实给林枢和其他特务抓住；而且林枢与我们相处还比较融洽。因此，国民党特务还不可能抓到什么把柄，给我们作难。我回去后实际上是向周公汇报，当然表面上到重庆后要先到白健公那里报告。为了防止万一，出于安全考虑，行前先发个电报给谢秘书，请他转呈白健公，说我们已完成南洋演出任务……拟即飞渝向白报告在南洋演出的经过情况，请回电示。我相信这是万无一失的办法。"

廖承志认为王莹想得周到，笑着拍手叫好："好好好！很稳妥，就按你的建议办。"

王莹回重庆，谢和赓先到机场，等候了一小时，才迎接到王莹。阔别两年有多少话要说，他俩紧握着双手，彼此深情地凝视，久久地凝视，传达了多少相思之情！

谢和赓陪王莹进了白的办公室后，谢和赓请王莹先向白崇禧汇报，自己转身就要离开白的办公室，白立即叫住他一同听汇报。白因要去蒋介石那里开军事会议，只听了两个小时汇报。

白对王莹的汇报备加赞扬，马上开条子要军需支给谢和赓一千元招待王莹。谢和赓高兴地接受了招待王莹的任务，每天都与王莹见面，这真是谢和赓盼望到的美好差使。他每天陪伴王莹到全国回教救国协会主办的餐馆“百龄餐厅”去吃饭。第一次，王莹点了三菜一汤，剩下未吃完，以后就总是一荤一素一汤，再加一小碟泡菜。王莹明知谢和赓是奉白崇禧之命专门招待她的，可是她自奉甚廉，从不慷公家之慨乱花钱。

王莹向白汇报后，很快找机会在郭沫若家向周恩来汇报两次，前后共七个小时。第一次，是周恩来和邓颖超一起听汇报，他们高度赞扬中国救亡剧团演出所取得的巨大成就和为抗战的伟业立下的大功。

周恩来向她传达抗战形势和我党“坚持抗战，反对投降；坚持团结，反对分裂；坚持进步，反对倒退”的方针。周恩来在与王莹分别时，十分满意而自豪地说：

“只有我们党，才有你和金山这样的人才！”

在谢和赓招待王莹留住重庆两个月的日子里，他俩表达和商议出国留学的事。王莹说：

“荷根，我很想再次去外国深造。这次去南洋，见到郁达夫等人，会几种外文，很有才学，我真羡慕他们。”

“荷根”听了笑着说：“这事我们又想到一起了。我早就想出国留学深造。健公已同意要我去美国留学，他们希望我将来为壮大桂系势力效劳。我很想学经济专业，将来能参加新的政府草拟类似苏联的五年经济计划，搞新中国经济建设工作。”

8月，王莹即将离渝返港前夕，白崇禧办公室主任徐文明奉白之命宴请王莹时，谢和赓在赴宴的人们面前，把两个月来招待王莹的饭菜单，以及剩下来的六百元都交给了徐文明收执。

三十七、智闯鬼门关

谢和赓自从在南京认识王莹起，就一往情深地认定她是自己最理想的意中人，以后在第五战区，在武汉，在桂林，在重庆，在香港，在桂林，再在重庆，前后竟有七次分合聚散。要是他俩之间没有共同革命事业的理想、共同的革命情操和品格、共同的爱好和共同的思想语言，两人未必最终能走到一起。是革命事业的崇高理想把他俩纯真的爱情融合一起变为现实。他们时刻以19世纪匈牙利资产阶级民主革命家、诗人裴多菲著名诗篇“生命诚可贵，爱情价更高；若为自由故，两者皆可抛”来鞭策自己建立革命的爱情。

1941年8月，王莹由重庆飞回香港，参加由中国救亡剧团和香港进步剧人新组成的旅港剧人协会，组织《雾重庆》、《马门教授》（又名《希特勒的杰作》）等剧的演出。过了三个月，白崇禧决意派谢和赓赴港学习英语，作出国留学准备工作。

与此同时，党中央为了扩大国际反法西斯统一战线，为了争取美国人民更有力地支援中国抗战，也决定派王莹、金山等人赴美国留学。谢、王、金和蔡楚生夫人陈曼云等找到一位英国教师学习英语会话。谢、王、金同住一个楼上，同桌吃饭。可是，学习不到两个月，日本于1941年12月8日发动了太平洋战争。王莹他们的旅港剧人协会被迫停止演出，谢、王、金三人的学习计划被打乱了。

1941年12月25日，香港被日军占领，日本特务知道王莹仍在香港，于是，通过报刊发出公告：

“欢迎王莹、金山、夏衍、蔡楚生、司徒慧敏”等人出来和他们“合作”“创建大东亚共荣圈”！还在电影院放映王莹等人的相片，要人们告发他们隐藏的处所，并对告密者给予重赏！

廖承志和香港地下党组织，想尽一切办法，保护和护送夏衍、王莹、金山等著名的文化人士逃离香港。这些文化人潜伏了十多天，在香港党组织的周密安排下，费尽心机才租到一条小船，于1942年1月29日黎明自香港西环偷渡。船主是姓潘的广东人，机智勇敢，对付日军的盘查很有一些办法，但是，载着一批文化人闯过日军的鬼门关，他是没有把握的。

绞尽脑汁闯关，这是夏衍、王莹、金山、谢和赓他们一行人每时每刻都要考虑的问题，有情况只能随机应变，稍有差池，其后果是不堪设想的。

潘姓船主领着夏衍、王莹等，忐忑不安地开始了偷渡的航程，他瞟了大家一眼说：能不能从鬼子布下的天罗地网里钻出去，这一回可没有把握。人太多，有小孩目标大，走不快。难呵！全靠大家有好运气咯！

船开航前，王莹叫谢和赓跟他们这帮文化人一起走。谢和赓激动地说："我们同生死，共患难！大家在一起，不用各自挂心。"

夏衍要大家都化装，尽量不带或少带行李，女同志要衣着朴素自然，不露破绽。他自己化名黄坤，蓄短发的商人模样。王莹化装寡妇相，以锅灰涂黑了面容。夏衍后来在《走险记》中描述了大家化装的情形：

"准备同乘这条船的'难友'陆续地会合了，21个人和34件行李挤满了这壁缝里也会发出鱼腥味的屋子，大部分是战争开始以来不曾见过面的朋友，道着平安，讲着战争时期的险难，告诉别人自己的假名和职业，互相调笑着'化装'之后的形象。漂亮的小姐变成了褴褛的乞婆，一位著名潇洒的名演员今日扮成了一个沦陷后的香港最横行的'烂仔'……"

拂晓，小船悄悄地离开香港，经零丁洋飘向澳门。人人屏息着呼吸，不敢有一点响动。一位母亲对孩子耳语："不要哭！要不听话，哭一声，就丢大海！"听到这些恐吓孩子的话，同船难友一阵酸楚。

小船航行两小时后，突然遇见"嘟——嘟"开来的日本巡逻艇，上面三个鬼子挺立荷枪挥刀，"哇哇"地吼叫要停船检查。日本鬼子查问了几句，王莹会讲日语，但不能回答。这时，夏衍从容地走上前去，以商人的恭顺模样，用流利的日语回答了问话。

鬼子军官扫视了全船，目光停在王莹脸上，走到她跟前，粗野地在她脸上抹了一下，一看手指上是锅灰。大家被日本军官这一突然动作攥住了心窝，倒吸一口冷气；王莹的心“扑通扑通”地跳；谢和赓的心似乎跳到了嗓口，两手紧攥着拳头，随时准备挺身保卫王莹。

在这千钧一发之际，夏衍镇定地用日语回答：“她因香港粮荒而疏散到农村去，因为是女人，心里害怕，才擦了些锅灰。”说罢，又故意轻松地安慰说，“不要怕，你把锅灰洗掉。”

鬼子兵听了，狂笑一阵后，挥了挥手，也不看行李，就“开路”放行了。全船的人才长长地舒了一口气。

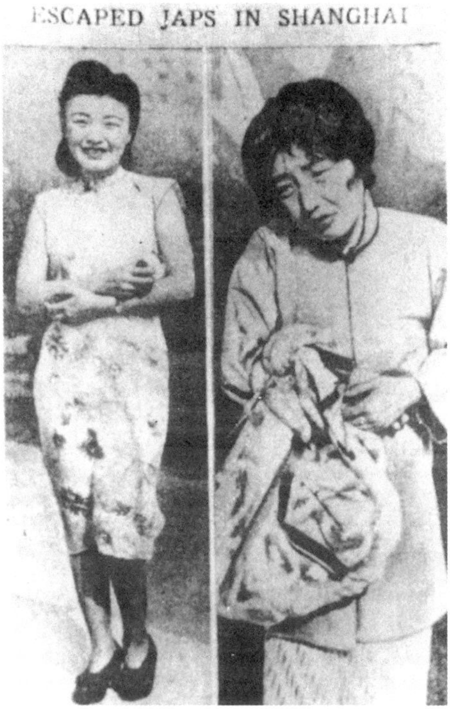

撤离香港途中化装前后的王莹（美国记者摄）

闯过了海上这道鬼门关，大家称赞夏衍临危不惧、机灵应变和化险为夷的本事，夸奖他的商人模样惟妙惟肖，不愧是第一流的“演员”！

夜幕罩下来了，月亮照射海面，波光粼粼，小船偷渡过三灶岛，驶向澳门。途中发现船漏，大家合力舀水堵漏。到澳门了，又继续前行，先后躲过日军汽艇和汪伪“南支海军陆战队”的检查；但过银洲海就遇上海盗了。大家心惊肉跳，汗毛倒竖起来，幸亏司徒慧敏用道地的广东话大胆上前与海盗头子答腔，说船上都是逃难的，请他们“高抬贵手”。海盗环视船破人穷，确实没有什么东西可捞，就撤走了。

闯过海路几道鬼门关，接着要闯陆路鬼门关。王莹感到第一次化装，锅灰涂得过多失真，招惹了一点麻烦。这回想到日本人大多信佛，于是化装成一个老尼姑。果然不出她所料，日本鬼子哨卡一见是老尼姑，背驼腰躬，双手合十，攒着念珠数个不停，腿脚走路又不大灵便，一挥手就放行了。只有一次，另一个哨卡的鬼子兵较为细心，怀疑王莹穿着的是假佛教徒衣服，就用棍子敲

1942年，田汉、王莹、夏衍（左起）在桂林

敲她的手，她越发虔诚老成地低首念叨“阿弥陀佛”不迭！王莹身边一个伙伴趁机再加解释几句：“她老啦！很害怕，不懂事，你们可怜可怜这老尼姑吧！”鬼子兵见有人帮腔，以为不是装的，就“开路开路”叫开了。

夏衍、王莹这一行人闯过道道鬼门关的故事，就成了戏剧文化人旅途上扯淡的趣闻了。

1942年3月初，夏衍、王莹、金山等同志终于回到重庆。田汉、洪深等同志一见他们脱险归来，真是喜泪盈盈，额手称庆，举行盛大的欢迎会，祝贺他们平安归来。

夏衍他们报告了逃离香港途中一个多月惊心动魄的经历，使与会的同志十分感动。田汉即在会上赋诗助兴：

风云香岛恶，游子只顾返。
昨过蛟龙窟，今遇铁门槛。
疾趋都斛镇，远途日已晚。
衫如孔乙已，须如加拉罕。
更如张伯伦，肩挑破洋伞。
眼昏路不熟，心急脚愈懒。
四海正蜩螗，一身尽肝胆。
仆仆道路间，惟恐文明斩。
幻作流民图，聊以寄有产。

（注：最后一句指蔡楚生为夏画一幅《黄埔逃难》图。）

三十八、特殊的考验

1942年1月至5月，重庆文化界掀起了一场反对谢和赓与王莹恋爱的风波。文化界人士，除了夏衍、阳翰笙等少数文艺领导人，以及洪深、刘仲容、赵清阁等谢和赓、王莹的好友之外，绝大多数的同志或朋友，都异口同声地表示反对，而且是坚决的反对！一时间，他俩的恋爱成了电影、戏剧、音乐、文教等各界人士的无聊闲话题材，同时，也成为重庆的猎奇新闻！

在许多的同志和朋友看来，他们出于对国民党的憎恨和对白崇禧参与制造四一二反革命政变和皖南事变的仇恨，对如今在白崇禧身边工作的机要秘书谢和赓也恨之入骨，认为这个“助纣为虐”的家伙，居然“癞蛤蟆想吃天鹅肉”；而王莹是“人人敬慕的女杰”“洁白的明星”“党的好女儿”，她怎能跟与白崇禧一伙的反动军官谈恋爱呢？反对的同志和朋友们自然而然地指责：“王莹可真是聪明一世，糊涂一时！”“这不是一朵鲜花插在牛屎堆上吗？”诸如此类尖酸刻薄、讽刺挖苦等难听的话，一股脑儿吹进谢、王的耳朵，折磨着他俩的心灵。

反对的声浪步步升级，由惋惜、怀疑、失望、责难，直至对谢和赓与王莹进行人身攻击。一名教授且是王莹的朋友说：“他们这些人都是最落后的，又是最封建的，最轻女重男，他们三妻四妾是天经地义的，你如果和这种人谈恋爱，一定要上当，一定要落得个最惨最悲的下场，贻笑大方……”

王莹有礼貌地回答这位教授说：“你这样看人，我看不对，他们中也有许多杰出的人物……至于封建思想，我看不能以民族种族来划分谁轻谁重。”

谢、王对那些出于对国民党、对白崇禧的怨恨而株连到他们的，对于出于爱护之情而规劝他们的，他俩都本着不知不罪不怨的态度对待，因为他们的用心是良苦的。至于一向受人尊敬的郭沫若、田汉、范长江、萨空了、孟秋江等人对他俩也持反对态度时，王莹则为谢和赓受到的非难和委屈感到十分难过。她对谢和赓说：“我们应该体谅这些同志和朋友的心情，因为他们目前无法理解我们的关系和你的身份。只是，荷根，你受的委屈比我多、比我大，你是为党为革命做了很多地下统战工作的无名英雄；你本来是红的，可那么多的人骂你是黑的，骂你是反动派、走狗！我听了，心里难过极了！我真想大声地跟他们辩解，说你不是他们所说的那种人。可是，不能啊！绝对不能啊，我们一定要挺得住，不能感情冲动！我们宁可蒙受委屈，也不能让党的工作蒙受损失！反正，我们问心无愧，对党的热爱和忠心是至死不变的；我俩的爱情也是至死不变的！倘若两个人的委屈，能由我全部承受就好了。”

谢和赓与王莹，就是这样，以一种崇高的无名英雄的革命精神，去承受着精神折磨的痛苦，经受了一场最难熬最特殊的战斗和考验。

谢和赓与王莹恋爱风波，发生于皖南事变之后。周恩来面对滚滚的反共逆流，工作万分繁重，他在日理万机之余，并没有忘记对干部的关心和爱护。早在武汉沦陷前，他就从李克农、刘仲容那里了解了谢、王的关系，又曾当着谢、王二人之面，作过指示，认为他俩的恋爱是正当的、健康的，而且对他俩的工作，一向是很信赖的。

周恩来对电影界一些反对王、谢交友的人说：我认为王莹是个值得信赖的同志，她对恋爱结婚的事情，决不会马虎的，也不会把党、工作、事业置之不顾。要相信王莹的事业心，是超过她自己的私事的。

周恩来又不得不在百忙中分别找谢和赓、王莹个别谈话。他对谢和赓说：王莹过去是一个对生活极严肃的好党员、好演员，过去有好多人都追求她，可她从不随便，在私人生活上是洁白无瑕的。我知道，你和你的妻子早已不能相处。这些情况，宣侠父都详细告诉过我，但是，为了党的事业，为了救国事业的需要，你现在还不能和你妻子离婚。一直要等到你的旧关系解决以后，你们才能结婚！

周恩来对王莹也说：谢和赓的旧关系，我在武汉时，在广西工作的同志已经详细告诉我了。这不完全是他个人的问题，因工作关系，他还不能与妻子离婚。这你要有充分的思想准备。在你们没有正式结婚之前，决不能同居；在他的旧关系没有解除之前，你们也不能结婚。

王莹当即激动地说：周先生，我与和赓都把你看作是自己最亲的人。你和董老、克农是最了解我们的。我俩的爱情已经过几年的考验，是永远不会改变的。我们对党的感情及我们之间的恋情，将永远像处在初恋之中那样纯洁、真诚、执着。

他俩还向周恩来说："我们对党的爱是至高无上的，我俩的爱情也是专一无二的。我们决心以生命许党，个人的爱情是次要的。今后一定不辜负周先生的期望。"

用王莹与和赓自己的话——"永远的初恋"来理解他们的热恋之情吧。他俩把热恋也称作"初恋"是有特殊含义的。但凡青年男女的恋爱史，初恋阶段是最天真、最活泼、最美丽、最甜蜜、最真挚、最纯洁无邪的，这是热恋阶段永远不能与之相提并论的。人的一生，能够在相爱的漫长岁月中，保持"初恋"的思想感情和思想感受，是很难的。但是王莹与谢和赓做到了。他俩不但做到了恋爱感情感受是"永远的初恋"，而且对祖国对党对人民的恋情感受也是"永远的初恋"。所以谢和赓不无自豪地说："天下人间，我是最幸福的一个青年！"

谢和赓与王莹恋爱风波在革命队伍内部还未平息下来，在国民党队伍里，又掀起了新的风波。

有好些国民党官员的鼻子相当长，他们对白崇禧当面陈述："听闻你的侍从秘书和一个左倾的电影明星谈恋爱，你可得注意！"

还有不少人给白写"亲启"信。刘仲容告诉谢和赓，那些"亲启"信是告发谢、王恋爱事情的。这些人指控他"和一个亲共产党的红色影星正在热恋之中"。而且，这个"红色影星"十分可疑，曾多次被捕入狱。要白崇禧警惕他的机要秘书，不要"中了共产党的美人计"！

据刘仲容说：白崇禧听到和看了很多讽刺谢、王恋爱的谈话与意见，并没有引起什么疑虑。白认为谢秘书生活一向很严肃，不是风流浪荡的公子哥儿。他从军政人员眷属中探知，国民党内外，都有不少美人追求谢和赓。有位知名的中学校长很想把自己漂亮的女儿许配给谢和赓，这曾是桂系上层人士中喧闹一时的桃色佳话。倘若谢和赓是朝三暮四的人，他就要在美人计面前上钩多次了。

至于王莹，白崇禧认为是很优秀的演员，而且他早已有意为谢、王的恋爱关系提供种种方便。若白接受“亲启”信的意见，岂不是成了出尔反尔之人吗？

白曾十分坦率地对刘仲容说：“我觉得管闲事的人和嫉妒吃醋的人可能有，借机挑拨我与和赓关系的也可能有。和赓跟王莹恋爱，有什么值得大惊小怪的？有些人反对人家恋爱，这真是‘只许州官放火，不许百姓点灯’！多少人三妻四妾！都不说说自己。和赓的事业心那样重，他和妻子的性格合不来，这哪能怪他？我决不干涉他的私事！……”

三十九、准备赴美留学

1942年春，重庆山城掀起了一股出国留学热潮。谢和赓、王莹、金山和戏剧、新闻界的一些人，还有国民党要人的妻子、儿女也都争取赴美留学。谢和赓和白崇禧的另一位秘书办理留学手续时，白争先向宋子文和财政部俞鸿钧次长打招呼，请给予方便，因此，他们很快得到外汇和护照。谢和赓的护照还带上中国驻芝加哥总领事馆学习员外交官的头衔，可以享受驻外使馆人员豁免权。王莹、金山申请出国护照时，白也事先向国民党中央秘书长吴铁城和海外部长郑彦芬打过招呼。

但办理手续过程中，吴铁城与王莹、金山谈话时对金山的态度十分冷淡，金山忍不住发火说："秘书长不愿帮助我，那我就不再要求了。"金山的气话一出，可真成了"驷马难追"了，尽管王莹立即为金山辩护，说好话，吴铁城还是板起面孔，不再理会金山了。

王莹很快得到出国留学的通知，将以国民党海外部视察员身份赴美留学，其级别相当于国民党司局级的高级官员，持黄色的官员护照。

白崇禧十分赏识谢和赓对桂系事业的忠诚，对他出国深造寄予厚望。除了特许谢和赓以白崇禧"上校秘书"这个官衔对外，还特意写了四封亲笔信，介绍谢和赓到美国去见宋子文、胡适、魏道明、林语堂这几个中国名人，请他们接待、关照和指教。

周恩来、董必武等中央领导人，希望谢和赓、王莹出国后将中国抗战的真情实况和广大抗日根据地的抗日事迹，向美国人民宣传，加强中美人民友谊，担负起扩大国际反法西斯统一战线这一新的历史使命。

周恩来先后三次在郭沫若家接见王莹，也先后三次在红岩村接见谢和赓。特别交代他俩怎样去完成党交给他们的这个重要使命。周恩来嘱咐他俩：你俩是中国人民的友好使者，要多做中美两国人民友谊的工作，要广泛地交朋友，不要仅仅和一些进步的人士交往，更要和美国文化界一切同情中国人民抗战的人士多联系。比如说，对史沫特莱、斯特朗这些老朋友……他们在美国一般群众中影响很大，声望很高，对旅居中国时间很长的文化名人小说家赛珍珠，以及留居美国多年的中国学者、华侨和华裔中爱国知名人士，你俩要多花力气，多多做他们的工作，这是你们的工作重点……在争取开明人士支持中国抗战上，切忌关门主义的态度，切忌摆革命架子，唱高调，动不动就给人家戴上反共的大帽子。要善于细致地做工作。要向那些同情中国人民的美国人民和爱国华侨，讲明祖国的贫穷落后，争取他们也能像南洋爱国侨胞和当地人民一样，支援中国抗战。你们要把党的各项抗战方针、政策，向美国各界朋友很巧妙地进行宣传。

周恩来这番话，后来就成为谢和赓与王莹在美国留学时期的工作纲领。

谢和赓切身体会，周恩来布置工作任务十分严谨、周详和精细，这是值得自己学习的好作风和好经验。王莹对谢和赓转述周恩来的再三嘱咐：

你一定要拿出大革命失败后逃到上海做地下工作，抗战后到前线和南洋义演募捐的艰苦奋斗精神来攻读外语……达到能直接用英语讲话、写作和演戏的水平。你是名演员，除了特别的纪念品之外，决不要接受人家的礼物。要和过去在战区和南洋工作时一样，不但不接受人家的馈赠，而且在生活上要和一般同事共甘苦，不享受特殊待遇。要做到不为名，不为利，不骄不躁，永远保持谦虚谨慎的作风。

对于王莹的政治学习，周恩来关心备至，特地拿出几本《论持久战》送给王莹说，你读过没有？

王莹红着脸惭愧地回答："只和大家一起念过一遍，随便议过两次，但是没有细读，也没有好好研究过。"

周恩来说：你们搞戏剧文艺的，也要好好研究毛泽东同志这本书，里面许多大道理，都是最好的宣传材料嘛。

王莹双手接过书，连声说："我一定好好学习！"

周恩来接见谢和赓时，向他作了同样语重心长的指示。第一次接见后，过了半个月，谢和赓没有及时汇报情况，周恩来十分挂念，谢和赓第二次见周恩来时，便受到周恩来的批评了：和赓，你不要像有的人那样，谈了恋爱，便冷了组织。

在周恩来面前，谢和赓一向无拘无束，今天见周公一改平时慈祥随和的态度，以十分凌厉的目光逼视着自己，便十分敬畏地笑着辩解说："我从来都没有对组织冷淡过。这半个月，白崇禧那边事情很多，无法脱身。"

周恩来这次谈话有意如此严厉责备他，要求谢、王正确地处理好工作与恋爱的关系，是很有必要的。这也是党特意敲响警钟，告诫谢和赓千万别做恋爱至上的庸人。

谢和赓深切地领会到周公对自己的临别嘱咐，凝结着党对自己无限的期望！这是他终生难忘的一课！

王莹、谢和赓临近出国前，重庆拉起空袭警报，日本飞机呼啸着掠过山城。

在谢和赓的带领下，白崇禧与蒋介石的军事顾问拉铁摩尔钻进防空洞。白崇禧对拉铁摩尔说：

"这是我的秘书，年轻有为。我要派他到美国去深造，你能替他选读一所学校吗！"

拉铁摩尔很爽快地回答："十分欢迎，哈佛和哥伦比亚都是美国很有名的大学，进哪一所都可以。"

白崇禧马上说："不，拉铁摩尔教授，哈佛和哥伦比亚大学，那里中国留学生太多。我要他到一所没有中国人的学校去，让他每时每刻离不开美国同学，这样会很快地提高英语水平，习惯美国的生活环境，了解你们美国人。"

拉铁摩尔笑笑地说："这事很容易办到，我一定帮忙。"

出国留学的手续都办完了，谢和赓向白副参谋总长告别，提出了要与妻子离婚之事。

白崇禧说：谢秘书，你要离婚，心情可以理解。不过，这种事，会影响到我们几家人后院的安宁，我还是希望你能再拖一拖——反正，你和王莹女士到了美国，不就自由了嘛！你说呢？

谢和赓觉得这是有特殊关系的姻亲，过急办理离婚，有一定的难度和难以说清的影响，只好应诺“是”。

白崇禧高兴起来，也就随和地安抚着谢和赓的肩膀，表明他的心迹说：这次派你去美国留学，仍保留你的“上校秘书”官衔。完成学业回国后，另有安排。

谢和赓感到白崇禧的感情流露有点异乎寻常，超出平时的上下级关系，但还是用下级对上级通常的客套话回答：“感谢白副参谋总长栽培！”

白崇禧挥手笑着说：你跟我多年啦，不必客气，将来，有朝一日……我有了发展，一定请你回来辅佐，我们一起建设大好河山！

谢和赓听到白崇禧如此坦白地道出自己的野心，也感到有点不知所措，但不能在白的面前失态，只好低头听着，沉默不语。此时谢和赓的任何回答都是多余的和不适当的。

最后，白崇禧从抽屉里拿出四封信：这是我的亲笔信，到美国后，你拿去找宋子文、胡适、魏道明、林语堂。他们会给你提供方便的。

四十、与周恩来话别

1942年，谢和赓与王莹得到李宗仁、白崇禧选派，送往美国留学，同时，也得到周恩来的批准和支持，这是传奇性的巧合趣事。

刘仲容在谢和赓与王莹双双赴美国留学深造时，利用适当的时机，为谢和赓与周恩来、董必武等领导人沟通联系，做了大量的工作。

另外，1938年初，邓初民和谢和赓建议联合国民党进步人士，组织一个拥护中国共产党、坚持抗战到底的党的外围组织。这个外围组织，就是1941年3月19日在重庆成立的中国民主政团同盟（又称“小民革”）的前身。这是在周恩来的亲自引导和中共地方组织直接扶持下建立起来的。这也是王昆仑、王炳南、刘仲容、阎宝航、屈武等进行具体筹备工作前的一段历史事实。在武汉，倡议建立这个组织的发起人有邓初民、谢和赓、黄松龄、马哲民、张难先、李书城等。后来，中国民主政团同盟在重庆正式成立时，周恩来便建议谢和赓不要参加：你在李克农同志主持下进行对敌斗争的工作是绝密的，而国民党进步人士的情况很复杂，不宜与这些人一起做政治工作。因此，谢和赓当时没有参加这个组织。所以，谢和赓到美国后，就没有参与中国民主政团同盟在海外的工作了。

谢和赓、王莹赴美留学即将起程的头一天夜里，谢和赓按照两天前党的通知，到红岩村直接向周恩来请示，这是非比寻常的一次话别。因为以往党与谢和赓的联系，主要通过李克农。在社交场合，周恩来是“不认识”谢和赓的。

谢和赓坐上轿车，在雨夜中闪电般穿过陪都重庆的长街，向曾家岩方向驶去。来到曾家岩附近，谢和赓遣走出了轿车，便站在一家屋檐下东张西望，面对狂风暴雨，显出无可奈何的样子。须臾，他箭一般地冲进一条小巷，钻进周恩来的专车里，风驰电掣般地开到目的地。

在红岩村朴素的会客室，周恩来倾听谢和赓的汇报。

汇报完了，周恩来第一句话就是，到美国后多吃些牛奶、黄油，把身体保养好锻炼好，祖国等待着你回来。

谢和赓用劲点了点头。

周恩来说，你们是中国人民的友好使者，到美国后要广交朋友，不要仅仅和一些进步人士来往，也要结交美国文化界的知名人士。有一个人你们必须努力争取，她就是美国著名女作家赛珍珠，虽然她反对共产主义，但她在美国的声望很高，争取她对我国抗日战争的同情与支持，对于争取到美国政府和人民对中国人民抗日斗争的同情与支持有很大作用。我本想请孙夫人宋庆龄给赛珍珠写封信，将王莹介绍给她，但因你们行期在即，现在已经来不及了。到美国后如能见到她，你们可以对她说，孙夫人问候她，并准备写信将王莹介绍给她，但因行期太匆忙，没有拿到这封信。

周恩来告诫谢和赓说，你的组织关系，只有叶剑英同志、董老、颖超、克农、罗青长知道，连仲容、汉夫、家康、炳南都不能让他们知道。因此，你们到美国后，对龚普生（这是周恩来介绍谢在美联系的党员）只说我叫你们和她取得工作联系，绝不可泄露你的党员身份，就是你曾为“小民革”的发起人也不要对任何人讲。

谢和赓体会到周恩来这些话，既是防范于未然，又是语重心长的关照啊！

最后，周恩来郑重地指出：你敢于说话，爱提意见是好的。但你性情急躁，易于激动，太直率，太气盛了，这对我、董老、剑英、克农不要紧，我们了解你。在国外对朋友、对同志，就要讲究方式，要谦虚谨慎。这点，你应该好好向王莹学习！

谢和赓按捺住心头的激动，坦诚地说：“周副主席，我一定按照党的指示办，一定要像你所嘱咐的那样，爱护王莹的事业，在政治上我不敢当她的参谋。但我要当好她的秘书——第九任秘书！”

什么第九任秘书？周恩来略偏着头笑问。

“我从当吉鸿昌的秘书起，八年多来，当过白崇禧的机要秘书，国民党国防会议秘书，军事委员会秘书，第五战区司令长官秘书，全国回教救国会理事兼理事长的秘书……今后再给王莹当秘书，不就是九秘吗？”谢和赓数到九任秘书，顿了顿，诙谐地自我调侃着说：“过去的八任秘书我都没当好，以后我一定要当好九秘。”

周恩来听了，大笑起来，连说这“九秘”、“九秘”好！你一定要当好王莹的九秘。窗外的雨还在下个不停，风雨迷茫的红岩村，溶进了周恩来爽朗、豪放的笑声……

当王莹听说“荷根”向周恩来汇报，要做“九秘”的话时，忍俊不禁地连连拍手说：“九秘好，九秘好！那‘荷根’就是我们的定情物，‘九秘’就是我对你的爱称！”

从此以后，他俩在一起时，或需要通信，王莹都亲昵称“荷根”为“九秘”。

四十一、冷清的离别

一夜的暴风雨把天空洗得湛蓝湛蓝的。5月的骄阳，蒸烤着重庆市郊机场。地面腾起的水汽，使原已闷热的天气更加闷热，使候机厅的旅客备感郁闷。

王莹与谢和赓，在默默地等待着由重庆飞往印度加尔各答的班机。候机厅所有乘客中，只有他俩最高兴，不，也许只有他俩最酸楚。

高兴，是王莹与谢和赓竟然双双得到赴美国留学的机会。酸楚，是他们别离祖国的最后时刻，竟然没有为他们送行的同志和朋友，更没有知心朋友依依惜别的倾心交谈。最不愿意在公共场合抛头露脸的王莹和最不习惯无聊地迎来送往的谢和赓，此时多么希望有送行的友人。他俩的心头袭上从未有过的惆怅。

几个月来，重庆山城沸沸扬扬的桃色风波，竟使王莹不再是同志和朋友们昔日所称赞的王莹了，不少同志和朋友竟然用种种丑名骂她，甚至骂她“甘当军阀走狗的侍妾……”哪里还会有同志和朋友为他俩送行？若是来送行了，岂不与他俩是“一路货色”了吗？

看来，最积极的办法，还是一切不实之词，别理睬它；一切误解，将来人们自会理解。几十年前爆炸新星的闪光，当年不会为人们所看到，但几十年后，它终将为人们看到了——这个耀眼的光辉，曾经照亮了宇宙的一角，这就够了。

为了减轻王莹精神上的痛苦，找不到恰当的话来安慰她，谢和赓便说了句：“莹，今天天气真好，正好方便起飞！”

“唔，天气真好。”不愿说无聊话的王莹，也只好违例地说句无聊话了。

然后，他俩又沉浸于沉默之中……

终于，还是有人来送行了。机场入口处出现了女作家赵清阁和另一女伴。

“王莹，你在重庆时，大家都对你说三道四，如今你要走了，朋友们讲不出是什么滋味和感受。”赵清阁真挚地说。

“唔，我也有这种感觉。”王莹回答。

“美国是个崇拜明星的地方，你到那里留学，还演戏吗？”赵清阁问道。她知道八年前，名震上海影剧界的王莹，看到她的同行好友艾霞服毒自尽后，几经痛苦的思考，毅然跳出污浊黑暗的电影圈，在19岁生日那天，东渡日本求学。

那次到日本留学，夏衍、阿英、袁牧之、陈波儿等朋友都来送行，一一握别；这些朋友都对她千叮咛万嘱咐要她好好学习。但是，也有些人惋惜“正在走红的明星”猝然离去，哀叹王莹不过是一颗“流星”；慨叹她东渡留学是“得不偿失”；担心她会被“东洋魔鬼所吞噬，断送了艺术青春”；甚至说她跳出“黑暗的电影圈”是遁词，到日本寻找“世外桃源”是真，等等。

社会舆论、朋友的议论，尽管形形色色，纷纭复杂，似是而非，但更多的是向王莹表示依依惜别之情，在报上发表送别诗文。一个署名吕公的作者，在上海《大晚报》发表《送别王莹女士》专文：

“在数天难于撩开的乱心的离绪中，想起了舞台上失去了光芒，银幕上减少了生气，那使千万颗观众的心感到怅惘的王莹女士明日东渡……

当兹离别之俄顷，敷衍点缀之词，黯然伤神之意，或者寻觅一句稍微慰安一点的话，固都不足赠别于这位将有壮行于岛国的严肃灵魂于万一……”

有个署名万秋的则写出语重心长的诗：

去吧，王莹
到那樱花灿烂的国度。
只是我希望：
你不要沉醉在异邦的泰平景象里，
忘却了满地荆棘的祖国！
戏剧的新天地，正在开垦，
负着铁锹的姑娘哟，
不要忘却了你的责任。

那次到日本留学，有惋惜、慨叹、担心、诬蔑和攻击，但更多的是叮咛、惜别和寄予厚望。那次到日本留学期间，有几家电影公司，以现金支票、优厚的报酬、高额奖学金、专用的汽车等等为诱饵，要王莹钻进“中日亲善”的电影圈。但是王莹为了维护中华民族的尊严，视荣华富贵为粪土，拒绝了不怀好心的嗟来之食，赢得日本人民和中国人民的尊敬和高度的评价。王莹始终保持着自身的洁白，闪烁着更晶莹更耀眼的光芒！

王莹清楚地记得八年前东渡日本留学的所有情境。如今要去美国留学，眼前却是那么多的同志和朋友的冷漠，令人多么黯然神伤！东渡日本留学，那是自我奋斗的锻炼和提高，西去美国留学，则是肩负着宣传中国人民反法西斯侵略战争，扩大国际反法西斯统一战线的神圣历史使命啊。

如今，谢和赓与王莹即将赴美留学，又将会出现什么情况呢？

王莹作出肯定的回答：“在日本只留学，不演戏，决不与日本人合作演戏，更不会替日本人演戏；到美国留学，是到中国的同盟国家，就不仅仅是留学读书，更要争取机会多演戏。为什么？因为日本是敌人，美国是朋友（同盟国朋友）。”

有了赵清阁的到来，王莹想到，不管同志们朋友们怎样误解、怎样不理解并反对她与荷根双双飞往美国，但对文艺界的长辈、师友，还是要问个好，为他们祝福，说声再见。她趁候机还有时间，赶忙给郭沫若、夏衍、田汉、阳翰笙等写信。告诉他们：

“王莹偕同谢和赓走了。但愿同志们记起昨天的王莹就成了。现在和日后的王莹，同志们将来会理解的。”

赵清阁郑重地接过王莹的信，帮助王莹向长辈、师友们，带去千言万语。

飞机转入跑道上，徐徐起飞了。

飞机离开了王莹、荷根日夜奔忙的祖国土地，朝印度加尔各答飞去。那云海、波涛似的山岭、明亮的江河、城镇和村庄、田园和草原闪电般掠过眼前。

当飞机临近中印国界的刹那间，脊梁一道电流直冲脑际，触动着泪腺，王莹、荷根满盈的泪水欲流，依傍着窗舷的心酸了！同志们、朋友们、亲人们，你们知道出国儿女王莹、荷根的心情吗？

再见吧！祖国，您的儿女一定会回来的，儿女的心永远和您在一起……

四十二、广交朋友

1942年7月，谢和赓、王莹假道印度加尔各答转美后，住在纽约，按照白崇禧的交代，他们首先找到拉铁摩尔教授家。

拉铁摩尔见到谢和赓，只是觉得面善，似乎在哪里见过面。他端详着来客好一会儿，才从回忆中醒过来，堆满笑容说："噢，想起来了，你就是白崇禧将军的私人秘书谢和赓。"

谢和赓笑着回答："教授，您好！"

拉铁摩尔说："我介绍你到海佛福德学院去就读，怎么样？"

谢和赓说："感谢教授费心。"

于是，谢和赓、王莹以外交官身份办理了入学事宜。

从此以后，他们除了出国时带去2500美元旅费之外，再也没有依靠李、白的资助，也没有接受党的经济接济，而是依靠奖学金维持学业，通过在美国社会工作支撑他们艰苦朴素的留学生活。他们始终牢记周恩来交代的在美国留学时期的工作纲领，为实现纲领而积极展开统战工作。

谢和赓与王莹到美国后，他俩先拿白崇禧的亲笔信拜会胡适先生。这位当年在中国公学当过校长的胡先生，得知王莹是他的同乡，又是他中国公学的学生后，显得格外高兴，故乡情加上师生情，使接待气氛竟如亲人团聚一般。

接着又去拜访林语堂。林语堂是早负盛名的语言学家，他在美国编著了畅销书而发财，与美国著名作家赛珍珠夫妇关系极为密切。当王莹端出来美国进大学深造，并找机会演抗战戏剧、电影的计划时，林语堂十分赞赏，主动建议她会见赛珍珠女士。王莹听到这个暗合周恩来指示精神的交友访问意见，十分兴奋地表示同意：

“我很想见到赛珍珠，并顺便转达孙中山夫人宋庆龄问候赛珍珠之意。”

林语堂随即拨通电话，请在纽约的赛珍珠丈夫瓦尔许先生代为转达，并介绍王莹来美的计划，希望赛珍珠会见王莹。

赛珍珠是美国著名的女作家，1892年出生在美国一个长老会传教士的家庭里。幼年随父母到中国，在上海读书，后到美国上大学获文学学士学位。她的前夫约翰•洛辛•布克曾到安徽宿县参加当地的农业改造工作，赛珍珠也随同前往，在那里生活过一段时间，使她对中国的农村有了一些了解。1922年至1931年，她曾在中国南京大学、金陵大学、东南大学任教。她的文学创作就是从这个时期开始的，她一边教书一边写作。她的成名作是以中国农民为题材的长篇小说《大地》，获美国普利策小说奖，并被译成多种文字。她一生的文学著作有五十多部，1933年她将中国古典文学名著《水浒传》译成英文，1938年她获得诺贝尔文学奖。

由于孙夫人的国际威望和王莹的中国著名电影明星的身份，使崇敬孙夫人而又爱好文艺的赛珍珠，很快就在她费城郊外的别墅里接见了王莹。王莹在会见赛珍珠前有点忐忑不安，但见面后，赛珍珠那热情洋溢的面容和幽默风趣的谈吐，使王莹很快就消除了拘谨。

赛珍珠也为王莹那东方女性的美丽端庄、优雅大方的举止风度所吸引。她们一见如故，相见恨晚，赛珍珠一再挽留王莹在她的别墅里多住几天。王莹时时记住周恩来委托她的重任，心想这正是结交赛珍珠的好机会，便留下来住了十天。在赛家做客期间，王莹畅谈对中国古代和现代文学的见解，以及她在不幸的童年怎样与封建恶势力斗争而逃出魔掌，怎样投身到抗日洪流中去的经历，竟使赛珍珠对王莹的身世、苦难、战斗成长的经历，感到惊奇和神往。她想到王莹的经历应该写成一部自传体长篇小说，有意安排她的秘书朗巴夫人作了速记稿，约有三万多字，交给了王莹。

赛珍珠又把这速记稿打印几十份，先后分发给林语堂、胡适、冀朝鼎夫妇、徐永煐、浦爱德小姐、拉铁摩尔夫妇、福克斯夫人、史沫特莱等。这些友人读后，也都鼓励王莹写出自传来。王莹与谢和赓表示一定不辜负朋友们的期望。

在纽约，赛珍珠在林语堂家举行记者招待会，向新闻界介绍了王莹曲折而又富有传奇色彩的经历，称赞她是中国的爱国明星，并将王莹比喻为美国现代著名女演员海伦赫斯（Hayes Helen），赞扬王莹为“中国的海伦赫斯”。

四十三、国际友谊之花

1942年7月，苏、美、英以及其他反法西斯阵线的国家在华盛顿筹备召开世界青年学生代表大会，筹委会要求中美协进社选派一名中国代表参加大会。为了这一个代表名额，一些中国留学生积极活动，拉关系、走后门竞争的人不少，但中美协进社经过选择比较，感到只有王莹堪与苏、美等国家选派的学生相比。中美协进社理事胡适也认为："只有王莹的经历胜过其他国家的代表。"宋子文和另外一些理事，完全支持胡适的意见。于是，王莹被推选为

王莹在纽约

中国代表参加这次大会。这为王莹向美国和世界各国人民宣传中国抗战情况，提供了一个大好的讲坛。谢和赓与王莹日夜奋战，草拟了王莹在大会上的演讲稿，并请史沫特莱和赛珍珠帮助翻译和润色。王莹反复用英语练习演讲稿。

在世界青年学生代表大会讲坛上，王莹作为中国的抗战英雄儿女的杰出代表，发表了热情洋溢、充满战斗豪情的演说，她讴歌中国抗战军民不屈不挠、反抗侵略的精神，痛斥日本法西斯的野蛮暴行，表达中国人民决心同世界反法西斯力量团结无间，战胜法西斯强盗的钢铁意志。呼吁“东方国家和西方国家”“团结得像一家人一样”，夺取反法西斯战争的最后胜利。在会上，王莹演唱了抗日歌曲《卢沟桥》，大会观众激动不已，全场报以热烈的掌声。

会后，王莹又被选为世界青年学生代表大会巡回演讲团的中国代表，到美国各地的工厂和大学去演讲。她在每次演讲后，都应邀唱几首中国抗战歌曲或中国民歌，这样不但增强了她的演讲效果，而且大大地激发了在美华侨的爱国热情，同时也结交了不少朋友。

王莹牢记周恩来对她的嘱咐，你是一个演员，要发挥你的特长，有演戏的机会就要通过演戏来进行工作。她很想筹组一个剧团，经与赛珍珠商量，并得到她的赞助，创建了有中、美两国演员参加的“中国剧团”，由王莹任团长、导演，到美国各地演出。节目有王莹自己主演的《放下你的鞭子》；还有赛珍珠专门为剧团写的话剧《元配》，这是一出反映中国旧社会不幸婚姻的悲剧。此外，王莹还应华盛顿电台邀请，演出了自己编写的广播剧《美国向中国说话》。在剧中，中美两国人民相互致意，表示要团结合作，共同完成反法西斯侵略的历史任务。

通过这些戏剧演出活动，不少美国著名演员、歌唱家、戏剧家都与王莹交上朋友。其中特别值得提到的是，王莹与世界歌王、美国黑人罗伯逊也建立了亲密的友谊。罗伯逊教王莹唱美国歌曲，王莹也教罗伯逊唱《义勇军进行曲》、《游击队之歌》等中国抗战歌曲。罗伯逊对王莹说：“我从你教我唱的中国歌曲中，仿佛听到了中国人民的心声，看到了你们国家人民与日本帝国主义的英勇斗争。”在罗伯逊夫妇的介绍下，王莹在美国还结识了不少黑人朋友。

在此期间，王莹还曾与世界青年学生代表大会派出的苏、英、荷等国的代表，到美国“汽车大王”福特的轰炸机制造厂访问。她向该厂五万多工人演讲，宣传中国人民英勇抗战事迹及演唱抗战歌曲、中国民歌，受到全厂职工及福特全家热烈欢迎和设宴款待。宴会后，王莹与福特全家合影留念。这幅相片，至今还保留在谢和赓身边。

1942年8月，王莹作为世界青年学生代表大会代表，在美国福特飞机制造厂向五万多名员工宣传中国抗战情况。会后，福特宴请中、苏、英、荷等国战斗英雄代表。着白衣者为王莹，与她相邻的是福特

美国报刊称王莹是“从她战斗经历的土壤中开放出来的勇敢、乐观和国际友谊之花”。

王莹参加世界青年学生代表大会代表团的巡回演讲活动后，即被东方与西方文化协会聘为该会理事兼中国戏剧部主任，并参加演出广播剧。

四十四、进白宫演出

1945年，王莹在她创建的“中国剧团”兼任团长、导演、主演三职，她不要高薪，坚持与同事们享受同样的生活待遇。这件事在全团传开，大家深为感慨，尤其是美国团员，对王莹的高尚情操品德赞叹不已。

在中国抗日戏剧走上美国舞台后，一个大胆的念头在王莹和谢和赓的心中闪现，如果王莹能到白宫为罗斯福总统夫妇和美国上层人士演出，那影响一定很大。王莹和谢和赓把这个想法与赛珍珠商量，赛珍珠非常赞成，并说：“如果王莹到白宫去演出，我愿为她报幕。”王、谢听了喜出望外。罗斯福总统夫妇得知此事后，表示欢迎王莹到白宫演出。

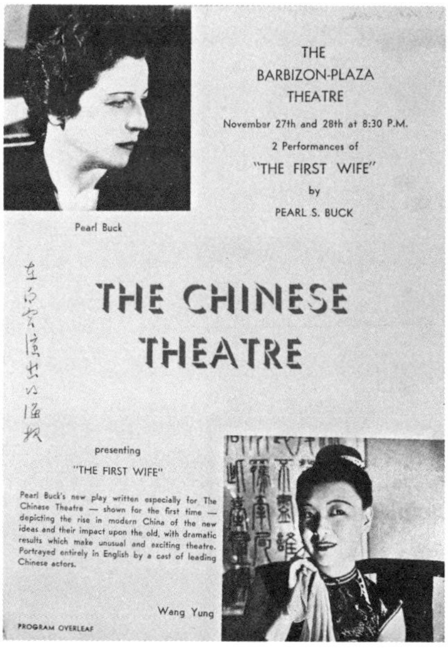

王莹在美国演出的广告画像。右下角王莹，左上角赛珍珠

1945年3月15日，王莹在东西方文协安排下，接受邀请到美国总统府白宫演出。

王莹到白宫演出之前，魏道明大使夫人郑毓秀建议王莹在节目中安排加唱三民主义国歌。王莹十分机智地说：

“这次我是以一个中国青年演员的身份，通过美国民间团体邀请来白宫演出的……不代表政府，如果我唱三民主义国歌，势必非唱美国国歌不可，而我到美国不久，还没有唱过美国国歌，这样，怎么能光唱三民主义国歌呢？”

赛珍珠是王莹到白宫演出的主持人，她听了王莹的话，也连声说：

“是，是，光唱中国国歌不唱美国国歌，这对友邦国家是不礼貌的……”

演出那天，白宫演出大厅里气氛热烈，灯火辉煌。罗斯福总统夫妇及他们的子女、华莱士副总统夫妇、白宫其他高级官员和各国驻美使节都汇聚一堂。当身着晚礼服的赛珍珠出现在台上时，台下响起了阵阵热烈的掌声。赛珍珠满怀激情地向观众宣布：

“王莹女士是中国的著名演员，也可以说是中国的海伦赫斯（美国著名女演员）。她自幼擅长歌舞，被誉为小歌手。她演过很多话剧和电影。中国的抗日战争爆发后，她把自己的全部财产捐献出来组织剧团，到前线演出，并与士兵和农民一起生活和工作。后来又到南洋去演出，募集了五千多万美元支援抗战。1942年她来美国不久，就与同盟国主要国家的青年学生代表一起到美国各地去讲演，呼吁开辟欧洲第二战场，报告中国抗日实况，并演唱中国歌曲，受到美国听众和舆论界的赞扬。今晚她和她的剧团有机会到白宫来向罗斯福总统及夫人、各国驻美使节演出，王莹女士和我本人都十分高兴。我作为报幕人，倍感荣幸。”接着大幕拉开，王莹倾注了她对祖国深沉的爱和对日本军国主义满腔的仇恨，演出了《放下你的鞭子》。接着又演唱了《卢沟桥》、《游击队之歌》、《到敌人后方去》、《义勇军进行曲》等中国抗战歌曲和民歌。

演出结束，台下掌声经久不息，王莹多次谢幕。罗斯福总统夫人代表罗斯福总统走上舞台，祝贺王莹演出成功，并与她合影。罗斯福总统夫人对王莹说：“总统因下肢瘫痪，不能上台与你合影留念，由我代表他。总统要我转告你，美中两国有传统的友谊，中国是一个古老的民族，美国是一个年轻的国家，以后应有真诚、良好的交往，这是美国公众的愿望。”

演出结束后，罗斯福夫人还率子女把王莹送到白宫大门。当时，冀朝鼎是王莹的顾问，在送客出门的时候，王莹对冀朝鼎说，她的小皮箱被警察抢着拿去走在前面了。冀朝鼎告诉她，那不是警察，那是穿着海军制服的罗斯福总统的第三个儿子，同行的人听了都哈哈大笑起来。

王莹在白宫舞台演出获得巨大成功，轰动了美国，受到美国舆论赞扬。这曾经成为中美文化交流史上的一段佳话。

王莹在白宫演出《放下你的鞭子》剧照

胡适、林语堂等人专门打电话，向王莹表示祝贺演出成功，赞扬这是为国增光的成就。到白宫演出，这是“中国青年、戏剧界的光荣”。

当胡适看到王莹与罗斯福总统夫人和“汽车大王”福特全家人合影的照片，兴高采烈地说：“好啊，王莹小姐！过去，梅兰芳博士在美国的声望比任何中国戏剧界的演员都高，但他没有被邀请到白宫演出。现在，你的成就与梅兰芳可称伯仲，而声望也各有千秋，但对时局的影响，我看梅博士是不如你的哟！”

胡适越说越高兴：“我真高兴有你这样的好学生，好同乡啊！”接着不无骄傲自豪地说：“咱们安徽，历史上就名人辈出，像管仲、范增、张良、华佗、曹氏三父子、包拯、朱元璋、石涛、方苞、戴名世、吴敬梓、戴震、姚鼐等等。你为咱们家乡，也增了大光啦！”

四十五、朋友·战友

王莹与赛珍珠经过几年的交往，建立了十分真挚的友谊。每年暑假，赛珍珠总是派车接王、谢到她的农场别墅消暑。王、赛之间经常谈论文学艺术上的创作活动。有一次赛问王："中国现代文学史上的作家中，哪几位作家是有世界影响的？"王莹思考一番后，谈了自己的看法，但是没有提及胡适、林语堂、赵元任等人。

赛珍珠与王莹合影

"论世界影响，中国作家有不少人可以和世界文豪相媲美……鲁迅称得上是中国的高尔基，郭沫若称得上是中国的惠特曼，茅盾称得上是中国的巴尔扎克，巴金称得上是中国的托尔斯泰，老舍称得上是中国的狄更斯。"

赛珍珠对王莹的回答十分满意。

在解放战争期间，国民党在美国的官员，一直想方设法怂恿反对共产主义的赛珍珠公开发表反共言论和作品。王、谢为对抗国民党当局对赛珍珠的拉拢和蒙骗，在不暴露自己身份的前提下，多次向赛珍珠进言直谏，揭露蒋介石独裁统治，特务横行，公然杀害邓演达、杨杏佛等异己的民主战士，逮捕爱国的“七君子”，屠杀成千上万爱国青年学生的暴行。“如果你支持国民党蒋介石打内战，就等于支持他血腥屠杀千千万万的民主人士和进步爱国青年的暴行，就等于支持你所热爱的中国变成法西斯统治的国家！我们作为你的朋友，十分不愿意你被卷入国民党和美国肮脏的政治交易旋涡中去！你在国际上享有崇高的小说家地位，决不能受这种肮脏的政治交易所损害！你应像荷花一样，永远保持洁身自好的好名声。”

一个思想上与共产主义格格不入的作家，能做到不公开反共，这是多么的不容易啊。

对于美国的侵朝战争，赛珍珠接受王莹和谢和赓的规劝持反对的态度：“我对美国远涉重洋，派军队到朝鲜与中国打仗，是深感痛心的。我的孩子，即使被征入伍，我也绝不让他们被派到中国打仗！即使触犯征兵法，我也要想尽各种办法，使他们不能去打中国！”

王莹与谢和赓在美国的13年中，成了中国民间常驻美国的外交联络员，为中美文化的交流和友谊，做了许多有益的工作。

经王莹的介绍与安排，赛珍珠两次设家宴招待中国作家老舍和曹禺，互相交流中美两国文艺创作的情况和经验。事后，赛珍珠向美国文艺界介绍了老舍和曹禺，帮助老舍联系翻译、出版《四世同堂》等著作。

老舍和曹禺在美国讲学一年。老舍仔细地阅读过王莹与谢和赓合写的关于批驳美、蒋反共言论的文章剪报资料，共约三十万字。

老舍有一次对王莹与谢和赓说：

“我看了你们写的社论、专论，很受启发，我过去写坏了《猫城记》，对共产党缺乏认识，真是太遗憾了！”

由于王莹、谢和赓待人的热情和真诚，老舍与王莹成了莫逆之交，甚至老舍的心里话也愿意向王莹吐露。

老舍在王莹、谢和赓陪同下，去参观罗斯福总统故居，发现罗斯福的母亲，竟然将儿子从婴儿一直到当总统的一纸一字，中学、大学的作文、论文，历年的相片、玩具、文具，历年的成绩单、奖品、奖状、玩物、衣物，有关罗斯福的各种剪报……都完好地保存下来，作为故居的重要文物和纪念品。老舍高兴地评论说：

“我们中国人‘望子成龙’，而罗斯福老夫人，不止是‘望子成龙’，而是‘知子成龙’呵！”

王莹和美国著名女作家，杰出记者史沫特莱之间的友谊，更是中美两国人民友谊园地上香飘万里的奇葩。

史沫特莱从1928年起，就在上海参加中国进步文化运动。在抗日战争年代奔赴革命圣地延安，撰写了一系列歌颂中国共产党、新四军、八路军的优秀作品。

1941年，史沫特莱因病回到美国，后来得知王莹与谢和赓到了美国，立刻到国际公寓探望王莹和谢和赓。

史沫特莱听说王莹参加世青大会后，还要到美国各地演说，便热情地建议：“我们美国人，无论工人、市民和学生，都十分重视‘明星’，喜欢‘明星’。你是著名的明星，又是歌星，在到美国各地演讲时，或者有些集会邀请你参加时，如果听众要你唱歌，你一定要唱，这能起很大作用！你要多多准备一些中国民歌和中国抗战歌曲，尽量多唱，这不但可以收到更好的宣传效果，而且能加深美国人民对你的同情和尊敬。”

王莹照史沫特莱的建议去做了。

王莹一生认识的外国友人中，史沫特莱是最亲密、最知心的。她俩在谈话中曾谈到男女之间的爱情问题。史沫特莱问王莹：“你对终生伴侣怎么看？”

王莹回答说：“我对情人的态度，可以用哲学家一句话来表达：‘我爱情人，但我尤爱真理。’我对自己的终生伴侣，愿意把百分之百的心都交给他，忠贞到老。但我认为终生相依为命的一对夫妻，如果彼此都只为两个人的幸福而白头到老，对人类，对世界没有一个坚定不移的共同理想——即使彼此都百分之百地愿意为对方牺牲生命，这又有什么意思呢？我亲眼看到过，在革命队伍里，有些终生伴侣，他们视夫妻的利益和幸福高于一切，却把理想、真理放在第二位。这种夫妻利益、幸福至上的恋爱观，是狭隘的‘个人主义至上’的表现，只是为了自己心爱的人的利益、幸福而奋斗一生，那生命还有什么意义呢？我很赞成你在选择伴侣时的观点，对人类、对世界没有坚定不移的信念，不能无畏地为之奋斗的人，即使性格、生活上很合得来，没有选为配偶，毫不足惜。

一个胸怀狭隘的、猥琐的、怯懦的人，是绝不会有挚爱深情的。”

王莹与史沫特莱，从恋爱观、交朋友，谈到这二者与文学艺术创作的关系，认为这三者是相关贯通的。史沫特莱看到王莹和谢和赓与朋友能真诚相处，肝胆照人，使她获得极为深刻的印象。

她说：“我和你俩相处中，最深刻的印象可以用一个字来说明，这个字就是‘真’。你俩无论对朋友，讲话，写文章，都是真诚的。我认为，无论是新闻报纸、诗文、小说、电影、戏剧，以及做人交朋友，最忌的是一个‘假’字。凡是不真实的东西，不管它外表上如何华丽壮观，它绝不能长期存在下去。我最恨，最鄙视的是‘虚伪’，我视伪君子为寇仇！”

王莹对此深有同感，她说：

“天下最能感动人的唯有‘真诚’。凡是追求真理的人，都讲真诚；凡是手里没有真理的人，心里也就不会有真诚，只会有虚伪。我十分赞赏你们的林肯总统最喜欢美国朗费罗的一句名言：你一时能够愚弄所有的人，长期愚弄一些人，但你不能够永远愚弄所有的人。”

王莹与史沫特莱的对话是多么的精彩啊！真诚和真理可以说是事物现象与本质的关系：真诚是真理的感情表现，真理则是真诚的理性标志。

四十六、一篇精辟的军事战略论文

王莹与谢和赓到美国后，从1942年到1947年6月，先后在海佛福德学院、纽约新社会科学院等学校学习。1948年起，相继在《纽约新报》、《美洲华侨日报》及哥伦比亚大学图书馆工作。谢和赓担任过四年的编辑和翻译，与王莹合作为两报撰写了专论、社论、通讯、散文、诗歌等；谢在美国《亚洲杂志》经常发表关于军事、政治、经济的论文和评论。

1943年，谢和赓潜心研究第二次世界大战同盟国与德、意、日法西斯轴心国交战的形势，以及中国抗战的形势。写成了一篇题为《论中国的抗战形势和战略》（又名《六年战争之后》，直译英文题为AFTER SIX YEARS OF WAR），论文发表前，经过谢和赓就读的海佛福德学院的莫利院长审读后，马上将论文推荐给美国的报纸《纽约时报》的杂志发表，这家杂志登载的文章都是一流专家撰著的。谢和赓原答应了由莫利介绍的《纽约时报》发表，谢那时年轻气盛，觉得作品能在该报登载，真是非常自豪的事。但王莹却另有想法，她虽然完全同意谢的意见，但她却认为由赛珍珠丈夫瓦尔许先生主编的《亚细亚》专门论述东方重要事件和问题的杂志发表，影响更大更深远。王莹的理由是当时她已经与赛夫妇建立了密切的友谊关系，赛夫妇主办的东方与西方协会已聘请她为该会的理事兼戏剧部的主任，而且王莹已和赛夫妇商洽要组织"中国剧团"在全美各地演出抗战话剧、演唱抗战歌曲和中国民歌。谢的文章在什么杂志上发表，其影响的大小、轻重，是有区别的。谢经王莹的点拨，马上醒悟到文章能在专门谈论东方问题的《亚细亚》杂志发表，所产生的实际效果将会更好，也就接受王莹的意见了。

《论中国的抗战形势和战略》一发表，三藩市华人主要报纸《旧金山时报》马上在社论版连载。当时许多中国著名教授、学者、外交家如胡适、赵元任、魏道明、顾维钧、侯德榜和国民党的要人宋子文，以及美国专门研究远东问题的许多教授都是《亚细亚》杂志的读者；美国国务院国际部、各军事院校都十分注意反法西斯战争的战略问题。因此，在苏、美欧洲战场的猛烈反攻获得会师胜利以及苏联在远东的大军一举攻入满洲时，大家都发现同盟军的作战方案、步骤，竟然与谢的战略建议不谋而合。而白崇禧副参谋总长的战略名句“积小胜成大胜，以空间换时间”也成了第二次世界大战胜利后的佳话。在美国的进步华人、华侨也和胡适、林语堂、顾维钧等名人一样，对留美刚一年的谢和赓发表如此有分量的军事论文，感到惊讶。

也有人持不同意见。一天，谢和赓在海佛福德学院图书馆翻阅着他发表在《亚细亚》上的军事论文。与他联系的党员龚普生拿着《旧金山时报》进来，劈头就说：《旧金山时报》转载了你的文章，依我看，这篇文章写得不好！

谢和赓扬起《亚细亚》杂志，指着她手中的《旧金山时报》问道：你读过了？

龚普生说：《亚细亚》杂志是赛珍珠丈夫瓦尔许主编的。赛珍珠历来是反共的作家。发表这样的文章前，你给谁看过了？

谢和赓觉得龚普生的话有点幼稚气，向她解释说：冀朝鼎、徐永煐都看过，他们完全同意我的论点。

龚普生也开门见山地亮出她的意见：文章一开篇，就引用了蒋介石、何应钦、白崇禧三个反动头子分析形势的言论，毛泽东精辟分析形势的言论，你为什么不用呢？

谢和赓耐心地辩解说：你要知道，这是在美国，不是在苏联啊！

龚普生无话可说，又想起谢和赓应赛珍珠、史沫特莱的推荐，到哥伦比亚大学演讲的事，又问谢和赓：“你那次在学生中演讲的效果怎样？”

“反映很好。”谢和赓泰然地回答龚普生的质问。

“他们称你是中国将来的总统。”

谢和赓笑了笑：“这不关我的事啊！这有什么原则问题呢？”

龚普生严肃起来说：“以后有什么政治上的活动，请事先告诉我一声。”

谢和赓婉转地回答：“这当然可以。不过，周恩来只让我与你取得工作上的联系，没有说我要接受你的领导。”

龚普生悻悻而去。

龚普生何以对谢和赓发表的军事论文表示不满呢？这里摘录文中一些蒋介石、何应钦、白崇禧对抗战形势的言论，分析一番。

“(1) 从总体上来说，敌人的进攻势头保持不了一个月。(2) 他们持续进攻的能力不会超过五十英里。(3) 由于战线太长，敌人兵力分散，因此，在任何一点上，他们都很难有效地集中兵力。”蒋介石对日本进攻能力的分析：为什么进攻势头保持不了一个月时间？为什么持续进攻的空间范围，不会超过五十英里？第三点说日军“由于战线太长，敌人兵力分散，因此在任何一点上，他们都很难有效地集中兵力”。这说明日本侵略者的侵略行动，受到一定时间和空间的限制。蒋介石这一分析谈的是抗日，不是谈“剿共”，是有利于坚定全国人民抗战到底的信心的。

何应钦说：“从1940年6月到1941年5月，共发生了676次战斗，在这些战斗中有60%是中国赢。”这个统计数字说明中国能打败日本侵略者，也是有利于坚定全国人民抗战到底的信心的。

白崇禧说日本的“战争机器日趋虚弱”，“日本人的战略是先控制一个点，然后控制一条线，最后控制一个地区”。但是，1938年10月，“中国丢失了汉口之后，日本人只能够控制点和线，而无法控制一个区”。为什么会发生这种变化呢？因为中国地大物博，人口众多，可运用持久抗战战略，即“积小胜成大胜，以空间换时间”，“等待国际形势的好转，以利于我们的反攻”。白崇禧这一分析，也是有利于坚定全国人民抗战到底的信心的。

谢和赓与龚普生辩论的问题，其实质是怎样宣传抗战问题。早在1939年，毛泽东就对周恩来说过，宣传抗战不必要非用共产党的面目和立场来说话：“在国民党地区应该出版蒋介石主张抗日救国的言论集，这比我们自己宣传抗日主张有时还要有用……许多共产党员还不知道去利用蒋介石的抗战言论去作动员人民和孤立顽固派的武器，应该懂得（这个）斗争的策略。”毛泽东说，承认国民党有抗战思想，这是事实，又是斗争策略所需要的，因为他们还愿意抗日，所以我们还有可能争取他们留在抗日统一战线里面，这种时间越长久越好。不懂得和不愿意实行这一斗争策略，就会危害国共双方所承认所运用的持久抗战战略这个大局。

谢和赓知道抗战中期，也即第二期抗战阶段，广西桂林这座中外闻名的桂林抗战文化城，夏衍主编的《救亡日报》，以及柳州这个抗战文化卫星城，罗培元主编的《柳州日报》，都分别发表了蒋介石、李宗仁、白崇禧、张发奎等的抗战言论。谢和赓在1938年还与其他的侍从秘书人员，编辑出版了《白崇禧将军最近言论集》；桂林《救亡日报》社还为《张发奎将军最近言论集》的第一、第二集做了出版发行工作。1941年皖南事变后，邵荃麟在桂林文化人文艺创作方向和题材的讨论会上，提出了很有见地的意见说："一切有利于抗战的都是美的。"这个以是否有利于抗战的文艺标准，也是政治言论应该遵循的标准。

谢和赓因此深信：只要有利于动员全国人民积极地投身于全面的全民族抗战的事业的言论均可以引用，也应该引用。引用这些言论有什么错呢？！

谢和赓接着分析，日本人不但在中国大陆战场上战线太长，兵力分散，日本偷袭珍珠港之前，进攻势头"已经被扼制住"。而且当1941年12月7日偷袭珍珠港；12月8日开始进攻菲律宾群岛；比偷袭珍珠港时间还早一个多小时，开始进攻马来亚和新加坡；12月8日，同时开始进攻缅甸和香港之后，也即日本人全面发动太平战争以后，"它的战线已经拉得过长"，"这意味着"，日本今后的"军事行动日趋迟缓"，是合乎逻辑和历史实际的论断。

谢和赓接着深入一步分析说日本"实际生产能力也超不过美国或者英国的生产能力"，"日本缺乏必需的运输工具，生产方式也太落后"（相对美、英而言）。"战争开始到1939年底，日本士兵穿毛料制服，吃日本本土生产和美式罐头食品，脚上穿皮鞋。从1939年底到1940年底，日本军服变成了棉布，食的是中式食品，士兵们穿着中国布鞋。自从1940年以来，日本人不再特别注意自己的穿着，服装也不太统一，食品很差，肉类极少，士兵们穿着中国苦力所穿的那种草鞋"。

再说，"日本的劳动力严重缺乏"。这就决定了"日本没有能力向新开辟的战场（如太平洋战场）提供充足的人力是显而易见的……在第一次世界大战中，德国每一位在前线的战士，需要有12个人在后方支持……按照这个标准，日本不可能很好地支持它所需要的部队。去年（1942年）2月，日本政府要求汪精卫派100万人去日本从事工业生产，便是日本缺乏生产工人的一个例证。”

论文据此得出结论，日本的进攻势头和抵御美国的进攻，都“受到它的生产能力和人力资源的制约”。

论文论述了中国的困难和所需要的援助。“中国的最大困难是经济状况不好和与国际交通运输中断。”接着建议：“要想尽快战胜日本，就必须要利用敌人的弱点，解决中国的困难。”

谢和赓由此提出建议：“最好的选择是夺回缅甸，这样就可恢复中国和联合国其他成员国的交通运输。”“这在军事和经济上都具有重要意义。”

谢和赓在论文的最后部分，提出了同盟国抗日的总反攻方案。

“第一个方案是：美国和英国通过海空联合行动，担任主攻。他们将进攻太平洋地区的日本据点，猛烈轰炸日本本土，切断日本与其他地区的联系。”抗日战争的进程，正如论文所预料那样，也即1943年2月2日，苏联军队将希特勒进犯斯大林格勒的德军33万人全部歼灭，在取得几个战役的胜利后，苏德战场发生了根本性的转折，德军丧失了战略进攻的主动权，苏军取得了战略反攻的主动权，直接地给予太平洋日军士气以重大的打击。与此同时，美、英抽调大部分海陆空军作为反攻太平洋日军作准备，美国又把和平工业转上战争工业轨道，使其武器生产倍增，有“同盟国兵工厂”之称。

于是从1944年1月起，美军在太平洋地区发起对日军的战略进攻。1944年2月19日，3月24日，6月15日，10月20日，分别对琉球岛、冲绳岛、班塞岛、礼智岛发起登陆作战，并将之占领。1944年11月，英军正式发起对缅甸日军的战略反攻。

“第二个可能性是中国战场和太平洋战场并重。”这个方案在1944年内，由于日本急于从河南信阳发动攻势，打通大陆与支那半岛的陆上交通线，以保住其在西南太平洋沿海岸的军事据点，而没有实现。只是到了1945年，这个方案才能得到实施。

“第三个方案是美国和英国将其空中力量、坦克、重武器和其他军事物资投入中国的主战场，而他们自己则主要是在太平洋地区作辅助性进攻，防止日本人的增援部队到达中国。”这个方案也得到完满的实现。所不同的，美、英在太平洋地区的进攻不是辅助性的，而是作为一个主要战场发动了对日军的战略进攻，最后占领了日本本土。

“第四个方案是需要俄国人的参加。”这个方案，根据1945年2月在苏联雅尔塔三国会议决定，在德国投降后2至3个月内，要求苏联出兵东北、朝鲜和千岛群岛。8月8日，苏联出兵东北，自北面、西面和东面对东北进行突击，经24天战斗，歼灭关东军6、7万余人。

这是谢和赓在1943年7月，精准地预见到中国战场和太平洋战场在战略反攻中战胜日本侵略军的战略方案。这篇军事论文，不愧是1937年秋他那篇《全体性全民军事总动员纲领之一——全国游击战争之方案》的姊妹篇。

除此之外，1943年，谢和赓在美国《亚洲》杂志发表了英文评论，题目为《论中国战后经济建设》。1946年在美国世界问题研究所写了《分析南斯拉夫政治经济的现状》，作为毕业论文。

1947年秋末，谢和赓离开费城大学，到纽约爱国华侨主办的《纽约新报》当英文翻译，每天翻译国内国际的重要新闻四五千字。1951年秋，《纽约新报》遭到国民党陈立夫、潘公展的干涉，要么没有广告刊登，要么刊登了广告收不到广告费，甚至因商贩受到威胁而无人代售报纸……报馆处于经济十分困难的境地。李济深知道此事后，向周恩来作了汇报。周恩来马上请李济深写信给谢和赓和王莹，答应在经济上给予支持。中国民革中央也要谢和赓向《纽约新报》的董事会提出，把该报改为民革中央在美的机关报，但未能如愿。

四十七、拒绝白崇禧

抗战胜利后，白崇禧催促谢和赓回国为桂系效力，但是谢和赓回复健公说："现在形势变了，国共应当真诚合作建设新中国，不应再打内战了。"白崇禧只当是他的亲密秘书一种不同的意见而已，没有再催问。

1948年，马季良（唐纳）由香港到纽约，他带来了夏衍给王莹、谢和赓的一封长信，谈了大陆解放快要完成的形势，党内急需干部，希望他们做好回国准备。但他们正在《纽约新报》工作，守着这个海外的宣传阵地，暂时没有回国。不久，又连接刘仲容三封信（是奉周恩来指示而写的），催促他们回国讨论国家大事，暗指正在筹备召开第一次全国政治协商会议。谢和赓与王莹向中央写了45点建议约二万五千字，交外交部来的徐鸣带给周恩来。与此同时也写了一封信托人转给白崇禧，希望白绝不要到台湾，应当接受中共的和谈条件，将来新政府成立时，仍将发挥他会带兵的才能，负责国防部的职责。

刘仲容接到谢和赓、王莹的信时，还是白崇禧身边的参议，除了料理白的子女一家生活事务外，其他工作也抓准机会去做。到了1949年4月，刘仲容开始参加了中共与李宗仁代总统、"华中剿总"司令白崇禧之间的和谈。

4月7日下午7时，李宗仁在南京傅厚岗官邸接见了朱蕴山、李民欣、刘子衡和刘仲容等。朱蕴山向李宗仁转交了李济深的亲笔信，并说："德公，任公（李济深）要我转告你，只要你在和平协定上签字，中共方面可以请你担任中央人民政府副主席。"李宗仁听了只是笑笑，未作出任何表示。后来，李宗仁与毛泽东主席在4月7日、8日都有和谈的文电往还，国共双方广播电台和报纸都披露了。刘仲容早在1月间，就成了中共与桂系之间的联系人。当时黄绍竑受白崇禧之托赴香港找李济深探听中共对和谈的看法，中共驻港负责人潘汉年即已奉中共中央指示，如白愿和谈，可派刘仲容北上到石家庄去面谈。但是，后来蒋介石下野，李宗仁上台搞全面和平，白崇禧思想发生变化，放弃了他原先设想的局部和平试探，对派刘仲容北上之事不太热心。一直拖到了3月初，白才派刘仲容秘密北上。刘仲容在南京时，李宗仁专门对刘谈到北上之事说：上海人民和平代平团的颜惠庆带回毛泽东的口信，说你是“桂系的亲信，又是中共的朋友”，欢迎你去。

刘仲容又转到汉口，白崇禧听了刘仲容转达谢和赓关于要他接受中共和谈的意见，并请他出任新中国政府国防部职务发挥他的带兵才能时，和李宗仁一样未有任何表示。原来白这时一门心思就是要刘仲容向中共表达李、白“划江而治”的和谈条件，并向刘仲容说：“国民党的主力虽然已被消灭，但是还有强大的空军和几十艘军舰，如果中共硬要过江，他们是会吃亏的。共产党既然表示愿意和谈，如果他们过了江，打乱了摊子，那就不好谈了。你见到毛先生，务必向他们陈明利害，把我这层意思同他们讲清楚。”说完，白拿出一封致毛泽东和周恩来的亲笔信，要刘把信缝在棉袄里。

3月初，刘仲容从汉口动身北上，几经周折，3月下旬才到北平。当天下午见到周副主席，面交了白崇禧的亲笔信。当晚在香山的双清别墅受到毛泽东的接见。毛泽东认真听取了刘仲容关于李宗仁、白崇禧的情况汇报。谈话从晚上8时许一直谈到凌晨3点多钟，共七个小时。

毛泽东对李、白“划江而治”的条件，严正地指出：“白先生要我们不过江，这是办不到的。”并指出白崇禧估计参加渡江作战的解放军为六十万是低估了，“不是六十万，而是一百万，另外还有一百万民兵，我们的民兵可不像国民党的民兵，是有战斗力的。等我们过了江，江南的广大人民是拥护我们的……这是白先生没有估计到的吧！”

4月2日，毛泽东又找到刘仲容谈话，要他回南京对李、白再做做工作，再促一促，争取他们在此历史重要时刻能为人民做点有益的事情：大意是“（一）关于李宗仁的政治地位，可以暂时不动，还是请他当代总统，照样在南京发号施令；（二）关于桂系部队，只要不出击，中共也不动它，等到将来再具体商议；至于蒋介石的嫡系部队，也是这样，如果他们不出来，不阻碍中共过江，由李先生做主，可以暂时保留他们的番号，听候协调处埋；（三）关于国家统一问题，国共双方正式商谈时，如果李宗仁出席，毛主席也亲自出席；如果李宗仁不愿来，由何应钦、白崇禧代表也可以，中共派周恩来、叶剑英、董必武参加，来个对等；（四）现在双方已经开始谈判，美国和蒋介石反动派是不甘心的，他们一定会插手破坏，希望李先生和白先生要拿定主意，不要上了美帝国主义和蒋介石的大当”。毛主席还笑着对刘仲容说，白崇禧是很喜欢带兵的，他的广西部队只有十来万人，数字不大，将来和谈成功，一旦成立中央人民政府，建立国防军时，我们可以请他继续带兵，请他指挥三十万军队，人尽其才，这对国家也有好处嘛。白先生要我们的军队不过江，这办不到。我们过江以后，如果他感到孤立，可以退到长沙再看情况，又不行，他还可以退到广西嘛。我们来一个君子协定，只要他不出击，我们三年不进广西，好不好？

最后，毛主席语重心长地对刘仲容说，你看我们是不是煞费苦心哪？这样做，不是我们没有力量打赢他们，是让国家和人民少受损失。当时，周恩来也在座，毛泽东转向周说，他们去南京的事，你给他们安排一下吧！

第二天，周恩来把刘仲容带到北京饭店，同李济深、张澜、沈钧儒、黄炎培等见了面。周恩来对即将飞南京的朱蕴山等人传达了昨晚毛泽东对刘仲容的谈话精神。周恩来还交待刘仲容两项任务：一项是朱蕴山和李民欣的生活由其照料；一项是把邵力子夫人傅学文从南京接到北平来，因为邵老已表示不回南京了。

1949年4月，已下野的蒋介石（立于门口者）与代总统李宗仁（左二）在杭州开会。右一为张群，着军装者为白崇禧

4月5日午后，李宗仁派飞机接回朱蕴山、刘仲容等四人。当晚，刘仲容在傅厚岗向李宗仁、何应钦谈了毛泽东

对他与白崇禧的希望和中共对和谈的意见。4月9日，白崇禧偕黄启汉等专程从汉口到南京，这时，夏威、李品仙也到南京来了。白崇禧在自己的公馆里会见了刘仲容，对刘仲容转达毛泽东的意见很不耐烦说，中共一定要过江就没有什么好谈了。刘仲容见白如此执迷不悟，特别劝慰白说："健公，目前国民党位处下风，共产党是胜利者，在此情况下，进行和谈本来是谈何容易。现在好容易有了开端，和平有一线希望，千万要把握这宝贵的机会，机不可失啊！"可是白崇禧自恃手中还有十多万桂系部队，还幻想美国插手内战发动第三次世界大战，根本听不进刘仲容的意见。以后刘仲容又苦口婆心地同李宗仁、白崇禧交谈几次，但李、白仍然坚持以中共不过江为条件。刘仲容只好将李、白的顽固态度向北平作了详尽的报告。

以上这一段刘仲容奔走和谈的详细经过，以及李、白顽固拒绝和谈的态度和立场，十分清楚地说明和谈完全破裂了，李宗仁、白崇禧已经决定要做一个彻底的失败者。

1949年末，蒋介石溃败，带着大批金银财宝逃到台湾，白崇禧也在广西战役中遭到惨败，张淦兵团在广西博白覆没，伴随桂系起家的第七军被消灭，军长李本一被活捉。桂系的老本亏光，白崇禧"小诸葛"的英名已不复存在。白崇禧想在广西建立地下六个军政区和第六、十、十一、十三、十四、十五等六个反共救国军的计划，又成了美梦泡影。白氏由于政治上的迟钝，没有跟随李宗仁到美国，还是妄想追随蒋介石做参谋总长反攻大陆，走错了这一步棋，最终还是被蒋系所暗算，只能魂游台湾，无法回归故土临桂县南乡山尾村了。

此时，白氏虽然到了"光杆司令"的地步，但反攻复国的"壮心"未已。他又想到在美国的谢和赓，派其长女白先智专程赴美，找到在《纽约新报》工作的谢秘书，再次劝他到台湾去帮助白崇禧成就一番打回大陆的事业。谢和赓这时守着《纽约新报》这个宣传阵地，坚决回绝了白氏的邀请。谢和赓对白先智说："我完全不同意，健公这种想法，那是不合时势的幻想，今后只有与中共合作统一中国才是良策；希望健公想方设法离开台湾，到美国或到香港，静观大局演变，必定会受到新中国政府的重视。"白先智要求谢和赓把他主办的《纽约新报》定期寄给她看，谢和赓爽快地满足了白先智的要求。遗憾的是，《纽约新报》是爱国华侨的报纸，宣传的全是反对蒋介石不顾人民死活打内战，和桂系缚在内战战车上为蒋介石卖命的新闻消息；还要桂系悬崖勒马、迷途知返，跟共产党走光明大道等逆耳诤言。白先智这才恍然大悟，知道她父亲的秘书，俨然具有共产党人的思想意识了，是绝对不可能再回到白崇禧的身边了。

白先智失望而又气恼，便有意识地向美国政府有关方面告密说：谢和赓是共产党，是毛泽东派来的。这是谢和赓与王莹后来被美国移民局投入监狱加以迫害的原因之一。

尽管谢和赓与白崇禧的思想意识是属于不同的形态的，但是谢和赓从来没有丑化过他的“上级”白崇禧，这一点白先智是清楚的。

到了1966年6月22日，白崇禧在台北松山路寓所命丧黄泉。后来查明，白崇禧挂了总统府战略顾问委员会副主任空名之后，一切行动被人监视，失去了自由。白崇禧从此心灰意冷，郁悒度日，处处小心谨慎，不敢越轨。有几年，每逢台北攻击李宗仁时，白照例要随声附和，发表几句攻击李的言论。1954年“国大”罢免李宗仁副总统之职时，白故意高高举起赞成罢免的票，以表心迹。1964年3月18日，白崇禧自台北发电报给在美国的李宗仁，指斥李宗仁“对国难既不能共赴，反为‘共匪’张目，危害国家，是何居心”，要李“幡然悔悟，以全晚节”。这些废话，当然都是给蒋介石听的。白崇禧在台北实际上成了死期将至的“阶下囚”，已经走到“英雄末路”的境地了。在无可奈何之中，白副主任委员唯有沉溺于酒色中。

1965年发生李宗仁回归大陆之事，蒋深恐白氏步李氏后尘，便指使特务实施暗害手段，趁白氏周末出郊外打猎的时机，在白必经的一座石桥下埋放炸药引爆欲将之炸死，但没有奏效，这才改派一个美貌的女子，教以软刀子杀人技术，充当白的随身护士，伺机引诱白氏上钩，白崇禧在忧郁中度日，无内室牵制的顾虑，也就失去了警惕性，被那随身护士投毒于药酒使之酣睡而亡。有人在白氏入葬时发现白氏全身呈紫蓝色状，这是中毒死的征象。（据中国中央电视台信息：白先勇先生谈话称，其父白崇禧被毒死一说不确。白先生列举第一条称其父已公开谴责李宗仁回大陆之举，没有离台他适之意。接着列举第二、第三条意见，证明蒋介石没有必要加害其父亲。特此记述这些不同意见，由历史日后作出肯定或否定结论。）

白崇禧死后，他的墓地与国民党死去的其他将领的墓地一样，都是朝向大陆的。国民党元老于右任有诗云：“葬我于高山之上兮，望我大陆；大陆不可见兮，只有痛哭！葬我于高山之上兮，望我故乡；故乡不可见兮，永不能忘。”这首催人泪下的诗，当也是白崇禧生前内心的写照吧。

1965年7月，周恩来对海外归来的李宗仁先生说，白崇禧颇自负，其在政治上无远见。谢和赓对本书写及白氏死于非命，特赐诗两首如下：

（一）

姚、邓书成叹白公，
讵知蒋氏是元凶，
英雄失节极可耻，
毒酒一杯无善终。

（二）

北伐功勋转瞬过，
抗敌胜后变妖魔。
不思悔改反华夏，
随蒋入台可奈何！？

1993年，在白崇禧诞辰一百周年的时候，白先智回到大陆，到广西游览时，约谢和赓同行，还请谢写一篇纪念白崇禧的文章。她不知道她这个邀请当然要遭到拒绝的。倘若白氏当年追随李宗仁走回归祖国的道路，不是反共到底的，谢和赓为白氏评价一下终身，写点纪念文章，也未尝不可。白先智几次拜访她父亲的秘书，也是“相逢一笑泯恩仇”的实际行动吧。

四十八、有情人终成眷属

1950年2月10日，谢和赓接到他在桂林市一中当教师的姐姐谢振群的来信。他看信后，立即惊喜万分地跑进王莹的宿舍，欢呼胜利似地喊着："莹啊，大喜事，姐姐来信啦！桂林法院已判决离婚啦！"

王莹急切地打开来信，里面装着一份离婚判决书和一张登有离婚通告的《桂林日报》。振群姐姐信上这样写着：

"多年不见，很是想念，你和莹妹都好吧？告诉你俩一个好消息：桂林市人民法院终于判决了赓弟的离婚申诉，现寄去判决书和登有离婚通告的报纸一张。

你与莹妹相爱多年，至诚至忠，接此信后，望你俩早日完婚，以释我念！祝你俩幸福、美满，百年偕老。"

姐振群一九五〇年二月一日

谢和赓与王莹自1937年相识相恋以来，长达13年了。他俩已建立相敬如宾的恋人关系，遇事处处为对方着想。

王、谢这段长达13年的恋情真是太苦太委屈他们了。若不是有一个共同的革命理想支持，他们也许会因精神上的痛苦而崩溃。但一个真正的共产党员，不仅经得起荣誉的考验，尤其经得住委屈的考验，王、谢他们就具有这种令人崇敬的修养。

1949年6月，王莹和谢和赓工作十分紧张，正在修改七十万字的《宝姑》，谢和赓代理《纽约新报》总编辑工作任务杂繁。因为长期的劳碌，谢和赓患上痔疮，便血加剧，阵阵作痛，人很快瘦了下来。

王莹对此心疼不已，几次催促他住院医治。但是经济上的拮据，不可能去住像样一点的医院。谢和赓为免使王莹为他病情着急，便编出一套话来安慰她说：

“我早已作了安排，我每月工资，扣除了保险费，可找市立医院医治。我已问了住院部，四个人一个屋，伙食也顶好。我住院后，你工作忙，千万不要耽误时间来看我，你看，我精神蛮好，身体也壮实，这点小手术算不了什么，我还准备在医院里为报馆写些东西哩！你只管放心吧，我很快找医院联系，等办好了再告诉你。不过，为了接洽和办手续，我可能一周内不到你这里来晚餐了，你先自己吃上几天，等我一办好各种手续，就来和你商量。”

其实，这些都是谢和赓为了让王莹安心工作而编造的谎话。他住的医院条件很差，是五十多人挤住一间的大病房。住院第一天，在离他床位不远处就有一个奄奄一息的病人，牧师正在为他即将离世而念经祈祷。房内，还有一些切肢断腿的病人在呻吟。在动手术这天，谢和赓真希望王莹就在身边，但一想到病房的恶劣环境，又不忍心让亲爱的人看到这种状况，徒然增加王莹心绪的不宁。于是，谢和赓不仅在动手术时没叫王莹去，而且还在手术后向王莹报平安说：

“手术已动过，很顺利！过不了几天就可以出院了。‘同病相怜’在这里我有很深的感受；有病轻的病友照顾我，很周到。医院在下城，你从上城来这里很不方便，也不必来，反正我很快就可以出院了。那时，我即到你那里去。”

如今，姐姐来信说已正式办理了离婚手续，这不啻宣布：谢和赓和王莹可以结婚了。一对青年男女彼此苦苦厮守了13年，在未办结婚手续前，不同居，晚上10点以后，各回自己的住所，房东太太对此赞不绝口。他俩在十三年的相思里苦中作乐，相濡以沫，保持心灵和肉体上的冰清玉洁。

王莹与谢和赓面对姐姐来信的祝愿，看着看着，喜泪如串串珍珠，滚落在信笺上。谢和赓感到，他们过去既遵守了党的铁的纪律不结婚，现在又为能够在不违反党的纪律的情况下结婚，怎能不欣喜若狂呢？蕴积了13年的爱情之火，如火山爆发一般，奔泻着炽烈的情焰：谢张开了有力的臂膀，王也情不自禁地扑上去，两人紧紧地搂住了，泪水贴面流在一起了。他俩紧紧地、久久地拥抱在一起了！

“曾经沧海难为水，除却巫山不是云。”这是我国歌颂忠贞纯洁爱情的千古绝唱，分毫不差地体现在王莹和谢和赓的爱情上。两颗爱心，如愿以偿地融合在一起了。

他俩商定1950年2月22日举行婚礼。这一天正是美国独立时第一任总统华盛顿的生日，他俩到纽约市政府登记领取了结婚证书。在哥伦比亚大学教职员工宿舍租了一套四房一厅的宿舍做新房。冀朝鼎太太、史沫特莱、浦爱德等友人赠送旧沙发、床铺等，王莹领导的“中国剧团”管道具的日本朋友宇卡，精心地修理好所有的旧沙发和床铺，还粉刷了房子，使之焕然一新。还有位华府的退伍上校和律师，赠送了一张华贵而又实用的书桌，纽约中央乐团一对歌唱家夫妇送来一张旧桌子。家具总算具备齐全，他俩将之油漆一新。房里挂上新窗帘，再摆上王莹自己培育的几盆花，墙上挂上一幅徐悲鸿画的奔马、程及画的巨幅天坛写生以及书法家谢顺慈赠送给赛珍珠的《礼运大同篇》、《爱莲说》的复制品。友人来宾看了他俩布置的新房都赞不绝口。冀朝鼎夫人说：“他俩实际一无所有，可王莹心灵手巧，布置得美观、雅致、清新，充满书香气息。”

结婚那天，他俩买来水果、糕点、橘子汁之类饮料，摆满两桌，请几位中外朋友欢聚一堂，由冀朝鼎太太和一位美国朋友证婚，便算完成了结为终生伴侣的结婚仪式。朋友们祝愿他俩恩恩爱爱，和和美美，白头偕老。证婚人冀朝鼎太太对大家说：

“王莹和谢和赓两位是在中国抗战烽火中建立恋爱关系的，中国许多文艺界朋友，都称赞他俩的恋爱是海枯石烂不变心的生死之恋！到美国八年来，他俩相依为命，比翼双飞，许多美国朋友都赞美他俩是最美满的一对夫妻，他俩的爱情之花，扎根在祖国大地上，香飘海内外。真是爱情花朵春常在，香飘中外永留芳。”

四十九、曲折归国路

在美国的日子里，王莹与谢和赓每时每刻都在关心祖国的前途与命运，怀念神州的山山水水，惦念许多的同志和亲朋好友。日本投降的喜讯，使他们喜泪双流，如醉如狂。解放战争胜利的凯歌，更使他们欢欣鼓舞，额手称庆，顿时产生早日回到新中国的期望。

但是，王莹的自传体小说《宝姑》七十万字，还有三分之一尚未译成英文，中文本也还要修改，翻译和修改工作不能半途而废。谢和赓当时是《纽约新报》代总编辑，负责翻译和撰写社论工作。这份报纸是广大爱国华侨的喉舌，宣传中共方针政策的重要舆论阵地。国民党陈立夫、潘公展企图策划夺取《纽约新报》的领导权，煽动华侨抵制该报，不订报，不登广告，拒付已登报的广告费，以此将报社置于经济困难的境地，使报社职工的工资和其他费用无法支付。

1950年秋，《纽约新报》在美、蒋反动派的破坏下，终因经济来源枯竭而倒闭了。报馆被陈立夫、潘公展夺走，谢和赓无限痛心，挥泪离开报社。谢和赓失业了！家里主要的经济来源也断绝了。

谢和赓离开《纽约新报》后，他与王莹很快在《华侨日报》找到立脚点，开辟新阵地，几乎是义务地为报社撰写社论、专论、评论，揭发和批驳美帝国主义的种种反华反共谰言，宣传新中国各方面的成就，配合抗美援朝斗争，为保卫新中国，顽强地战斗着。

经济上的困难和美国移民局的政治迫害，如两座大山朝王、谢夫妇压下来。但是“大雪压青松，青松挺且直”，他俩把千难万险都置之脑后。

1952年初，《宝姑》英译稿终于完成了。王、谢了却暂留美国这桩心事，此时，他俩返回祖国的心情，有如波翻浪涌，又如惊雷滚地般躁动于胸臆。

然而，正当赛珍珠、浦爱德、冀朝鼎夫人、黄开德、陈及等好友为王、谢订购了赴英国船票，确定由欧洲经苏联回国的时候，美国国会于1952年6月通过了麦卡锡移民法案，一时，侨居美国的外国人就处在受迫害的恐怖气氛之中。警车狂鸣，警特横冲直闯，抓人审问。从中国大陆去的留学生，成了移民局首先逼害的对象，甚至连老年人和小孩，也都一一立案审查。

美国移民局对外侨使用软硬兼施两手，开始，自称是你的“朋友”，请你“自愿”加入美国国籍。倘若不顺从，他们马上变脸，声称要“逮捕、坐牢、罚款、制裁、送往台湾”来迫使你就范。

移民局终于向王莹、谢和赓发出了传讯令，以所谓护照过期，没收了他们的护照，发给他们两类表格，一张是白色的“入籍申请表”，一张是粉红色的“临时管制登记表”，每三个月必须填报一次，如此频繁地一次又一次地填粉红色的表，搞得夫妻俩不得安宁。

王莹第二次被传讯时，移民局官员硬逼她对“朝鲜战争”和“中国在联合国席位”上表示态度，王莹以“很难说”之词顶住了这种蛮横无理的盘问，使传讯官员抓不到他们所需要的把柄和借口。

王莹最担心的是那些实际是特务的官员对谢和赓的传讯。有一次所谓传讯，特务官员指责谢和赓与王莹所写的社论、评论、专题文章是反蒋的共产党言论。谢和赓愤怒地反击这些无理的指控说：“是的，《纽约新报》发表的二十多篇文章，每篇都是挖掘墓穴的锹锄，一锹一锹地挖下去，直至挖成埋葬蒋家王朝的大墓坑。”

特务官员不耐烦听谢和赓义正词严的抗议，厉声地狂暴地呵斥“住嘴！”

王莹、谢和赓从特务官员的传讯内容，知道移民局对他俩的传讯，是明目张胆的政治迫害。作好了随时可能被捕的准备。谢和赓说：

“莹，我看特务很快就要逮捕我入狱，你一时还不会被捕。我们俩决不能都在这里遭难。我想好了，我一个人留下来，跟移民局斗下去，你先走一步，到英国等我，等我到了英国，我们再一起回国。”王莹哪里肯眼看着他一个人受难呢？她执拗地说：

“要走，咱们一起走，我决不先走！我走了，他们也许会把你长期扣押在这里，那怎么得了？我留下来，你要出了事，我可以想法同他们周旋，同他们斗争！”谢和赓点点头：“那好吧，我们并肩斗争！像周公教导我们的那样，‘相依为命，相忍为国，相依革命！’”

移民局的政治迫害行动，又要出新的花招，又一次找王莹接电话：“王莹小姐在吗？嗯……我们联邦调查局为了拉铁摩尔的案件需要找她。”谢和赓放下电话说：“他们竟牵扯起什么拉铁摩尔案件？”王莹感到吃惊……

第二次世界大战期间，美国总统罗斯福曾经派遣巴尔的摩省大学教授拉铁摩尔先生到中国做顾问。拉铁摩尔卸职回美后，把蒋介石政府贪污无能的情形报告美国国务院，引起美国某些政客的不满。国会议员麦卡锡开始策划迫害国内进步人士，拉铁摩尔便成了他们攻击的第一个目标。王莹、谢和赓与拉铁摩尔在中国和美国都有一些交往……这就是移民局找王、谢夫妇进行调查的借口。王莹说：“他们诬蔑拉铁摩尔是苏联在美国的头号间谍，说他在中国和某某共产党人有秘密往来，又说他写的文章是倾向共产主义的。”

谢和赓还接着说另有耸人听闻的消息：“那天早晨广播华盛顿一则新闻，麦卡锡调查委员会扬言：拉铁摩尔案件，将有一个新的意料不到的东方人出来作证，证明拉铁摩尔曾经和中国某共产党人有关系。”

迹象非常明显，移民局已公开声明要从王、谢夫妇方面寻找关于拉铁摩尔的罪证了。

果然，移民局来了两个官员闯进王、谢夫妇家的大门。一个盯着王莹先开腔说：

“在我们开始谈话以前，我要说一句话，王小姐，请你和我们合作。”说罢，自行坐下，摆起审问的架势。另一个直截了当地问王莹：“你认不认识朝鼎冀或是冀朝鼎？”

王莹无所畏惧地肯定回答：“我认得冀朝鼎。”

“在什么时候，是怎样认识冀朝鼎的？”

“1942年，我在重庆认识他。”王莹冷静地考虑着，别让特务抓到把柄，继续说，“那时，冀朝鼎是‘平准基金委员会’的负责人之一。来美国前，我去见他，办理外汇手续。”

“你记得那时候，他曾经对你说过什么话？”

“时间隔得很久了，谁还记得讲什么呢？”

“那么，你记得拉铁摩尔了吧。”

王莹回答：“1943年，我进费城贝满女子学院读书，拉铁摩尔先生的侄女劳斯特是我的学习顾问。她邀请我到她叔叔的乡间别墅，做过几次周末的客人。”

“你在拉铁摩尔家做客，主人和你谈论过什么事情呢？”

“拉铁摩尔先生和他的太太忙得很，闲时还得去树林里劈木柴。”王莹有意形容那个乡间别墅的环境，“他们的屋子周围，环绕着一片树林，门前还种着中国的竹子和花草。”

“他谈到过中国的什么事情吗？”

王莹简单地对答：“没有，没有谈过中国的事情。”

一人逼视王莹，突然抛出一句圈套话：“你在拉铁摩尔家里遇见过冀朝鼎！”

王莹识破特务提问这句话的卑鄙意图，平静地回话：“没有这回事。我几次在拉铁摩尔家里，都没见过冀朝鼎。”

两人黔驴技穷了，收拾起纸和笔，灰溜溜地走出房门口。

谢和赓从书房出来，走到王莹身边，看着特务走下楼梯，轻蔑地说：“见鬼去吧！”

王莹征求谢和赓的意见：“我们要不要把特务的来意，通知拉铁摩尔先生？”

谢和赓答：“要告诉拉铁摩尔先生。但不要写信。眼下拉铁摩尔的信件，可能要被拆阅检查的。你明天去找浦爱德小姐，先和她商量一下怎样对付这些特务的胡搞蛮缠。”

有一天，在地铁站，王莹随着人流下车出站。

一个戴眼镜的瘦个子迎上前去：

“王小姐。”

王莹稍停下脚步，瞥了一眼，没有理会，朝前走去。瘦子特务追上去再次拦住去路，厉声呵斥：

“有公务！去移民局八楼。”

王莹进了移民局八楼，记起了这是政治调查机关。一个四十来岁的男子从一间小房里走出到王莹跟前，在一张纸片上，歪歪斜斜的画上三个中国字——费立民。又自我介绍："这是我的中国名字。你不认识我吗？我在中国是出了名的。"

王莹没有理睬这人的话。

费立民阴沉着脸："你觉得谁应该坐在联合国席位上——是共产党中国，还是台湾蒋介石政府？"

王莹为难地表示态度："这个重大的政治问题，不是我能够回答的！"

费立民和盘托出了他要说的话题："你和你丈夫现在想回中国去，那是太迟了。共产党是不会要你们的！"

王莹听对方一说完，马上站起来："你还有什么话要说？请不要在我和我丈夫身上浪费时间！"

费特务阴沉着脸："我知道，1942年，在中国重庆，你有一个情夫！"

王莹平静地听着费立民恶意中伤人的肮脏话，嘴角挂着一丝冷笑："你的话，使我想起我们中国的一句俗话：狗嘴里长不出象牙来！"

费立民恼羞成怒，瞪大眼睛吼叫："你休想回到中国去！"

……

王莹回到家诉说到移民局与特务对话的情景后，谢和赓说："你回答得太好了！他们用这样脏的话来审讯，除了暴露他们丑恶的灵魂外，无损于我们一根毫毛！"

赛珍珠和瓦尔许高兴地叫好。她还说："亲爱的，你们回中国去越早越好。"赛珍珠丈夫瓦尔许说："我们一定尽力帮忙，使你们尽快回国。"

在美国朋友的帮助、指点下，王莹到英国驻纽约领事馆问清了到英国过境的手续，又和谢和赓到康那轮船公司预订了去英国的船票。可是，移民局进一步对他们的迫害阴谋也在加紧进行。

1954年9月27日，王、谢俩人正收拾行李，两个带着逮捕证的人，闯进他们寓所，凶神恶煞地捕走了谢和赓，押送到专门关押外国人的哀离思岛。接着，于10月4日，又将王莹拘捕进了哀离思岛。

这个哀离思岛，就处于著名的自由女神铜像身后不远的一个岛屿上。女神向过往的人们宣示自由的"福音"，但是，这"福音"向世人宣示79年了，可是在它身后已有62年历史的哀离思岛，从未沾过女神“福音”的光泽。这里曾拘捕过二千万无辜的移民和外国籍人，从未看见过女神回过头来瞧一瞧“那不幸的\被丰沃岸边\所拒绝的人们”。每当夕阳西下，黑夜弥漫的时候，女神手中的火炬明亮了，它高高地举在半空，照亮了海空，照亮了海面，却照不到她身后这个哀离思海岛！

王莹与谢和赓在哀离思岛渴望自由地回到新中国，与移民局特务们进行着坚忍不拔的斗争。

王莹和谢和赓在美国的监狱中，深切感受到绝大多数美国人民的支持，鼓舞着他俩坚持反对麦卡锡移民法的迫害斗争。他们居住的纽约哥伦比亚大学教职员公寓上的几十户友人，哥大图书馆全体馆员，他俩学习过的几所大学的教授们，从四面八方向他们伸出救援之手。各方友人自动串联，或联名上书，保释王莹夫妇出狱；或递交抗议书，同声相应地谴责移民局践踏人权的残暴罪行。

王莹夫妇先在哀离思岛受迫害，后又分送谢和赓到纽约西监狱，王莹到纽约外切斯特县监狱。

王莹在狱中利用放风条件，了解到监狱暗无天日，虐待囚犯等等惨无人道的野蛮暴行。一面联合狱友跟狱吏作斗争，一面向来探监的律师爱斯勒揭发狱吏们的罪行，并乘机写信由爱斯勒转致浦爱德、赛珍珠等美国朋友。

爱斯勒、赛珍珠等友人义愤填膺：“他们竟敢强迫你们干那样繁重的劳役，竟然把你们和种种罪犯关押在一起，真正在践踏人权和法律！”

赛珍珠更被王莹狱中来信披露的那些触目惊心的罪恶行径所激怒，她挥笔写信给《纽约时报》，控告监狱对王莹夫妇的迫害。

赛珍珠的信一见报，立即引起强烈的反响。很多人致电司法部和移民局，或写信给报社，指斥迫害移民和侨民的不人道行为。《华盛顿邮报》记者为此专门访问了赛珍珠，然后又去监狱访问王莹。这样，王莹夫妇受移民局迫害案件日益公开，日益引起美国人民注目，尤其日益引起中国政府的关注。

美国司法部和移民局害怕社会舆论和赛珍珠等美国名人的谴责，害怕美国人民逐步知悉王莹夫妇受迫害真相和监狱内幕，被迫以取保名义交纳二千美元保释金等手续释放王莹夫妇。还勒令释放三天之内办完离境手续。

在赛珍珠、浦爱德、爱斯勒等友人的声援、支持和奔忙下，王、谢很快办完保释和离境手续。

身陷冤狱图圄的受难者，一旦获得自由，其喜悦之情实是难以形容的。王莹夫妇要面见美国众多的友人，以表达他俩的千恩万谢之意。他俩采取集体告别的方式，在浦爱德小姐家举行告别宴会。这天，宾客盈门，络绎不绝，王莹夫妇应接不暇。不久，海佛福德学院的教授们，又假座阿德胜教授家举行送别宴会，赛珍珠夫妇、音乐家汉斯•舒曼特也都专程远道赶来送别。赛珍珠等友人妥善安排王莹夫妇离境沿途的食宿。她托付王莹夫妇回国后，代她去给葬于中国的父母上坟。王莹将赛珍珠父亲的葬地和母亲的葬地详细记载于本子上。汉斯•舒曼特专为王莹谱写了舞蹈钢琴伴奏曲《团结起来》，作为送别纪念的珍贵礼物，朋友们的盛情欢送，使王莹情不自禁地想起李白的送别诗《赠汪伦》。这个汪伦恰巧是王莹的老乡安徽芜湖县人。汪伦送李白远行，不是一般人带着伤感情绪，而是以歌唱方式来欢送的。这是因为汪伦最了解李白豪爽的性格才这样做的。

王莹此时也就万分感激地对前来送行的知心朋友说："中国有一位伟大诗人李白，他有一首叙述朋友送别的名诗《赠汪伦》：'李白乘舟将欲行，忽闻岸上踏歌声。桃花潭水深千尺，不及汪伦送我情。'你们送别我们的深情厚谊，不由得使我想起了这首友谊之诗情。我们要把美国人民的深厚友情带回祖国，为不断加强中美两国人民的友谊而努力工作。"

1954年11月22日，王莹夫妇由移民局特务押送，从纽约飞往旧金山，再飞抵加利福尼亚西海岸时，谢和赓想到很快就要回到祖国，诗兴勃发，口占七律《被逐回国》：

冷战声中别纽城，
何人不启故园心？
天边眉月亲若伴，
地上红光烟如瑛。
费市重来兴旧感，
芝城再见忆前情。
携君万里归家去，

一睹新华快此生。

王莹捧读着此诗，觉着最后一句“一睹新华快此生”最能表达他俩的心情。她说第二句不如改为“何人不爱故园春”好。唯有这“爱”字，才能更好地抒发他俩的心情。新中国欣欣向荣，“故园春”更为形象些。这样一改，更能表现节奏和旋律的音乐美感。

谢和赓欣然赞同说：“好，你改得太好啦！”

1954年12月底，即新年前夕，王莹夫妇终于回到祖国怀抱！

他们刚回到国门深圳，首先看见那高高飘扬着的五星红旗，那五颗闪闪发光的金星，缀在红艳艳的国旗上，辉煌醒目。王莹情不自禁地叫道：“‘九秘’快看！五星红旗！”她眼里盈满泪水，凝视着国旗，声音颤抖地说：“啊！国旗！”谢和赓听到爱妻颤抖的喊声，立即抬头观看国旗，热泪夺眶而出。海风轻轻地吹拂着他们的面颊，泪水簌簌地往下流着、流着……他俩心里热乎乎地呼唤着：“祖国，您的儿女回来了！回来了……”

五十、又见亲人

王莹、谢和赓回北京途中，到了上海一所部队医院，想去看望病中的夏衍，但医生不允许会客，未能见面叙谈，只好请医生代致慰问之意。但见到了于伶、巴金、罗荪、靳以和赵清阁等人。

他俩回到北京不久，时任中华人民共和国副主席的董必武，特地叫秘书张向阳通知："我在最高人民法院大楼办公厅等候王莹、谢和赓来谈话。"

到了约定谒见董老这一天，王、谢二人起床特早，匆匆吃过早餐，便在家静静地等候。上午上班不久，董老的专车将王、谢接到最高人民法院大楼。他俩快步上楼，朝董老办公室走去。张向阳秘书领着他们走进办公室。董老立即迎上前去。他俩大步跨到董老面前，一起朗声叫道："董老！"

谢和赓喜不自胜地说："游子今天终于回到老领导身边了！"边说边忍着涌到眼眶边的泪水，但是，眼泪还是越过眼眶边，溢到脸上。

董老热情的大手分别握住王莹、谢和赓的手说："你们好！"王莹握着董老的手，激动地说："您好！"

董老说："好！好！大家都好！"

谢和赓握着董老的手，十分谨慎地又轻轻地握着，带着歉意说："还记得1945年夏天在纽约见面的情境吗？"

董老哈哈大笑起来：你呀！你这个热情如火的人，异国他乡见到祖国亲人来，激动地使劲地握着我的手，不知使出了多大的握力，竟使我的手关节痛了好几天呢！

谢和赓说："见了亲人，实在太激动忘乎所以，用劲过大，唉！太抱歉了！"

所有在场的同志都哈哈大笑起来。

董老满脸笑容，像严父抚慰儿女般说：“现在，回到家了，团聚一起了，谁个不高兴呢！周总理和我知道在美国的许多华侨和你们受到麦卡锡法案的迫害，投进监狱，十分惦记着你们的处境。你们在外面很好地开展了国际统战工作，同许多美国友人建立深厚的友谊，赢得了他们的尊敬和爱护，在我国政府强有力的支持下，你们总算胜利地回到了祖国怀抱。党欢迎你们！祖国人民欢迎你们！”

董老亲切地请王莹和谢和赓坐下。由于公事很忙，寒暄一会儿后，王莹、谢和赓不无歉意地说：“董老，你公事忙，我们告辞了。”

董老忙说：“你们见到李克农同志了吗？”

“没有。”王莹说。

董老说：“这个星期天上午11点，你们到我家里来聚会。”

王、谢感激地说：“好！谢谢董老！”

到了约定的星期日，董老与王莹、谢和赓、张志让、李克农、田汉、阿英、张干臣等围坐桌旁一面闲聊，一面会餐。

董老端起酒杯说：“诸位，我提议，为王莹、谢和赓回到祖国干杯！”

大家正举着杯，可王莹将酒杯推到一边，端起茶杯代酒。大家不免一怔：“怎么啦？”

王莹固执着老习惯：“我不会喝酒呀！”

董老说：“不要勉强，就以茶代酒好了。”

董老向大家说：“今天聚会，主要让王莹夫妇谈谈在美国的生活、学习和他们在美国被移民局迫害的情况。他俩是和在美国学习理工、航空和医药卫生的12位留学生一同回国的。他们都是经过我国政府与美国移民局斗争，才从美国回来的。”

说到此处，王、谢抑止不住的泪水汩汩而下。

董老婉转地深情地说：“你们回来了，周总理也放心啦！”

王、谢同声说：“谢谢周总理！”

董老继续说：“新中国政府成立，周总理曾派外交部徐鸣同志专程赴纽约送旅费，要你们马上回国，可是你们迟迟不归。不久，知道美国移民局迫害你俩的消息，我国不得不作出了以战俘交换你们的决定。”

在场的同志听后都非常感动。阿英同志说：“王莹、谢和赓都是咱们的好同志，是难得的人才啊！”

王莹谦和地说：“阿英老师，如果我是个人才，那也是老师栽培出来的！”说完，屋里响起一阵惬意的欢声笑语。

谢和赓、王莹在颐和园

阿英又说：“《宝姑》这本书定稿后，我愿为王莹的大作接洽出版事宜，争取尽快出版发行。”

王莹显得异常兴奋。

田汉接着说：“再把你们在美国的各种遭遇写成一本书。”

董老说：“这样，可以暴露美国政府迫害中国留学生的丑恶行径，把他们冠冕堂皇的‘民主’、‘自由’、‘正义’、‘人权’的真相揭示出来，以便大家了解美国社会的本质；也把美国的大多数人民对中国人民的友好感情介绍出来。这是很有意义的一本书。”

这时董老看了手表说：“12点半了，周总理快来啦！”

听到周总理要来，王莹、谢和赓立即止住了笑声，显出十分急切的神情！

周总理终于神采奕奕地出现在大家企盼着的目光之中。他慈祥地注视着欢聚客厅的同志们，轻声地说：“嗬，王莹，和赓！”

王莹、谢和赓扑上前去，颤声地说：“周公——”噎住了声音，喜泪不禁流淌下来。

周总理笑着说：“我欢迎你这位少年老成的党员和你的丈夫——我党的经受严峻考验的老地下党员！”

周总理厚实的温暖的大手亲切地握着王莹、谢和赓的手，又亲切地垂问他俩回来的近况和打算。

五十一、遭劫

历尽千难万险，王、谢回到新中国，正是英年有为，献身祖国社会主义建设的好时候，想不到一场横祸正悄悄地向他俩逼来。

在1957年反右派开始之前，王莹、谢和赓分别分配到北京电影制片厂和世界知识出版社工作。此时，王莹正在日夜伏案整理自传《宝姑》的稿本和创作小说《两种美国人》。

从5月到7月，党的整风运动突然转变为反右派运动。北京电影制片厂大字报铺天盖地贴出来，所有能贴大字报的空间，都被使用起来，贴上大字报，一片繁忙纷乱景象。

王莹仔细地看着那些大字报，有用白报纸写的，也有用旧报纸写的。在大楼过道上，她遇见洪深等电影界的老熟人，激动万分，互相询问着情况。她问洪深："洪导演，你现在还干本行工作吗？"

洪深身边的一位同志说："洪老现在研究电影理论和从事教学工作，培养后起之秀，可谓是桃李满天下了。"

王莹说："洪老的学生里，我也是一个，几十年来，我忘不了他这个启蒙老师啦！"

洪深称赞王莹仍然保持着谦虚的对人态度。

对于大字报的内容，洪深、王莹未便表示什么态度。王莹回到家里，对着香山那片枫树林出神地沉思着……

在世界知识出版社的办公室，几位同事正与谢和赓交谈着帮助党整风的问题，鼓动谢和赓消除顾虑给领导提意见。

这个说："老谢，这是大是大非问题啊！"

那个说:“在大是大非面前,态度要鲜明,不要做墙头草!”

“你曾跟随周总理、董老和叶剑英元帅在一起搞地下工作,出生入死,见过大场面、大世界,见多识广,有思想觉悟,判断力强,怎么能在大是大非问题上缄默不表示态度呢!我们单位领导官僚作风那么严重,高高在上脱离群众,没有调动群众的积极因素,在整党整风的时候应当提出来,这才是共产党员的态度啊!”

谢和赓本来想先沉默着,先看看,先想想的,经大家的催促和鼓动,脑子一热,就点了点头,站了起来。围着他做工作的几个同志高兴了,其中一位同志,再给谢和赓加上一把火:“我们单位的老党员,没有给领导提意见的,就只有你一个人了,人人都在大鸣大放,大家都在看着你啦……”

谢和赓就这样,融进了大鸣大放的洪流中去了。

人民出版社大楼走廊上,满是大字报,谢和赓随着人流看大字报……他在大字报面前有所触动了,一些问题在他脑海中翻腾着,要理出个头绪来,形成个清晰的思想概念。

这天他很晚才踱着沉重的步伐回家。

王莹问:“你怎么这么晚才回来?”

谢和赓坐在桌边椅子上,愤然地说:“我看大字报去了!”

“看到什么大字报啊?把你气成这个样子!”

“同事们的大字报写得真好。有些领导就是胡搞瞎指挥!”

“你可不能感情用事,跟着别人给领导提意见。”王莹又苦口地劝告说,“和赓,咱俩回国不久,不了解多少情况,对批评的意见和对被批评的领导同志,还说不上了解,不能看到一点皮毛、现象,就贸然挥笔乱放炮!”

谢和赓说:“我提出要恢复中南海公园,让群众有个茶余饭后方便消遣的公共场所。”

王莹婉然规劝说:“我知道你是为了党好,但是,你在大鸣大放的场合去提这个意见是不合适的。我们可以建议书形式,寄给周总理嘛。在鸣放会上提这个意见,会被对现实不满的人所利用,也会被专门整人的、心术不正的人抓辫子!”

谢和赓嗔怪地看着王莹:“同志!请不要忘记,咱们都是共产党员!”夫妇俩相敬如宾多年，从未见谢和赓以这种态度来诘问妻子。

王莹深知谢和赓的性格是激动型的，孩子似的存不住事情的短处，也未尝不是他的长处；谢和赓要是没有那一种坦率的、诚挚的、单纯的朝气，他怎么能经过那官僚腐化的社会而不沾染一点污点？她清楚地记得一位熟悉的朋友张志让教授曾经这样说过谢和赓那激动型的性格：他全身用力一抖，把旧社会里的灰尘和残渣，抖得干干净净……

想到这，王莹无可奈何地担心地望着谢和赓。

王莹有一次参加北京电影制片厂的批判大会，一个名叫庄田的青年编辑受到大家的批判。

有人喊：“庄田，你的检查极不深刻！”

又有许多人喊：“庄田要老老实实交代！”

庄田声音已经嘶哑了，他沙哑地说：“哎，哎……我是老实的。”

又有人说庄田：“咬大葱，装象！”

恰巧，王莹就坐庄田旁边，她随手倒了一杯开水，没有端到庄田面前，而是从桌子上慢慢地推过去。王莹细心地考虑过端杯子和推杯子是有区别的。可是参加会议的人却怔怔地望着王莹这一无可厚非的动作。

王莹注视着庄田的表情，她不能对他说什么，她不能帮助他什么，推水杯给他，无非是要他继续讲话。她那时心里有一种说不出的什么滋味。

会议主持人看到王莹这一小小举动，表情严肃起来：“有人敌我不分，倒水给敌人喝，给敌人糖炒栗子吃，站到什么立场去了！我们要站稳无产阶级立场，带着无产阶级感情，参加这场反右斗争运动，端正思想。”

主持人异样地瞥了王莹一眼，又提高八度声调说：“敌人往往利用我们某些同志温情主义的弱点和小资产阶级狂热性，向党发起进攻的！”

王莹十分痛苦地听着上述的指责，闭上眼睛，回想不久前她回到办公室，把一大包糖炒栗子，每人分上一份的情景，她哪里知道，当时这种一般的友情关系，也会和日后成为“敌人”的庄田，生拉硬扯到一起呢？！

王莹担心的事果然发生了。

人民出版社的批判大会上，谢和赓站在台子中间。有人问道：“你交代！为什么提出恢复中南海为公园？是什么动机？”

谢和赓以坦然的口吻说："回国后，我调查了北京市政规划情况，同市民交谈交换意见，认为北京几百万人口，人均绿地太少，公余之暇没有多少可供大众休息的场所，既需要开辟新公园，也要恢复旧的公园。"

有人得意地抖出谢和赓的历史说："你原来的出身是国民党军官，是美国派回来潜伏的特务，居心何在？"

提及历史，又有人补充揭发说："谢和赓，你在学生时代住中南海几个月，现在进不去了，借提建议表示不满。"

谢和赓听到这种以猜测当事实的话，高声地争辩说："我这个意见不是现在才提出来的，早在解放前的1948年，我向周总理递交过建议书，是城市规划的意见，其中就有保护和保留过去封建王朝皇宫、行宫、住宅和花园，一方面既是保留古迹文物和古代建筑群，例如现在的故宫；另一方面可供群众参观游览，特别是对青少年提供文娱和科技活动的场所。请大家注意，那时我还不可能预先知道1957年将有个帮助党整风的运动，那时的意见难道也是不满吗？真是笑话！"

有几个年轻同志急忙高呼："不许谢和赓狡辩！你要老实交代！""不许谢和赓反党反社会主义！"……

反右斗争口号此起彼伏……

谢和赓感到莫大的悲愤和委屈。过去在敌营中做地下工作，出生入死，遭受自己的同志和人民唾骂、羞辱为"国民党军官"，因为那是工作的需要，革命的需要啊！可是现在已经不是搞地下工作，在自己的同志和组织面前，还要被唾骂、羞辱为"国民党军官、特务"！这真是比万箭穿心还难受！那是比"哑巴吃黄连"还要痛苦万倍的啊！

谢和赓感到心要呕血了，他感到一阵悲怆，继而又感到悲壮激越，他需要排遣胸中的郁闷和痛苦，他突然地唱起《国际歌》：

"起来，饥寒交迫的奴隶，
起来，全世界受苦的人，
满腔的热血已经沸腾，
要为真理而斗争……"

批判大会异乎寻常的平静下来，主持人也乱了方寸，与会者目瞪口呆，你望望我，我望望你。谢和赓不顾一切地继续唱……

周总理很快知道了谢和赓被批判的事，他对秘书说，请转告人民出版社某些同志，谢和赓与王莹的历史是清楚的，是党派他打入敌营中当国民党军官的，在美国留学，也是经党同意的，他在美国做了大量对党对祖国有益的工作，还受了很多苦，没有什么可以怀疑的历史。在国内工作时，他及时向党汇报情况，没有离开过党一步。

谢和赓被大会批判后，王莹到北戴河疗养院去了。

一天，王莹正躺在病床上打吊针，一位护士进来递给王莹一份电报。电报上写着："莹，和赓已被划为右派，速返京。"

王莹犹如遭到五雷轰顶，耳朵嗡嗡作响，倏地坐起，对女护士说："请拔掉它（吊针），我要回北京！"

"这……"女护士愕然，忽而又理解地帮助王莹拔掉吊针。

王莹匆匆回到家，见谢和赓神情沮丧地坐在沙发上。她扑了过去："和赓！"

妻子带病赶回来，谢和赓说不上是哪种悲愁苦味？他端详着王莹消瘦了的脸孔，欲言又止……王、谢相恋十多年，革命的命运使他们连在一起，什么事都是"心有灵犀一点通"的。

王莹轻轻地捂住丈夫的嘴，柔声地说："你不要说，我什么都知道了。"

谢和赓从热恋到与王莹结为夫妻，二十年来，从来没有在苦难中分离过。即使是在美国哀离思岛蒙难的日子，他俩也是在一起的，两个人承担一个苦难，痛苦会减少一半。如今不同了，是在祖国大家庭内暂时分开，不能两个人一起去承受苦难，将会使两个人承担加倍的苦难。因此，谢和赓颇为心酸地、挚情挚爱地对妻子说："莹，你有病，我无法照顾你……过几天，我就要下放到北大荒林场劳动改造……"谢和赓叹了一口气又说，"也许组织上是一时误会儿女的忠心吧。到了林场看吧，相信党终究不会错看或冤枉一个诚挚地爱她感激她的儿女的。历史将宣判我无罪！我有一颗坚强的爱党爱祖国的心。"

王莹听到丈夫半委屈半劝慰她的话，更伤心了，泪如雨下。虽然刘少奇的《论共产党员的修养》告诫党员要经得起委屈的考验，但这是说在理论上的，一旦这种委屈降临到自己头上时，那滋味可不是好受的，那不是几句安慰的话可以排遣的啊！王莹实际也想不开，更不理解丈夫究竟错在哪里。但她还是劝慰谢和赓说：“和赓，你要想开点，放宽心些。今天，组织不了解你，日后总会了解你的。但我相信你并没有错。”

谢和赓：“劳动改造，我并不害怕。但我担心讲真话的人就会少了，这才是最可怕的！‘右派’，算是什么罪呢？我没有犯罪的感觉，我会正确地处理此去的劳动改造。”其实，谢和赓此刻并未真正想通，为了减少王莹的痛苦，既是安慰王莹，也是安慰自己的。

王莹：“不管你走到哪里，我的心总是和你在一起的。既然组织上作了决定，你安心去北大荒。这里，我会把你的情况告诉李克农，请他转告董老和周总理。他们是最了解你的。”

大地千里冰封，雪花纷飞。王莹送谢和赓走进车站，进到站台停车线外等着。

谢和赓无限眷恋地看着妻子，想起了第一次见面，王莹如凛然不可侵犯的女神形象，对她的品貌、名声，爱得那么深沉，爱得那么真挚，爱得那么高洁。临别前，他千言万语，欲言又止，哽噎着说不出来……

快上车了，王莹再一次安慰丈夫：“我虽不能跟你一起去，纵使你到天涯海角，我的心永远跟你连在一起。无论别人怎样看你，不理解你，但你在我心中，你还是铁心爱党爱人民的你。党终有一天还会和从前一样看你。遇到什么难处，你要想到往日，我和你仍然在一起顶着，两人一起分担一个痛苦。”

谢和赓看到眼前的妻子，面色苍白，眼现黑圈，显得更憔悴了。听着妻子安慰自己的话，却发现王莹的眼窝里深藏着痛苦的神情。他悔恨没有听妻子的劝告，委屈、怨尤、悲苦在谢和赓胸中激起波澜，心儿却被什么揪着似的，滴着血……

王莹回到家里，颓然地坐到沙发上。她脑子里很多声音交响着：“你要跟右派分子谢和赓划清思想界限！”又一个青年人的声音声色俱厉地斥责：“王莹！大是大非面前，要旗帜鲜明，立场坚定！”

一个领导模样的人浮现在王莹眼前：“你若再不对谢和赓罪行表示态度，丧失党员立场，划不清界限，就要停止你的组织生活！”

怒斥声中，她没有想到自己。她想到北大荒林场，谢和赓步履艰难地扛着原木挪步走向贮木场；突然，谢和赓倒在雪地里，原木压在他身上，谢和赓擦着脸上血迹，嘴唇抖动着……

王莹想到伤心处，嘴唇战栗着，徒然大喊一声："和赓"！然后双手颤抖，捧起她与和赓的合影，恸哭着，簌簌泪水滚落在镜框上……

此后，王莹成了众目睽睽的"右派分子"的老婆。

北影厂党委停止了王莹的组织生活。

出入家门，走到街上，被人们异样目光注视着，她习惯地低着头走路，没有人会同她打招呼。

王莹在好姊妹艾冰的帮助下，搬到了香山的狼见沟。邻居有纯朴热心的唐家三姊妹淑芳、淑惠、淑彩。

五十二、获救

在北大荒，谢和赓拿起笔：

“敬爱的周总理、董副主席……”

在北京香山，王莹在临窗的桌上写信：

“敬爱的周总理、董老……”

周恩来和董必武接到了谢和赓和王莹的来信。

周总理说：谢和赓是个好同志嘛！他怎么会是右派呢？对党的工作提意见，他一贯地是直言不讳的，这种态度是对的嘛！应该支持。周恩来还嘱咐李克农把谢和赓接回北京治病。

董必武深有同感：他刚回国不久，不了解情况，就是发表一点偏激的建议，也不能当右派来揪啊！

李克农亲自驱车往香山王莹寓所，对王莹说：“总理和董老看了你和和赓分别写给他们的信，让我立即来转告你，决定立即调老谢回北京。”

王莹含泪紧紧地握住李克农的大手，激动万分地说：“党是了解和赓的，他有缺点，党也是清楚的。请您向总理、董老表达我和和赓的感激之情，我俩终生不忘总理和董老的关怀！”

李克农劝慰王莹：“好好养病，要量力而行，慢慢写作，来日方长啊。”

王莹泪如泉涌答应着，送别了李克农。

李克农走后，王莹当夜挥笔写信，文字在笔下有如泉涌，眼泪也夺眶而出。眼泪和着诗句：

教导莫忘周董叶，

热忱关怀有克农，

平生最爱是“九秘”，

万苦滴甘也相从。

王莹写给谢和赓的信送到了北大荒林场办公室，一位负责人看到是北京香山王莹写给“谢和赓启”的信，犹豫着自言自语：“唔，里面一定有鬼！”竟私自拆开信封，读着四行诗，决定扣下不发。

一个女青年拿着一封信跑进办公室：“队长，又是谢和赓的信。”队长又私自拆信。那时许多“右派”没有人身的自由，更没有通信的自由。

队长抽出信函一看，竟是董必武副主席夫人何莲芝写给谢和赓的亲笔信，转达周总理和董老的指示，说上面已发下文件到林场，调谢和赓回北京……

一天，香山小学内，戴着红领巾的小学生们围着王莹，正在听王莹讲她在南洋演出，在舞台竞卖大花篮献金支援祖国抗战，两个车夫把他们一天拉车所得，尽数献金的动人故事。戴着红领巾的少年儿童都感动得哭了。

唐家三姊妹跑过来。

王莹注视着唐淑芳：“什么事？”

“你家来客人啦！”

“哪里来的？”

“像是大胖干部带着一个瘦子‘叫花子’，坐着小轿车来的。”

王莹一怔：“走！”转身对小同学们告别。

王莹走向自家寓所门口，果然见到一辆小轿车，车旁是李克农、何莲芝和谢和赓。王莹老远见到了谢和赓，叫喊：“和赓——”李克农、何莲芝、谢和赓忙迎了过去。

王莹握住何莲芝的手：“董老身体可好？”

何莲芝紧握住王莹的手：“好，好。我和克农按照周总理和董老的指示，给你把和赓送回来了。”

王莹看着谢和赓满脸的伤痕，两手扶着谢和赓的肩膀，上下打量着，泪水夺眶而出，转身扑到何莲芝的怀里，哭出声来：

“大姐——”

唐家三姊妹抹着眼泪。

何莲芝也拭着泪水：“王莹，你身体也不好，不要伤了身体，给和赓订份牛奶，要照顾他养好伤，争取尽快康复。”

王莹含泪应了一声：“嗯！”

王莹、谢和赓与邻居们和睦相处，互相关照、爱护。

他们在香山过了一段舒心的日子，搬到一座有七间房和小花园的新居。

王莹曾写下这样诗句：“我们爱香山的乡亲，爱香山的每一座山，每一条小溪，每一株松柏，每一棵枫树，每一丛花草，每一只鸟雀，每一个少年儿童……”

五十三、周恩来点名王莹参加电影界聚会

1960年12月，香山饭店宴会大厅，电影界部分人士聚会，围坐在丰盛的宴席前。

周总理环视大厅片刻，目光落在身旁夏衍、蔡楚生、孙师毅、司徒慧敏的身上说：为什么不见王莹参加？她是我们党派入电影界的第一批党员。我已经几年未见到她了。

“王莹不是代表。”司徒慧敏解释说。

“这样的电影界大团圆的盛会，应该请她参加。快派人去接她来。我很想念她。”周总理说。

“我和孙师毅去接她吧。”蔡楚生说。

周总理点点头，“好！快去吧！告诉王莹，我要见她，她会来的。”

孙、蔡来到香山王莹家，带去周总理要她参加电影界大会的消息。正在写作的王莹、谢和赓流出了幸福的泪水。

王莹对坐在沙发上的孙师毅、蔡楚生说：“对不起，请稍候，我要打扮一下，不能让总理看出我们有什么不顺心的事，让他老人家放心。”

蔡、孙含笑点头。

谢和赓立即忙开了，为王莹找衣服，又拿出胭脂和口红。

王莹飞快地梳洗着，略施脂粉，点着口红说：“这口红还是邓大姐送给我的。”打扮好，转身笑向谢和赓：“你看，可以吗？”

“这一身打扮，仿佛回到十多年前啦！快去，别让周总理等着！”谢和赓

催促着。

王莹随蔡楚生、孙师毅笑盈盈地走出小轿车进入香山饭店宴会厅。

周总理正被一群演员和影界同志们簇拥在中间，总理亲切地跟演员们握手，谈话。

听到周总理亲切的声音，看着那慈祥的面容，王莹心头暖烘烘的，眼眶涌满泪水，抑制着没让掉下泪来。她在宴会厅的一角坐了下来，一些往日的同志和朋友，一一过来与她亲切地打招呼、握手。

蔡楚生走到总理面前说：“总理，王莹同志来了。”

总理高兴地说：“啊，她来了！”说罢环视宴会厅，高声道：“王莹呢？”

王莹忙站起身，激动地望着周总理。

总理向王莹招手，大家也都把惊喜的目光移向王莹。

王莹泪眼晶莹，笑着向总理走去。

总理迎上几步，与王莹亲切握手。

王莹喜泪盈眶地说：“总理，您和邓大姐都好吧？”

总理笑着说：“都好！你和和赓也好吧？别哭了。几年不见，你还那么年轻，一点都不显老。”

总理微笑着说：“见到你，我很高兴，你也应该高兴，现在情况好多了嘛。”

总理环视宴会厅，向大家介绍王莹说：“同志们，也许有些人还不认识她吧？她就是王莹同志！她很小就参加革命、入党，三四十年代，她是一名很优秀的演员，她曾于1940年去南洋各地演出抗战戏剧，南洋侨胞都很喜欢她，称她是‘马来亚情人’。1942年又到美国留学、演戏，做了很多促进中美两国人民友谊的工作，很有成绩。在座有许多同志和王莹是老战友。我们大家欢迎她来参加今天的集会。”

总理和全场同志一起鼓掌欢迎。

王莹十分激动，她向大家鞠躬致谢。

掌声刚停，总理又说：“我听董老谈，你在美国演出《放下你的鞭子》，演唱了几首中国歌曲，受到罗斯福总统夫妇的接见，那一定是很精彩的。大家欢迎王莹唱歌。”

“总理，我快五十岁啦，唱不好了。”

总理笑着说："不，不对，你没那么大，我记得很清楚，你是我们党里不多的少年党员之一。你呀，不要学美国人，怕谈自己的年岁！"

大家听到总理那么平易、随和与王莹谈话的情境，都以羡慕的眼神看着王莹，又一次热烈鼓掌。

总理对身旁的夏衍说："王莹和谢和赓在香山勤奋学习和写作，很好！要支持他俩好好写作，多为社会主义文艺事业作贡献！"

总理站起向王莹招手，王莹向总理走去。

总理让王莹坐在他身旁。王莹感动地说："总理关心我们的写作，我们一定努力写好，多做有益于党，有益于人民的事，不辜负总理的期望。"

总理赞许地说："好！来，咱们合个影。"

镁光灯闪过，摄下总理和王莹笑逐颜开的镜头。

王莹回到家里，说到总理特地与她合影的事，她和谢和赓都沉浸在幸福的遐想之中……

五十四、祸起"文革"

王莹完成了小说《宝姑》的第三稿，了结了多年的心愿。

日历翻到1966年5月、6月、7月。

北京的大街、小巷，党政机关办公室楼道内外，贴满大字报，通行大道和广告墙上是横幅的大标语。最触目的一条标语就是："横扫一切牛鬼蛇神！"

王莹在北京电影制片厂院子里的大字报栏面前，跟着人群看大字报。倏地几条大字报标题使她触目惊心：

"三十年代的黑明星王莹"

"四条汉子的忠实走狗王莹"

王莹和谢和赓处在不解和恐惧之中。

时隔不久，一辆吉普车开到王莹家门口，戛然停住，车里十几个戴红袖章的人跳下来，但见戴红袖章手拿《毛主席语录》小红书的青年大学生，带着被子、背包，蜂拥进入王莹的客厅。

正在看书的王莹、谢和赓还来不及质问这伙不速之客闯入的缘由，只见领头的人气势汹汹地宣布说："我们是南京大学、复旦大学、中国人民大学、北京矿业学院的红卫兵小将。我们奉中央文革领导小组的命令，前来调查案件；并且是来保护你们的。希望你们主动配合我们的调查，老实交代问题，不要有什么顾虑，不要害怕。为了你们的安全，从今天起不能跑到院子外面，在院内，你们可以自由行动。"

王莹、谢和赓看到平素彬彬有礼的青年学生，今天变成了不可以理喻的粗野的人群。

戴红袖章的造反派开始了他们所谓的"调查案件"动作：翻箱倒柜，凡是可以翻动、打开的地方，都被“调查”到了……

谢和赓忿忿地说：“你们有什么权力搜查我的家？”

一位红卫兵理直气壮地说：“我们是奉命而来的！”

“奉谁的命？是公安局吗？”

另一位女红卫兵右手扯着草绿色军装上的牛皮带，趾高气扬地说：“我们是奉江青同志之命！”

王莹、谢和赓大吃一惊。这使王莹想起了30年代的蓝苹。

1936年4月，在上海出版的《文学》期刊第6卷，上发表了夏衍的写历史剧《赛金花》的剧本。导演们发现了这个剧本之后，都十分感兴趣，抢先在报刊上先登出了争聘《赛金花》一剧演员的广告。

当时，蓝苹暂时休闲在家，听到传言业余剧人又要排话剧了，而且是古装戏《赛金花》，就把登载《文学》杂志找来看剧本，又把赵丹请来商量。她说：这赛金花非我莫属，赵丹你演李鸿章，咱们向导演团请命去！

然而，此时金山和王莹也同时向导演团提出要演《赛金花》的请求。这两个组合各有优势，形成了对峙的局面，大家都是互相熟悉的人，使导演团成员们一时难以决断。导演团成员拿不定主意，就去夏衍家让编剧给个最后取舍。

夏衍听了他们的分析之后说：那就来了个A、B组，让他们轮流上台演出，到台上去比，这样谁都会有最好的发挥，让观众去评论，岂不更好？

“那……谁演A组，谁演B组？”导演迟疑不决地问。

“连A、B组都要编剧定？我认为金山、王莹A组；赵丹、蓝苹B组，自然就可以了。”

此时，导演摇摇头说：你可是不知道那蓝小姐的脾气哟！

夏衍不解地摇摇头，心想A、B组都轮流上台，还不公平合理吗？谁A组谁B组还有什么可争的呢？

但是，事实出乎他的预料。

业余剧人召开全体大会，公布《赛金花》演员名单的那一天，蓝苹的表演造成了业余剧人严重分裂的局面。名单刚刚念完，会场鸦雀无声时，蓝苹突然站起来，怒容满面，逼视着导演组，愤愤不平地喊：“凭什么定我B组？！”

然后冲出人群，摔门而去，到了门外站在门口继续喊叫：“王莹哪点儿比我強？凭什么事事压我一头？我就不当B组！不让我上A组，这戏我还就不演了，哼！咱们走着瞧吧！”有人赶紧跑到门外劝蓝苹，有人惊惶地看王莹的反映，大伙交头接耳，叽叽喳喳乱了阵脚。

蓝苹的泼妇表演造成了业余剧人的分裂局面，导演团因缺乏思想准备，只好草草收场。

蓝苹本是奔着主演来的，一听王莹是A组，心中就不觉火冒三丈，以为王莹在下面找人做了手脚。其实不然，王莹和金山只不过向表演团导演组表了态，说对这部戏很感兴趣，想演，角色如何分配，请导演团统一考虑，并没一定要怎么样。

蓝苹这一闹反倒是失道寡助，连支持她的一部分人也转向支持王莹了。

《赛金花》终于在上海金城大戏院演出。据王文英《左联时期的戏剧运动》记载，《赛金花》一剧从1936年11月15日公演后，成了“轰动上海的大事”，“连续十二场满座，观众达三万人次以上”。接着，又转到南京的国民大戏院公演。在离国民大戏院不远处，京剧大师梅兰芳正在另一间戏院演出。南京市民称赞两位享誉京沪的名演员精湛的技艺演出，使人们大饱眼福。

洪深、王莹趁演出空隙，专程去拜访梅兰芳，王莹以晚辈弟子之礼，恭恭敬敬地向梅兰芳敬献花篮。

30年代的一幕幕往事闪过去了。站在窗前凝思的王莹倍感不安。谢和赓走到她的身边说：“莹，唐淑惠刚才悄悄告诉我，艾冰丈夫托人捎信来说，艾冰是她学校里第一批被揪出的老师，被关进了牛棚，他要我们多加小心。”

王莹冲口说：“冰姐……她……”眼泪夺眶而出。

谢和赓不无担心地说：“但愿这次她想开些，能挺得住。”

王莹揣度自己的处境危险：“江青这个人心狠手辣，确是‘无毒不丈夫’，她现在位高权重，我知道她的臭底子太多了；况且，她一直误会以为我抢了她的《赛金花》主角，对我的怀恨铭心刻骨，没齿难忘。和赓呀！无论是我被抓走还是你被抓走，我们都无须牵挂。我们自信几十年来对党对人民忠诚，没做过一件亏心事，对得起天地良心。无论他们使用怎样狠毒的手段对我们诱供、迫供，都要经得起考验，绝不讲一句违心话或迎合他们的话。我已做好以生命来殉党、殉社会主义革命事业的精神准备，留取丹心照汗青吧！”

谢和赓对爱妻此时平静而又冷静的心境，既安慰又激动，他叫一声“莹”，紧紧地拥抱着王莹、抚摸着她的秀发，表示赞许她崇高的思想境界，凝望着准备为真理献身的王莹……

一天，一群红卫兵冲入王莹室内，为首的那个女红卫兵高声宣布命令：“‘造反有理，革命无罪’，我们奉中央首长的命令，采取革命行动——抄家！”

一群男女红卫兵分开来，奔赴房间每个角落，翻箱倒柜起来。

谢和赓忍不住怒吼一声：“谁给你们这个权力！”

一名身强力壮的男青年，有恃无恐地指斥着谢和赓：“你敢反对无产阶级文化大革命？真是狗胆包天！反对无产阶级文化大革命，就是反对毛主席！谁反对毛主席就砸烂他的狗头！”说罢，挥拳要打，近旁的红卫兵也一起围了过来。

王莹、唐淑惠赶紧上前护住谢和赓。

王莹急得不得了说：“不要跟他们争了，看这么大的来头，嘴皮哪里拗得过拳头啊。和赓，让他们抄吧！”

一位红卫兵要赶走唐淑惠：“这儿没你的事！你是干什么的？”

唐淑惠：“我是革命群众。”

另一位红卫兵说：“革命群众？哼，种你的庄稼去！”

抄家从开箱倒柜开始，书信是重点的抄查对象，所有的信件被装进麻袋带走，以便从中发现“封、资、修”的证物，为批斗“定罪”作根据。

一位红卫兵翻出了《两种美国人》的手稿，翻了几页，也要装进另一个麻袋里。谢和赓急忙上前阻止说：“你们不能拿走这个，这是一部小说稿，里面没有你们要找的东西。”

那个红卫兵吼道：“你怎么知道没有我们要找的东西？你们都是美国回来的‘美特嫌疑’，要查一查你们同美国特务的关系。”

王莹婉言解释说：“这是我花十年工夫写成的小说，是揭露美国政府迫害华人和中国留学生的。我向董必武同志汇报过，周总理也知道此事，还鼓励我快些完稿和出版，政治上不会有什么问题。”

有个红卫兵翻出了两张画，一幅是《牛》，一幅是《牵牛花》，见《牛》的落款是“冯玉祥”，便拿着《牛》画，宣布他的新发现说：“好啊！你们和大军阀冯玉祥还有关系，这就是‘罪证’！”随即扔进口袋里。

红卫兵翻遍各处，看看再也搜不出什么可疑的东西了，便呼啸一声，登上“大屁股”车，扬长而去。

红卫兵走后，面对满室狼藉散乱的样子，王莹呜咽地哭泣起来，痛苦得浑身抽搐。

谢和赓愤懑之极：“一定是那个毒辣的女人！那个狠毒的女人！”

谢和赓看到王莹那种异样难受的样子，心脏似乎被什么东西压迫着。他从未见过王莹这种悲痛欲绝情感的流露。他扶着王莹坐到沙发上，给她倒了一杯开水说：“他们不会就此罢休，还会再一次来搜查的。没抄到的东西，得赶快藏起来！”

王莹被提醒了，抹抹眼泪，马上站起来收拾东西，可是觉着眼前天旋地转起来。谢和赓急忙扶住她，让她躺下休息。

红卫兵反复抄查一个专政对象的家，那时是见怪不怪的现象，而且是以“革命无罪，造反有理”的名义进行的。过了几天时间，另一个红卫兵司令部又奉中央“文革”小组江青的命令，对王莹家再次进行查抄。

这次查抄比第一次更粗野、更狂暴。红卫兵像开赴战场的军人一般，甚至比军人的动作更勇猛，他们以迅雷不及掩耳之势冲进王莹家，一个个吹胡子、瞪大眼，一个领头的宣布：“你们是无产阶级专政对象，只许规规矩矩，不准乱说乱动！”

王莹忍不住愤怒地喊叫：“你们……”

一位红卫兵声明此来任务是：“我们要彻底、干净、全部地……”一挥手，示意翻箱倒柜搜查。

有个红卫兵抱着一沓唱片问头头：“怎么处理？”

头头一看全是外国人姓名，毫不犹豫地挥挥手：“外国的，都是资产阶级的腐蚀剂，就地销毁！”

破“四旧”颇有经验的红卫兵，一个个欢欣雀跃，把唱片狠狠地摔到水泥地板上，再踩上一只脚，“嚓嚓”几下子，再用砖头砸，唱片都碎了。

猝然发生的破坏行动，使王莹想阻止也来不及了。她恼怒得发狂喊叫起来："你们这群土匪！强盗！你们同法西斯匪徒毫无差别……"

一位女红卫兵也被骂得狂怒起来，一拳打在王莹的胸口上，使王莹撞到了墙上。那个挥拳的女红卫兵轻蔑地"唔"一声："叫你尝尝无产阶级的铁拳头！"接着又要挥起拳头。

谢和赓冲过去护住王莹，用发抖的声音迸出喉咙："你——这个流氓！我要告你！"

那位女红卫兵指着胳膊上的红袖章，恶狠狠地说："你说谁是流氓？你敢抗拒无产阶级专政？真是胆大包天！"说着又举起拳头再打。

红卫兵头头把挥拳的手按住，看着王莹和谢和赓说："好，看她是个女的，饶了她！告状？到首长那儿去告吧！她在中央'文革'小组！"

想到这一情景，王莹收住了眼泪，怒目注视着门外。谢和赓见爱妻坚强起来，扶她坐下，把胸中涌动的热流，从右手心传到王莹的右肩上，久久地护着王莹在他身边。

某某红卫兵总司令部，根据报刊重新发表《赛金花》剧本，专门对主演赛金花角色的王莹，组织了批斗会。

王莹被二十多个红卫兵团团围住。

红卫兵头头问："你30年代是不是演过《赛金花》？"

王莹答："是啊。"

头头又质问："赛金花是妓女，有什么可歌颂的？为什么不歌颂工农兵？"

王莹回答："赛金花是一个被人践踏的妓女，是一个没有知识的、处于社会最下层的不幸的女人，可是在清代庚子年间，她为当时北京被皇太后杀害的无辜百姓出了不少力，救了许多人的命……"

"不对！"女红卫兵打断王莹的话。

"说她救了不少人的命，并不等于说赛金花是巾帼英雄。但是相对来说，她至少比清朝朝廷上那帮士大夫阶层更多一些对老百姓苦难的同情心，这是值得人们尊敬和钦佩的。那些大人物只顾自己的私利，对敌人一味地顺从，摇尾乞怜。反而是作为小人物的赛金花，做了那些大人物应该做而不敢去做的事情。当时（1936年）正是国土不断沦丧的国难当头，上演这个剧目，对国民党蒋介石的不抵抗政策，对汉奸傀儡政府出卖民族利益的丑恶行径，不正是一个最有力的揭露和抨击吗？”

红卫兵们面面相觑，无词可辩。一阵沉默……

红卫兵头头转变话题责问王莹：“1957年毛主席在中南海举行电影界人士招待会，江青同志请你赴会，你为何不去？”

王莹缓和了口气：“那时我刚回国不久，对文艺界情况不了解，刚刚分配了工作，还未做出成绩。再说，我已经几十年不演电影，是外行人了。我觉得自己没有资格去开会。所以我当时说，等我工作有了成绩，希望那时有机会见到毛主席。”

一位红卫兵反驳王莹：“你不识抬举！”“1960年周总理在香山宴请电影届代表，你怎么一叫又去了呢？”

王莹从容不迫地说：“那时我回国已满五年，对文艺界情况比较熟悉了。再说，香山饭店离我家很近。”

领头的红卫兵找碴儿骂道：“你是借口不想见伟大导师、伟大领袖毛主席，蔑视敬爱的江青同志。你自认为了不起，到过日本、南洋、美国，自高自大，竟敢凌驾于毛主席、江青同志之上！你从不提毛主席、林副主席，开口闭口就是周总理。”

王莹说：“周总理是我的老上级，40年代初在重庆，我和丈夫谢和赓都直接受他领导。所以提周总理多一些。周总理是毛主席的亲密战友，他一贯拥护毛主席，一贯坚持毛泽东思想，提周总理就是拥护毛主席，坚持毛泽东思想，这没有什么错吧！”

红卫兵既尴尬又恼火……

王莹要求给一点水喝，红卫兵摇摇手：“不行，不行！”

几个红卫兵把谢和赓带进批斗会场。

谢和赓一见爱妻，习惯地喊了一声“莹——”，就无法说下去了。

领头的红卫兵拿出一个文件问谢和赓：“你是不是写过一个《全体性全民总动员纲领之一——全国游击战争之方案》？”

谢和赓答：“写过。”

“王八蛋！”领头的红卫兵骂起来：“你胆敢剽窃毛主席的《论持久

战》！可谓狗胆包天！”

谢和赓平静地反问一句：“你知道毛主席的《论持久战》是哪年哪月写的？”

一个女红卫兵不假思索地竟说：“1937年。”

“错了，那是1938年5月。可以立即查对《毛泽东选集》。”谢和赓停顿一下，接下去从容不迫地说，“我的那个‘游击战争之方案’写于1937年10月，我当时是根据我党的抗日民族统一战线的政策，对我在桂系和白崇禧身边工作的特殊使命要求而草拟的。这是1937年10月南京失陷前，我以蒋介石大本营兼白崇禧副参谋总长机要秘书身份呈给蒋介石的建议书，周总理不但知道，还亲自动手改稿删去了两千多字。那篇文章，提出了以局部抗战推动全面抗战的思想，是根据党全面抗战路线思想写出来的。”

“你撒谎！”红卫兵头头吼叫道，“你的建议书是1939年1月写的。”

谢和赓说：“不信？香港杂志《天文台》第一版于1938年1月16日至1月27日连载过。可以查对。”

红卫兵吃惊不小。那个领头红卫兵说：“那么你是说，毛主席的《论持久战》是抄袭你的建议书了？”

谢和赓知道这是偷换概念兼转移论点的狡辩方式，马上抓住论题说清他的思想概念：“我并没有这个意思。毛主席的《论持久战》是毛泽东军事思想精髓的一部分，是一部伟大的著作，当时，对1939年在南岳游干班受训的国民党军官影响很大，就是武汉沦陷前的1938年10月，白崇禧还仔细地研究过，武汉沦陷后，白崇禧南撤途中与周恩来同车时曾表示，他十分赞赏毛先生的《论持久战》。我的建议书也是根据党的指示，具体地提出了在全国范围开展游击战争打击日寇，与毛主席恢宏的理论是无法比拟的。你们既然问及此事，我就只好把事情交代清楚。”

红卫兵在毛泽东思想关键问题上，抓不到谢和赓的辫子，只好转移话题。一个女红卫兵凶狠地指斥：“你竟敢提出开放中南海！还同老婆合谋，真是罪恶滔天！”

谢和赓不得不说：“我这个意见，周总理和董老最清楚，完全是好意……”

没让谢和赓说完，领头的红卫兵再也不容辩解，高声斥喝：“混蛋！你狗胆包天！”继而挥手示意红卫兵蜂拥而上，把瘦弱的谢和赓按倒在地上。

王莹受不了这种残酷的批斗，扑了过去，痛心地呼唤：“和赓！”怒气冲天地面对发狂了的年轻人说：“你们简直丧尽天良！没有了人性！”

王莹、谢和赓在批斗大会后，主持人宣布所谓“带下去”，就是带他们回香山的寓所软禁起来。他们的家已经变成囚禁自己的地牢。他俩只能通过窗口遥望香山，凝视雨雾，沉思未来的厄运……

1967年7月1日前夕，三四个男红卫兵在王、谢的花园墙外巡逻，不时探头窥视院内有无可疑的情况，五六个女红卫兵则在院内各处游动，密切监视着王莹、谢和赓的一举一动。

王莹似乎觉察将有事情发生，她轻声细语地对谢和赓说：“今晚他们的活动异乎寻常，看来他们要下毒手了！明天是党的生日，一想到各级党组织在冲击下瘫痪了，我们受到如此的迫害，一时还无处可以申诉，真不知如何了结。”

谢和赓劝慰王莹说：“目前的混乱和无政府状态，不过是暂时的。我们党是在大风大浪以至狂风暴雨中走过来的，已有46年的历史了，谁想分裂党，搞垮党，谁就自取灭亡，这是历史规律。”

解放前从事地下工作的王、谢，那时有“迢迢长夜何时旦”的感觉，如今在香山的夜里，这种感觉又一次降临他们的心坎里。王、谢时而默默地对视着，时而又互相劝慰和相互鼓舞着……

王莹握住丈夫的手：“和赓，这次我完全是抱着耶稣上十字架的精神，为捍卫真理，为捍卫我们的纯洁、情操，做好了蹲监狱的精神准备。到那时分手后，谁也不要记挂谁了……”王莹再也说不下去了，她的喉咙有点儿哽噎。稍停，她又悲怆地说：“和赓，我们回国已经12年了，结婚也已经16年了。我们深深相爱着，对吗？”

“是的，莹。”

王莹托起丈夫的脸：“和赓，我们还没有一个孩子……”

谢和赓忍不住紧紧地搂着妻子：“莹，记住我们和我们对党对祖国都是‘永远的初恋’就够了。”“永远的初恋”，这是王、谢二人的精神寄托所在。有了这种感受，什么苦，什么难，都不在他们话下。这是排除千难万险的崇高的精神境界。

王莹眼睛湿润了，她端详着丈夫，谢和赓也端详着爱妻……

谢和赓说："即使上刀山，下火海，进油锅，投到'炼狱'去，我们也要坚强地活下去。"

王莹说："我有预感，那个歹毒的女人，决不会放过我的，你要珍重啊！"

五十五、"莹走了"

1967年，王莹的预感变成了残酷的现实。

7月1日早晨，三辆越野吉普车闪电般奔向香山，开到王莹寓所前戛然而止。车上几名武装人员，神色严峻地直入小花园。

王莹、谢和赓还没来得及起床，全副武装人员已走进屋内，猫儿"咪咪"惊叫一声，跳出屋外去了。

王莹、谢和赓紧紧地偎依在一起，看着推门而入的武装人员。武装人员把两张"逮捕证"举到他们眼前："你们被逮捕了！"是什么理由被逮捕的，他们既不看，也不问。因为这是多余的。问了，会招来更多的麻烦、折磨。

王莹、谢和赓显得很平静，不惊奇、不紧张。他们沉着地审视着奉命抓人的人的神色和表情。他俩被一起带出房门走到廊檐下，王莹就被拦住，并被扣上手铐，几个武装人员立即监视着这名女"囚犯"。

几名男武装人员把谢和赓推进露天雨水中，同时，一副锃亮的手铐，扣住了谢和赓的双手。谢和赓回过头，向王莹笑了笑，用最平静的语调，说了声："莹，保重。"然后迈步走向大门口。

谢和赓刚走到大门口，想再一次回头看一眼日夜厮守着的王莹，一只大手猛力把他推搡出去几步。

王莹觉着撕心裂肺，气息喘急，她木然地望着丈夫被推上吉普车……又听着两辆吉普车引擎的声音，自近而远，慢慢消失在山下。

王莹心里断想着："我们又一次分别了，恐怕是最后……"

王莹的心情，无比地沉重，沉重得让她喘不过气来。

囚禁着谢和赓的吉普车声音完全消失以后，王莹才被带上另一辆吉普车。

王莹无限眷恋地看了看她的家和小花园。人走楼空院荒了，可能永远再也回不来了。她必须最狠心地与自己的家诀别。她发现那心爱的“咪咪”正趴在窗台上，两眼直勾勾地望着她。

吉普车发动了，车轮压在山路上，压在石头上，压在泥泞中，压在王莹的心头上。王莹趴在车窗上，被淅淅沥沥的雨水飘湿了头发，流到眼帘的雨水和着泪水，淌进鼻子、嘴边、颈脖……

王莹被关进了秦城监狱。几个坚决执行江青黑旨意的暴徒，毒打王莹，将她从墙这边推到墙那边，又从墙那边踢到墙这边。王莹被折磨得披头散发，嘴角流血，混身青紫，软瘫、昏死在墙边。

暴徒吼叫着：“王莹，老实交代！你是怎样当上美国特务的？”

又一名暴徒狂叫：“交出你的电台来！”

王莹喘着气回答：“我不是美国特务，我是真正的共产党员！你们凭什么说我是特务？凭什么说我有电台？拿出证据来啊！”

暴徒指斥王莹：“你敢顶嘴？你敢与无产阶级专政对抗！”

王莹理直气壮地回答：“你们派红卫兵住在我家那么久，到处调查，到处搜寻，连我家附近的山沟、树林、坟场都搜遍了，你们搜出什么来了？”

暴徒：“我们搜到的东西不能告诉你。你只有老实交代！自会有事实证明你们是美国特务。不过，现在给你一个机会，坦白自己的罪行；否则，抗拒从严，自绝于人民！”

王莹以凛然正气回答：“我是真正的共产党员，我是在革命斗争中成长起来的共产党员，是经过严峻考验的党员，是以人民利益为最高利益的党员。你们想一想，像我这样的党员，会自绝于人民吗？”稍停又说，“即使我肉体受到难以忍受的摧残，我也不会自绝于人民！只要我还有一口气，决不会自绝于人民！”

暴徒：“你们是怎样到美国去的？谁派你们去的？”

王莹正色回答：“我和谢和赓出国是党组织批准的。周总理指示我们到美国去开展国际反法西斯统一战线工作，宣传中国全面抗战全民族抗战英勇事迹，争取国际友人声援中国抗战。”

几个暴徒对王莹的回答，并非他们预先想象的口供，完成不了中央“首长”交付的特殊任务，对王莹又是拳打脚踢一顿。

王莹倒在地上，暴徒们继续凶狠地用脚猛力踩她。她的手和脸都被踩破了，殷红的鲜血流淌到地上，渗透到衣服上。

在阴森的牢房里，王莹躺在潮湿的墙角下，喘着气，隔着铁栏杆，望着外面……

——谢和赓深情地含笑看着她；

——在美国自己的新家举行婚礼时谢和赓那舒心的笑容；

——在美国谢和赓被特工人员抓走，经过房门口回眸关切地望着她。

——在香山自己家他被武装人员带走时，那无尽深情的眼神。

身体虚弱得奄奄一息的王莹，以微弱的颤音呼唤着：“和赓……和赓……”

在秦城监狱的另一面，同囚禁王莹的那一间同样的阴暗潮湿的牢房里，谢和赓昏睡在草垫上，衣衫褴褛，伤痕斑斑，这些都能忍受。可有时突然听到王莹在喊“和赓”，使他蓦然一惊，猛地坐起：“莹……莹……”担心爱妻受折磨的心情使他痛苦万分，远远超过暴徒对他肉体上的摧残。

谢和赓入狱以来，高墙的阻隔使他无法得到王莹的信息，他忍受到有生以来最痛苦的煎熬……他常常自言自语：“莹，你在哪儿？我担心你的身体支持不住……”说着泪如雨下。

此时，王莹卧在潮湿的墙脚，两眼呆滞地望着铁栏杆外光亮的空间……

外出放风的难友返回牢房的走廊里，他们习惯地在王莹眼前走过，又习惯地瞥视一下气息如丝的王莹。

王莹耳边响起16岁那年入党的誓言：要“坚持真理，为共产主义奋斗终身！”又听到谢和赓对她的临别赠言：“即使上刀山，下火海，我们也要坚强地活下去！”她浑身增添了力量，鼓起斗争的勇气：“我，我下肢瘫痪，我……我需要看病。”

看守哪会理会一个“专政对象”的要求呢？！她恶狠狠地说：“嗬！看病？阎王爷等你下十八层地狱呢！”

王莹自知她的生命快要走到尽头了，她心里惦记着：“我……我不行了……不知和赓怎样了……”

脑海里，浮现出许多往事……

小王莹的脸紧贴着死去的妈妈的脸，用稚嫩的小手摇动着妈妈的身体，泪人般哭叫着失去慈母抚爱的撕心裂肺之痛："妈妈——"

她忍受不了童养媳的煎熬，逃到外婆家。外婆拿出20块银元，交给小王莹，她仰脸搂着外婆的脖子，外婆的泪水滴在她的脸蛋上，嘱咐说："孩子，快逃走吧！"小王莹哭着："外婆——"把外婆身子搂得更紧了。

教她勇敢面对淋漓鲜血人生的舅母向她走来。

谢和赓向她走来。

在南洋的抗日宣传演出，观众竞买花篮的盛况，两个人力车夫到舞台捐献一天劳动所得，车夫的爱国激情催人泪下，观众同声相应：

他们应该得到最大最好的花篮；

董必武慰问她来了；

周恩来向她招手……

她再也没有幻觉，再也想不起什么……她面对江青不择手段的摧残和折磨，留下对江青"四人帮"不屈不挠的斗争精神，告别了人间……

王莹被江青迫害死了，但又不能立即对外宣布这一消息。打手和处理王莹专案组的一伙人，对江青的意图心领神会。

当天，两个戴大口罩的人将王莹遗体推送到火化炉前。

老工人等待他们出示火化证件手续。

其中一个推车人指着车上尸体："立即火化！"

老工人伸手："死亡报告。"

另一推车人取出死亡报告单递给工人看。

老工人有点疑惑："怎么没有姓名？"

推车人："死者是病死的，是美国特务。"

老工人："死者的亲属呢？"

推车人："她的亲属是在押犯人。"

老工人再看死亡报告单，上面写着：监禁号码6742。

老工人自言自语："没姓没名。6742。'67'，可能是1967年被捕入狱吧。'42'是什么意思呢？"

推车人："我们也不知道，也许是涉及某类专案被捕的第42人吧。也许是1967年被推来火化的第42人，也许是第42个被捕的女犯人。噢噢噢，不管这些，我们是奉命执行任务来的。"

老工人揭起蒙在尸体上的白布——饮恨未能瞑目的王莹脸面暴露出来，脸上满是伤疤和斑斑血渍，囚服上写着6742号码。老工人不忍地摇摇头。

推车人监视着老工人将王莹遗体推进火化炉。

推车人没有立刻走，等在火化炉室外。老工人说："已经火化了，她上天去了，你们任务完成了。"

两个推车人瞪着老工人，其中一个说："不准留骨灰！"说罢互递眼色，扬长而去。

老工人望着两个推车人背影发呆："不准留骨灰！"

老工人没有听从两个推车人的话去做，而是习惯地取出骨灰放进骨灰盒，并在盒上写下"6742"几个字。这真是亏得老工人的怜悯心，为王莹留下骨灰和"6742"这个骨灰盒。不然的话，王莹被迫害死后的归宿就无从查考了，而谢和赓则更添一种不可名状的遗憾了。

五十六、谢和赓出狱

王莹被迫害死的讯息，封锁了一段时日。然而世上没有不透风的墙，周恩来很快得到了讯息。面对着前来报告情况的秘书，他双眉紧蹙，气愤而沉痛地说报告来得太晚了，王莹已经去了，无法挽回了！可谢和赓，必须立即解救出来！

军管监狱一个身穿军服的人打开了谢和赓囚室，对躺在麦秆上的谢和赓说："按照周总理的批示，你被无罪释放！"

谢和赓迷惘地不相信自己的耳朵，摇了摇头。

解放军战士提高了声调说："真的！出狱吧！"

谢和赓不言不语地踱出囚室。解放军战士带着他踉踉跄跄地走着。他扭头问解放军战士："王莹，我的妻子王莹呢？"

解放军战士为难地说："王莹……她……"

谢和赓听到解放军战士吞吞吐吐的回答，更加着急地问："她……她怎么样啦？她的问题跟我的一样。我被释放，她也应该被释放。她在哪里？我这就去找她！"

解放军战士只好如实相告："王莹，她……她已经死了。"

"啊——"谢和赓感到有如五雷轰顶，一下子震呆了，"咕咚"一下栽倒在地。两手拼命地在地上抓着，抓着，声泪俱下地大叫着："不！不！不！莹，你答应过我，你不会死的！你会活着，看到我们团圆的日子的！"

谢和赓此刻伤心到极点了，不知所措地疯了……

谢和赓回到家，瘫坐在门槛上，看着被抄了几次的家，看着纸片满地、杯盘狼藉、蛛网遍布的屋子，凄然泪下，喃喃地重复着出狱说过的那几句话：

“不！不！不！你答应过我，你不会死的，你会活着，看到我们团圆的日子的。”

艾冰、唐家三姐妹和众多的乡亲送来了水果和食品……

艾冰失声痛哭王莹好姐妹被害死了，她哭着说“和赓——”就说不下去了。

谢和赓泪如泉涌，仍在喃喃地自语：“不！不！不！你答应过我，你不会死的……”

乡亲们看到一个美好的家庭，一个心地善良的、美好的人被毁了，无不凄然泪下……

疯了的谢和赓被送进了医院，昏睡在病床上，几名医生正在会诊……

周总理在日理万机之余，他抓起办公室的电话，请医院悉心诊治谢和赓的病……从上海、广州抽出医术最好的专家来北京，一起会诊，一定要治好谢和赓的病！

谢和赓是十分不幸的，因为他与王莹还要团圆的愿望没有实现，然而他又是十分有幸的，因为他始终得到周恩来无微不至的关怀，无论是在顺境还是在逆境，周总理没有忘记他直接领导下的这个共产党员的生死命运。

专家们悉心为谢和赓诊治，经过几个月的治疗，医生们都说：“他的神志正在恢复，而且不会留下严重的后遗症……”

逐渐地，谢和赓呆滞的眼珠开始转动，木然无神的脸上第一次有了一丝笑意！

专家们高兴地看着他。谢和赓病有了转机的消息传到周恩来办公室。

周恩来在几位医护人员陪同下，来到谢和赓病榻前。

周恩来的大手抚摸着谢和赓的肩膀，关注地说：“和赓……”

谢和赓一见到周恩来，仿佛什么都回忆起来。他连忙起身，抱住周恩来，恸哭起来：“周公——”周总理温暖的大手轻轻抚拍着谢和赓的肩背：“别哭了，你不是又回到党的怀抱和同志们中间了吗！”

谢和赓点点头，没有说话，他还是哭……只有哭才能表达他对党对祖国对周总理的感激之情和对王莹的哀思。

周恩来知道男儿有泪不轻弹，此刻只能让谢和赓哭诉出他的悲惨和愤恨，才能使他受伤的心得到慰藉。

周恩来此时此刻也禁不住含泪说："和赓，到我那儿去住一段时间吧。"

在场的专家和医护人员，见到不轻易动感情的周总理潸然泪下，无不掬出一把同情之泪。

谢和赓回到香山的第一件事，就是要为爱妻找个她生前喜欢的地方埋葬骨灰。他怀抱"6742"号骨灰盒，走上梅山，沿着崎岖的山弯，踏着铺满红叶和缀满野菊花的山坡，在山腰一处向阳的小平地上，挥泪挖了一个小墓坑，把骨灰盒放了进去。他无可奈何地把最心爱的"莹"放了进去。谢和赓真想把他的心也放进骨灰盒里去。

他一揪土、一揪土埋好骨灰盒，一块块、一块块把鹅卵石垒好在王莹墓碑周围，又在墓前祷祝："莹啊！你在梅山安息吧，你随时都可以看见我，看见香山的乡亲们；我也可以朝夕看到你，我俩生生死死，手拉手，永远肩并肩，永远在一起，永远初恋！"

五十七、青山不老水长流

谢和赓终于回到香山寓所，一切往事都涌上了心头：

1933年在察绥抗日同盟军中入党，由中共北方党推荐，经周恩来同意，托付他打入桂系的三项特殊使命；到美国留学，周恩来又交付他夫妻俩开展国际反法西斯统一战线这项特殊使命。

1948年，刘仲容根据周恩来的指示，曾在召开全国新政治协商会议前，接连写了三封信给谢和赓，说王莹可以代表留美的艺术家回到北京参加国事会议的讨论，谢和赓可以代表留学生或报人出席会议。李济深知道谢、王回国消息，便在民革中央成立时，指示并推荐谢和赓与《纽约新报》总经理佘仁山为民革中央全国团结委员会的委员，并且交代蒋光鼐、陈劭先写好聘书，再由刘仲容通知谢和赓："……李济深先生十分希望你回国马上参加民革中央的工作……"

1954年秋，谢和赓和王莹被美国移民局无理逮捕，拘留两个月。

1955年正月，谢和赓、王莹回到北京。董必武三次会见并宴请了谢和赓。1956年正月，派谢和赓到世界知识出版社任编辑，随即任世界知识出版社美澳组组长。1958年，谢和赓被错划为"右派"，在北大荒劳动了一年零三个月。回北京后，即在香山寓所一面工作，一面治病。这期间，他不能上班，但将世界知识出版社工作带回家去做。

1967年7月1日，谢和赓与王莹被逮捕。1974年3月，王莹在狱中受迫害惨死。1975年谢和赓得到释放。1979年谢、王夫妇得以平反昭雪，谢的"右派"冤案同时平反。与此同时，谢和赓奇迹般地恢复了记忆力。

经过八年的监狱生活，谢身染七八种疾病，并患神经分裂症，在北京安定医院治疗半年。出院后，回到香山，一面养病治疗，一面整理爱妻王莹的遗著《两种美国人》和中英文稿《宝姑》。做好两部长篇小说的出版工作，这是他对王莹最好的怀念。

不久，这两本书的中文版都再版，受到海内外读者的欢迎。

谢和赓于1981年自动离休后，做了许多力所能及的工作。1982年夏，中共中央宣传部以《红旗》杂志名义，请三百名离休干部到中南海与北京市红花少先队员、优秀辅导员开联欢会。会后与中央领导胡耀邦等清扫中南海。联欢会上推选了熊复、蔡啸、谢和赓等五名老干部讲话。谢向青少年报告了他与王莹在国内外为党所做的卓有成效的统战工作，鼓励青少年继承和发扬党的优良传统，做"四化"建设的接班人……

同年秋，中共中央组织部、宣传部以《红旗》、《辅导员》杂志和《老战士诗文集》编委会的名义，邀请了孙毅将军、赵健民、吴运铎、曹瑛、谢和赓等14人，在共青团中央会议厅，召开"怎样发扬革命传统精神"座谈会。吴运铎、孙毅、谢和赓等都发了言。谢讲话的主要内容是号召老同志向全国广大青少年做思想工作，并与老同志共勉，做一个彻底的革命者，对后一辈青少年起言传身教作用。

自上述两次会议后，各地少年宫、中小学校，先后聘请谢和赓担任他们的名誉或校外辅导员、荣誉教师，桂林、芜湖、福州、南宁、上海和北京等地学校都有函件聘请。谢和赓还经常写诗词在各地报刊发表，并将稿费就地赠送青少年学校。谢和赓还将有关对青少年进行思想教育的书籍如《大地的儿子》等赠送给一些学校。也有不少大中院校学生专门到谢和赓家听讲他的革命经历。

谢和赓在晚年，执着地疾书他与王莹的革命事迹，先后协助中国青年出版社出版了《洁白的王莹》等书籍，并担任了中央电视台、陕西电视台拍摄电视连续剧《王莹》（播出时称《永远的初恋》）的顾问。

谢和赓一位朋友曾这样描写谢和赓，称他："使爱情在回忆中永存……在精神世界中，你的爱人一步也没有离开你！""你能在记忆中感到那芬芳！"

现在的年轻一代，很可能不大容易理解谢和赓这种感情，不过，当年轻一代有了一定的人生阅历之后，也是会理解的。

谢和赓与少年儿童在一起

早在1942年，王莹写作中英文的《石榴花开的时候》（即长篇自传《宝姑》）过程中，谢和赓与王莹就深深地意识到，一个人的生命只能有一次。为了人类的幸福，为了使自己活得有意义，俩人生生死死都应该像初恋时一样，以炽烈的感情对待革命的人生目的。

1955年他们回国后，居住在香山继续埋头文史研究和写作。在这期间，王莹的中英文《宝姑》和《两种美国人》都将修改完毕。她与谢和赓讨论写《宝姑》续集时，谈到人的生命到了终点，躯体终归要与大自然合为一体。谢和赓与王莹认为，死后不应该花费公家的人力、物力和金钱来操办后事，讣告也无须发。躯体完全捐给医院，只留一点骨灰，由家人领回埋在不妨碍树木生长的郊野，或在埋骨灰处种些树木更好，王、谢两人主张破除迷信，移风易俗，凡遇红白喜事，一切从简，把办喜事的钱向社会捐献，如捐款给希望工程，做慈善工作，帮助残疾人等等。

20世纪60年代梅兰芳先生去世了，埋在香山附近一座不起眼的小山岗上，现在这里被人们称为梅山。谢和赓与王莹常在夏秋季节，拿着一张从美国带回的二米长二米宽的大毛巾，踩着山间小径到梅先生的墓地来憩息。墓的右侧是一座不到二十米高的小山坡，在这里可以看到整个香山和碧云寺。坐在这里观赏晚霞，放眼远眺，青山如黛，落霞金红，他俩的身心完全沉浸在这大自然的怀抱。于是，他们都希望终老天年后也能把骨灰埋在这个不起眼的小山岗上与梅先生作伴，抱青山，归自然。

1974年王莹被迫害致死，谢和赓出狱后把爱妻的骨灰埋在他们观赏晚霞的小山岗上，实现了她的愿望。1984年王莹去世十周年后，谢老到西城区法院公证处立下一份声明。声明书中说：

"本人身后的一切处理事情，已面托董成玉、谢逐志、朱持厚、张兆雄、彭明德五同志共同执行。特此立字作据。"

谢和赓亲口告诉上述五同志："我身后由你们组织一委员会处理下列各事：我的遗体捐给医院包括眼睛；绝不准要公家为我做任何纪念的事，连讣告都不要发，不花公家人力、物力及金钱办事；我的骨灰由亲属领回，埋在王莹骨灰盒边；不作花费多的坟，只将现在梅山的王莹长眠处立一小块石碑，书写'王莹、谢和赓合墓'并写上我俩生死年月日；由亲人、香山好友义务劳动，开一条小路，便于由小山下走到坟边即行；我们桂林的房子改为'王谢图书室'，以便招待中、小学、幼儿园优秀老师和文化界中青年作家游览桂林山水时居住……"

声明书的日期为1984年3月12日。

谢和赓老人想得很远很远，一句话："他面对的青山依旧，要永远抱青山、回归自然界。"这是谢和赓同志上述声明中的明确语言。

谢和赓把他收藏的图书、资料搬进外交部分给他的房子内，辟为图书室，全国人大副委员长程思远先生为此题写了"王谢图书室"的横额。这里成了青少年读书学习，接受革命传统教育的好去处。

尾　声

谢和赓说："王莹生前，最喜欢'一息尚存奋斗不止'这句话，'文革'前，我俩在香山狼见沟埋头学习中外文史时，她多次对中小学师生讲过这句话的重要意义。"谢和赓也多次为青年题写过这句话……

1995年12月25日是谢老83岁诞辰，外交部老干局曾为他举行了一个小小的集会，他乘机用王莹的名义，向湖南省政府捐献了王莹的中文版《宝姑》、《两种美国人》、《王莹谢和赓诗文选集》和两万元现金给旅游胜地张家界作希望工程的事业，他俩这种一贯为人民幸福无私奉献的精神是大家非常钦佩的。我们这本书稿就此搁笔。愿以谢和赓阅读书稿后的感赋诗录在这里留念。

……

阅读姚邓两战友作品，口占感赋七绝两首如下：

（一）

七十年华转瞬过，风风雨雨度洪波，

邓姚大作深情在，盛感名家墨宝多。

（二）

痛惜王莹去世先，《宝姑》早拟续全篇。

笔耕慰汝九泉下，余热愤发永向前。

（1952年王莹在纽约完成中英文《宝姑》书稿时，即与我商妥计划写《宝姑续篇》。她在美时便与我决定将著作、文物等捐赠给湖南、广西、安

徽、山东等地青少年文化事业单位。谢和赓注）

2005年，谢和赓老人知悉中国诗歌会在马鞍山召开第一次大会，他为了与诗友会面，前往开会场所，讵料会议还没开幕，谢老猝然身体不适，于11月1日溘然仙逝，享年93岁。由于事发突然，笔者无法得到这信息。只是事后谢老在南宁的儿子谢镛转告亲友，才知道这个噩耗，令人无限痛切、感慨、怅然！

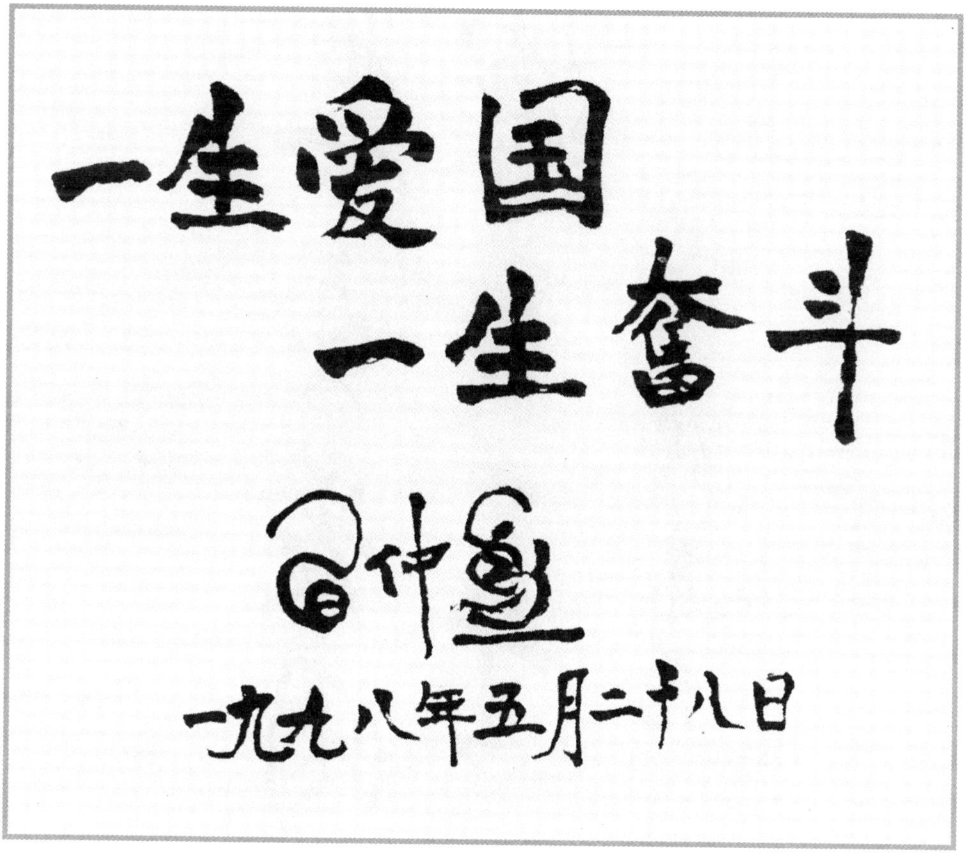

习仲勋为谢和赓的题词

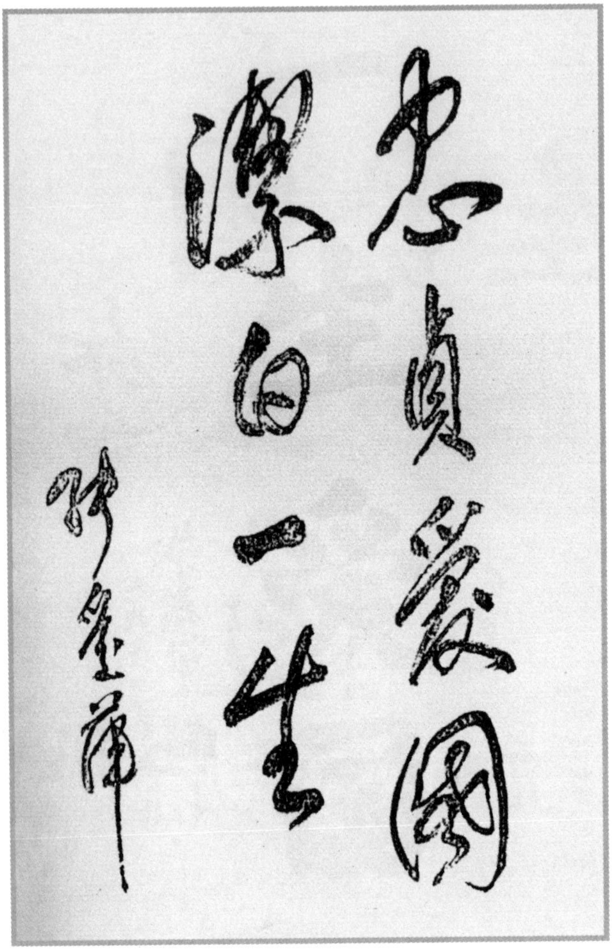

张爱萍为谢和赓的题词

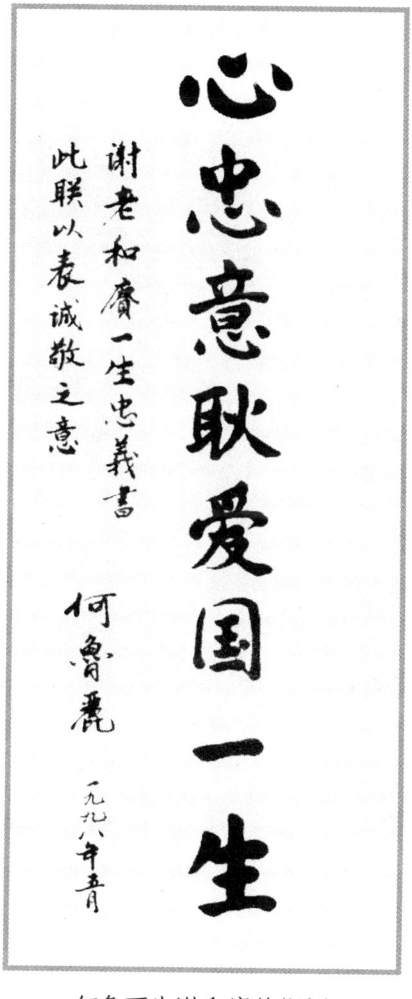

何鲁丽为谢和赓的题词

习仲勋（中）、萧克（右）与谢和赓合影

谢和赓在梁漱溟家中

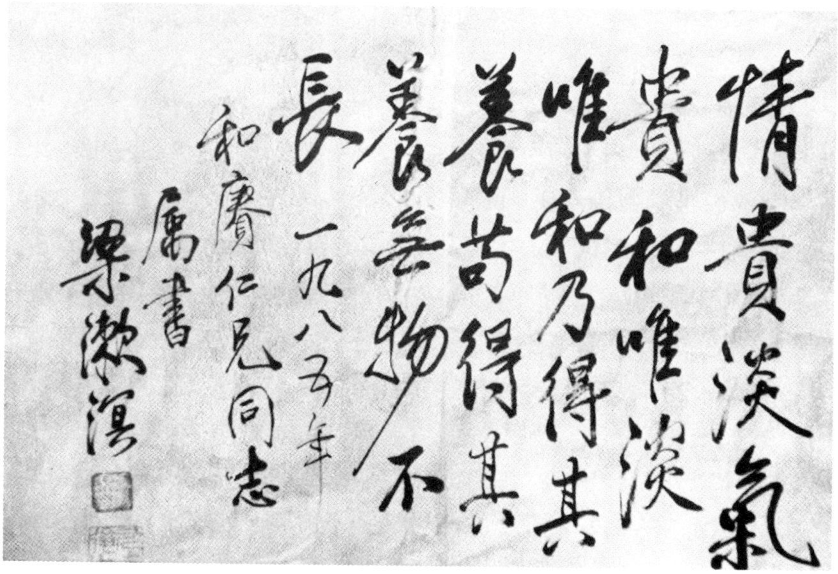

梁漱溟给谢和赓的题词

后 记

本书1998年11月，由中共党史出版社出版发行。到了2012年12月25日，恰逢谢和赓诞辰一百周年，党和国家领导人习仲勋、李德生、张爱萍、陈慕华、杨成武、何鲁丽、史进前、孙毅等都题词和写序言，著名文化人士北京大学教授陈翰笙、梁漱溟、女作家谢冰心也题词，这是非常罕见的殊荣。这些领导人和文化人不约而同地赞扬谢和赓“一生爱国”和“清白”，给以崇高的评价。这充分地说明，谢和赓经受长期荣辱生死交替的严酷考验，一生按照党的教导，“弘扬以爱国主义为核心的民族精神”。历史已经证明，封建王朝、北洋军阀、蒋介石等的家天下政治以及一切腐朽的政治，都遭到灭亡的命运，唯独中华民族的“国家兴亡，匹夫有责”为核心的爱国主义精神、文化永远不会亡，而且是拯救民族危亡的圣灵和法宝。无论过去和将来，爱国主义精神、文化，都是革命和建设的伟大旗帜和强大的推动力量。

再版补充了若干幅图片，其中有谢铁民就读广州农民运动讲习所的遗照，弥足珍贵。本书的第二作者邓群，在2011年的不测风云几件事故的集中冲击下逝世，年仅56岁，令人无比痛惜。

姚　蓝